市川房枝

女性の一票で政治を変える

伊藤康子

ドメス出版

晩年の市川房枝。参議院議員会館にて

1930年。両親の金婚式に集まった親族。前列左から2人目妹清子、5人目長姉みす、7人目父、となり母、後列左から4人目兄藤市、右端房枝

1979年5月15日。市川86歳の誕生日に婦選会館で働く人と。左から前列、児玉勝子、市川、山口みつ子、中列、谷口輝子、武石まさ子、石川京子、市川ミサオ、馬場キミエ、山村ミツ、飯島ハルエ、金見洋子、後列、菊池靖子、高橋統洋、久保公子

1980年5月15日。市川87歳の誕生日に国際婦人年連絡会の仲間と。右から前列、大羽綾子、市川、鍛冶千鶴子、山下正子、後列吉岡淳子、山野和子、小島千恵子、山家和子、井上美代、松浦三知子、岩崎美弥子

はじめに

市川房枝（一八九三・五・一五―一九八一・二・一一）は、日本の婦人運動を組織し、牽引《けんいん》し、現実のなかから基礎を固め、未来に向かう道筋をつくった人である。市川は、問題点を学習し、調査し、研究し、丁寧に検討を加え、人々の合意のもとに活動する方法をとった。女性の力は弱かったから、思想・信条・宗教・生活・感情の違いを超えて、共同する道を探った。

日本は欧米に学びつつ、遅れて資本主義社会への道を歩み、近隣のアジア諸国を従属させようとし、成功と失敗を重ね、矛盾と葛藤《かっとう》を抱えながら近現代の歴史を歩んだ。そのなかで育った市川も、その時代の子であったから、そういう日本の矛盾と葛藤を抱え込み、しかし承服できないところは抵抗し、女性の光を探り、我慢できないことは自分のことであれ、同時代の女性のことであれ、針の穴を通ってでも、少しの進展でも成果を得ようと歩んだ。

市川は自分個人の記録というより、当時の女性政策と対抗する闘いの諸相を残すことが大切と考えていたし、婦人運動史をまとめたい気持ちもあったから、市川自身の動きを埋めてしまっても、闘ってきた記録を残した。また尋ねられ、頼まれるままたくさんの文章を残してきた。そのために市川その人がどういう人だったのか、どう考えどう行動する人だったのか、わかりにくくなっていると私は思う。そのうえ、日本の明治維新以来の変化は急激で、無理に日本を世界の大国に仕立て上げるために、神がかりのマインド・コントロールを厳しく進め、第二次世界大戦敗北後瓦解《がかい》した様相は、その時代に生きていなかった人にとってはわかりにくい状況がある。市川が戦後早くからきなくさいにおいへの警鐘を鳴らしたのは、大日本帝国の侵略に次ぐ侵略を進めた社会のなかで生きて、社会を感じる目を育てたためということもできよう。親が娘を風俗営業に売って恥じない、男性が女性を女どもめと下流人間扱いするような家父長制社会は戦後に生きる人の理解を得にくい。女性の賃金格差や、女性議員・女性管理職の少なさがそれにつながっているにもかかわらず。

私は、市川が本当にやりたかったことは何かをこの評伝の軸としたい。やりたくなかったこと、やらざるを得なかったことが山積みされた市川の生活と活動を洗い直したい。それらすべてが市川の人柄を形成したのだが、そういう現実のなかでなお女性の社会的地位向上・民主主義確立のために闘った生涯を明らかにしたい。

私は二〇〇五（平成一七）年以降、市川房枝記念会のもとに設立された市川房枝研究会の研究員として、市川研究の基礎になる詳細な年表づくりに取りかかり、あわせて多くの関係者の聞き取りを実施した。そのなかでもっとも驚いたのは、二〇一〇年七月二三日、自民党衆議院議員だった森山真弓氏が、一九七五（昭和五〇）年の国際婦人年までは、労働省婦人少年局のなかで「男女平等」をはっきりいえる雰囲気ではなかったと語られたことだった。性による差別を認めない日本国憲法のもとで、男女平等を推進する機関であるはずの婦人少年局でどうして、と思った。考えてみれば、日本の政府・官僚は、口先では法律通り、世界の潮流に合わせ、実態は日本の資本主義に都合の良いごまかし、汚職、収賄《しゅうわい》、選挙制度改正、事実隠し、何でもありの世界を戦前・戦後にできるだけ変えないで維持したらしい。耳ざわりの良い言葉に、昔も今もならされていて、お人よしの国民は建前を自ら信じて安心を得たい構図である。

市川の闘いは、この複雑な政財界、日本社会、人間心理を解きほぐし、立て直し、自立した人間として、相応の衣食生活で、仲良く平和に暮らせる社会にしたいということだったのではないか。

市川は法律を変える政治運動について何の知識も経験もないままで、平塚らいてうの構想を信じて、「手足」になることをいとわず走り出し、新婦人協会の運動を形にしていった。日本の婦人運動の草創期の活動だったから、心身ともに疲れ果てた末に、治安警察法第五条改正だけはとりあえずの見通しを得て、自分の舵《かじ》を切り替える方向を考えようとする。社会運動を学ぶことができる先進地アメリカに行って働きながら学習し、多方面の調査を行い、日本で可能な道を考え、資料を手に入れて帰国、働く場を確保する。日本の現実、とくに婦人団体の状況を把握したうえで、日本女性の社会的地位向上の早道を婦人参政権獲得と見定めて、婦人参政権獲得期成同盟会に参加した。それは、市川が自主的な学習・調査・検討を自分のものとし選んだ道であった。

やがて、日本女性としては非常な高給を得て生活し、底辺の女子労働者の生活改善に努力するＩＬＯ職員として働くか、婦人参政権実現で性差別を一歩一歩克服可能にしていく婦人運動の活動を生活の中心に据えるか、日本内外の婦人問題を総合的に研究する場を設立し問題提起するか、という岐路が市川の活動のなかから姿を現すことになる。しかし、市川は結果がどうなるかはさておいて、自分がもっとも必要とされる場を自主的に選ぶ人であった。自主的に生きたから、婦人運動の激務のなかでも、へこたれず、愚痴《ぐち》をいわず、見通しを立て、志を共にする人々に支えられ、活動し続けたのであろう。その基礎には、一九〇〇年代前半の農村の悲哀、苦難を市川がどれほど深く理解し、どれほど真剣に解決しようと闘ったかがあるのだろう。

市川は多様な婦人運動の流れのなかに同時に身を置き、企画し、提案し、交渉し、語ったから、活動は激しく、厳しく、錯綜《さくそう》している。また依頼されて書いた原稿の性格もさまざまで、現在と回想と未来への見解が混在する。そのため、単純に時系列で市川を描きにくいけれども、市川が女性に寄せた信頼と楽観を想像しつつ、それぞれの読者の立場で、読み解いていただきたい。

先の森山真弓氏の言葉に驚いた私は、敗戦時国民学校の六年生だった軍国少女の生活姿勢を引きずって無意識のうちに依存心をもち続け、「誰か大きな力」が男女平等な社会を築いてくれるはず、と信じたかったのではないか。それは結局権力・金力になじんだ無難な生き方をしてしまうことになるのではないか。市川の生き方は、のちに生きる人への示唆を豊かに含んでいる。

市川房枝研究会が財団法人市川房枝記念会（二〇〇九年同市川房枝記念会女性と政治センター、二〇一三年公益財団法人市川房枝記念会女性と政治センター、以下、市川房枝記念会という）のもとで発足したのは二〇〇五（平成一七）年三月二五日、市川房枝記念会の資料をそれまで使っていた研究者が集まって、研究の基礎になる詳細な年表作成を始めた。ほぼ同時に関係者の聞き取り、研究者からの学習を二〇一五年一一月まで行い、大半を『女性展望』に掲載した。本文の注で「〇〇さんに聞く」がそれである。年表は三部作にまとめ、二〇〇八年、二〇一三年、二〇一六年に出版し、研究会活動は幕を閉じた。

私にとってその日々は仕事に追われ、市川房枝について十分考えるゆとりがなかった。市川の本格的な研究を考えても資料の多さにあきらめたこともあった。けれども生きている間にやりたいことを考えたとき、「市川房枝」しかなかったのも事実である。当初市川の生涯を、婦人運動を育てた人としてまとめようと思い、書き進めていくうちに婦人運動に限らず、市川と共に活動し、市川と同時代に生きた人々と共に市川房枝像を描こうと考えるようになった。

私が初めて婦選会館に行ったのは、一九七八（昭和五三）年一二月二一日、『歴史評論』の近代女性史の聞きとりのためであった。それが市川に身近に会った最初で最後になる。市川は質問には率直によどみなく答え、約束の時間を超えても、他の取材の約束を間に入れて、エネルギッシュに話し続け、人間ばなれしていて近づきにくい雰囲気があった。のちに児玉勝子にそう話したら、児玉は婦人参政権獲得運動の貧乏暮しのなかで、市川が給料のほかに五円、二円と助けてくれたこと、児玉の家を買う世話をしてくれて、月賦で払う金に詰まったときも何とかつないでくれたこと、左翼の手紙・本の受け渡しで警察に捕まったときも何もいわずもらい下げにきてくれたことなど、涙がこぼれる世話に何度もなったことを語った。

市川に女性差別とその克服の理論を学び、婦選獲得同盟の社会的評価を理解した児玉勝子だったが、こういう市川への敬愛の情の深さは、共に生きた人の絆なのであろう。

多数の仲間と共に、長い年月を活動し続けた市川だから、典拠とすべき文献は多い。市川については、『市川房枝自伝　戦前編』、『復刻　私の国会報告』と児玉勝子『覚書・戦後の市川房枝』が「市川事典」というべき本である。市川の生涯を年表としてまとめた年表三部作、市川房枝研究会編『市川房枝の言説と活動　1893-1936　年表でたどる婦人参政権運動』『同　1937-1950　年表で検証する公職追放』『同　1951-1981　年表でたどる人権・平和・政治浄化』（注では『市川年表』と略記）は、時系列の「市川事典」となっている。本書もこれらの「市川事典」にもとづいているので、必要があれば、年月日を手掛かりに元にあたっていただきたい。

市川の活動の場であった新婦人協会（機関誌『女性同盟』）、婦選獲得同盟、婦人問題研究所、婦人時局研究会（まとめて会報・機関誌『婦選』）、日本婦人有権者同盟（『新日本婦人同盟会報』『婦人有権者』）等の機関誌はほぼ復刻されている。市川が書いた原稿中主要なものを集めた『市川房枝集　全8巻・別巻』、随筆的なものから選んで集めた『だいこんの花』『野中の一本杉』がある（かなづかい、漢字が戦後風に変更されている）が、これらには解説等があり、理解を助けてくれる。一九一八年から一九四六年までの市川房枝記念会所蔵の婦人参政関係史資料はマイクロ化され、公開されるとともに、目録も出版されている。

市川の活動の背景を理解するには、児玉勝子『婦人参政権運動小史』、同『十六年の春秋―婦選獲得運動の歩み』、伊藤康子『草の根の婦人参政権運動史』等多くの文献がある。市川の戦時中の言説・行動については意見が大きく分かれ、基本文献は鈴木裕子『フェミニズムと戦争　婦人運動家の戦争協力』、菅原和子『市川房枝と婦人参政権獲得運動―模索と葛藤の政治史』、進藤久美子『市川房枝と「大東亜戦争」　フェミニストは戦争をどう生きたか』、同『闘うフェミニスト政治家　市川房枝』等である。

このほか写真集『市川房枝と婦人参政権運動』『市川房枝写真集　平和なくして平等なく　平等なくして平和なし』は時代の空気を残している。全体として丸岡秀子・山口美代子編『日本婦人問題資料集成　第十巻　近代婦人問題年表』を参考にし、賃金・物価は週刊朝日編『値段史年表　明治　大正　昭和』によった。女性名は『日本女性史大辞典』に準じた。女性は結婚・離婚その他で改姓することが多いので、かかわる章の最初に改姓前後の姓を入れた。主な人は、石原（西）清子、石本（加藤）静枝（シヅエ）、真下（市川）ミサオ、金子（山高）しげり（茂）、和田（奥）むめお、渡部（原田）清子である。市川は婦選獲得同盟時代にペンネームを多用したが、『婦選』執筆者索引によれば、「I・V・W、市川、XXX、S・S・S、S・O・S、F・I、FSE、学者の小母さん、中島明子、ふ、ふさゑ、松野よし子」が市川である。

なお本文中、「婦人」「女性」「女子」について、婦人団体、婦人運動のような熟語としては「婦人」、個人としては「女性」、男女別の労働者等は、女子（男子）と書き分けようとした。市川が生きていた時代は普通「婦人」の語句を使っていたが、厳密な区別はしていない。また「バカ」「タワケ」「下女」「低能」「気狂い」などのような語句も他の言葉に置き換えがたいのでそのままにしているが、差別の意図はない。満州事変、支那事変という語句も使いたいわけではないが、当時の軍・政府がつくった名称として使用した。その他法律なども、衆議院議員選挙法改正が正式名称でも、男子普選、婦人参政権実現といわなければ内容がわからないので、理解しやすいことを第一に記述した。

女性の生きにくい時代を、人間らしく生きやすい時代に変えようとした市川房枝八七年の生涯を、異なった「時代の子」である私たち自身が、自主的判断で見通しをたて、自分の運命を自分で決めて生きられるように、読んでいただきたいと願っている。

二〇一九年五月

伊藤康子

◉口絵写真提供／

公益財団法人市川房枝記念会女性と政治センター

市川房枝——女性の一票で政治を変える＊もくじ

第五章　侵略戦争拡大の日々に

第六章　婦人問題研究所を根拠地として

第九章　平和と平等を未来へつなぐ

カバー原画／章扉カット　小野　和子
装　丁　市川美野里

第一章 近代愛知の光と影を受けとめて

小さなびわ

故郷は濃尾平野

市川房枝（以下、「市川」「房枝」と記すことがある）は、一八九三（明治二六）年五月一五日、愛知県中島郡明地《めいち》村字吉藤の、七、八反の田畑を耕し、養蚕をする市川藤九郎（一八四八―一九三五）、たつ（一八五九―一九四一）の三女として生まれた。「もう女はたくさん、生まれてこなくてもよかったのに」とよくいわれたという。(1) もし男の子なら三人四人と続けて生まれてきても、「もう男はたくさん、生まれてこなくてもよかったのに」とはいわれない時代であった。きょうだいは兄市川藤市、長女みす、次女たま、三女ふさゑ（のち自分で房江、房枝とも書いたが、一九六三〈昭和三八〉年六月二四日、戸籍名を房枝と改めた）、四女清子、弟武の六人であった。明地村は、木曽川に沿った濃尾平野の中心の水田が広がる地域であったが、町村合併によって、一九〇六年朝日村、一九五五年尾西《びさい》市、二〇〇五（平成一七）年一宮市と名前が変わった。

市川房枝は、自分の生まれた年を集会及政社法公布三年後、大日本帝国憲法公布四年後、日清戦争開始の前年、と記している。(2) 男性に限られた天皇を主権者とし、女性の政治活動を禁止する法制が整備され、アジアの隣国を軍事力で屈服させようとする時期の日本の国民として生まれ合わせたのであった。だがこの年、ニュージーランドでは女性が国政選挙権を獲得している。世界では女性の人権尊重の波がすでに成果をあげ始めていた。

市川の家は本家だったが、祖父と父は紺屋（藍玉による染物屋）を始めたが成功せず、新家（分家）は肥料商をやって金持ちになった。かつて養蚕は自然のままに年一度の作業だったが、産業革命の過程で蚕の卵を冷蔵などして、年三回作業して現金収入を増やすように変わった。そのため蚕の餌の桑の増産がはかられ、肥料が必要になったのである。農家も先祖から受け継いだ田畑を耕作するだけでなく、商品作物を作るようになり、商売も時代に即応しなければ成功しなくなった。

父親は子どものいうことはなんでも聞いてくれたが、短気だったから房枝の成績が悪いときなど房枝の母をげんこつで、時には薪で殴り、母親は「女に生まれたのが因果だから」と我慢を重ね、泣きじゃくる房枝に愚痴《ぐち》をいった。この両親をみて、「女も人間である、女のために働き度いといった心持は、もう高等小学校時代に芽生えていた」と房枝は一九三五年に書いている(3)。父は字を読めたが、自分は学問をしなかったから「タワケ」（バカ）がする百姓をしている、子どもたちには勉強せよと勧めた。進学・学力が世に出る新しい力になる時代であった。母は字を読めなかったが、進学については子どもの意見を聞き、それならしかたがない、よかろうというほど理性的であった。房枝が子どものころ、村では金のある家でも女の子は尋常小学校四年だけ、せいぜい高等小学校四年で終わって近所の農家に嫁にやられるのが普通だったから、女の子まで師範学校・女学校へ行かせる市川の親は変わり者扱いだった(4)。

房枝は、一八九九年四月数え年七歳で明地村立明地尋常小学校入学、一九〇三年卒業（当時尋常小学校は四年制、その後四年間の高等小学校へ行く）して起町外三カ町村学校組合立西北部高等小学校に入学、四年生の三学期に朝日尋常高等小学校が設立されたため移り、卒業した。子どものときから田畑で働き、養蚕を手伝い、鶏に餌をやり、芋がゆや大根・サトイモ入りの雑炊を、たまに川魚や塩鮭などの塩干物を食べた(5)。

尋常小学校では学校になじめず、学校へ行くふりをしてさぼった日もあったが、高等小学校では三年生のときは無欠席・無遅刻・無早引と健康な子で、四年生のときは家業で忙しく六月は半月以上欠席、農繁期には欠席する働き者の娘であった。それでも卒業前に「操行善良学力優等」で県から世界新地図を賞としてもらっている。高等小学校三年生四年生の担任になった師範出の岩田よね先生に憧れ、最初の人生のモデルとしたと思われる。(6)

気が強く面倒みのよい子

房枝の子ども時代について、妹清子は姉を「子供のころからとにかく負けずぎらい。勉強、遊び、何ごとにも人に負けるのが大きらい」という。努力も人一倍する人、「目の前にある目的解決に全力をそそ」いだ一生と評価している。(7) 小学校同級生で初代尾西市長になった丹羽豊一は「男のように活発で行動的な面倒みのよい女性」、「自分のことは何もかまわず、めんどうみのいい人で、村でも評判の子供だった」、「ちょっとさばけ過ぎているというか、何をやるにもすぐ男の子の中に入ってきた。勉強はよくできる方でもなかったが、運動は達者だった」、「小さいころから気性が激しかったから、あそこまでできたんだろう。本当に偉大な女性」(8)と回想している。

房枝の甥にあたる市川雄一は明治時代の人としては、父のきょうだいは皆我が強く個性が強かったといっている。(9) 姉みすの長男野田賢市が母から聞かされた話として、房枝は学校があまり好きではなく、休むこともよくあった。近くの用水路の脇を歩くとき、房枝は用水の土留めの杭《くい》に乗り、くるくるっと回りながら進んで、ドボンと水の中に落ちると知人に服を借りて帰る、思い切りのいい人だったという。一九九三（平成五）年「尾西市名誉市民市川房枝女史を語る会」で、三〇年前から尾西市市会議員（社会党）であった野田は、房枝を「政治の母」といい、三〇年前には選挙の際は有権者が候補者からモノをもらうのは当たり前で、野田は「ドケチな選挙」をするといわれた、と語っている。保守の金城《きんじょう》湯池《とうち》といわれた尾張では金を使わない「理想選挙」はやれないと叔母（房枝）にいったら、「落選せよ」といわれた。また房枝の母が、ILOの役所の人はお前を嫁にもらってくれんかといったのに対し、「アカンわ、私を家に入れておいて、婦人運動をさせてくれん」と房枝が答えたという話を伝えた。(10)

　房枝の一年前に愛知県愛知郡鳴海町（現　名古屋市緑区）に生まれた矢野きん、ぎんのふたご（のちきんさん・ぎんさんの通称で一九九〇年代日本でもっとも有名な女性となった）は、小作農家の総領娘であった。竹やぶや畑、桑畑や実のなる木々に囲まれたかやぶきの一軒家で育ち、五、六歳から日暮れで目の前が見えにくくなるまで草取りをし、相次いで六人のきょうだいが生まれたので子守もし、家事を手伝った。一番きつい仕事は、家の使い水すべてを天秤棒に下げた水桶で谷からくみ上げなければならなかったこと、一番大変だったのは排泄物を肥だめまで運搬することだった。小さくても働き手が家庭に必要だったから、学校へ行くのも遅れ、ふたごだから一日おきに交代で家の仕事と通学をこなし、夜はもう片方にその日教わったことを教えた。父親が決めたように、育った地域の慣行どおりに仕事をし、結婚も親が決めたとおり「はい」という以外の生き方を思いつかないのが農家の普通の娘であった。(11)ぎんさんは気の強い子だったのだが、生き方はきんさん同様農家の普通の娘として親と地域に従順に暮らしたので、性格だけで生き方が決まるわけではない。

房枝に五年遅れて知多郡内海《うつみ》町（現 南知多町）に生まれた杉村（今井）春は、一五歳のとき両親が死去、以後名古屋市の叔母（日比野寛の妻、夫は愛知一中校長、マラソン王と呼ばれ、のち衆議院議員）のもとで暮らし、二三歳で結婚した。当時の嫁の道徳は「水車のように働け」だった。「用のない時にも体を働かせていなければならない」というのである。また「這っても黒豆」ということわざもあり、「暗い台所に虫が這っていて、目の悪くなった姑が黒豆と思い、嫁は拾えと命じられたらその言葉に従わなければならない」とも語った。(12)

農家の娘、若い女性は、合理的でなくても、自分が嫌なことであっても、従順に、忍耐強く、働きぬく規範に縛られていた。房枝は働くことは嫌ではなかったが、当時の農村女性に絡みついていた自立できない生き方には従えなかった。

また一八九九（明治三二）年にはアメリカから来た英語の教師・宣教師U・G・モルフィが弁護士とともに廃業したい娼妓《しょうぎ》を支援して裁判で争い、その後娼妓が自由意思で廃業しようとする活動が続いたが、前借金返還の義務を理由に、遊廓は娼妓を拘束し続けた。モルフィが帰国したのち、救世軍（キリスト教プロテスタントの一派）が東京に救世軍婦人救済所を設立して、自由廃業を支援した。(13) 一九七〇年代になって、市川は『日本婦人問題資料集成　第一巻　人権』を「売春問題と取り組む会」の高橋喜久江に資料収集・解説下書きの協力を得て売春問題中心にまとめた。モルフィの活動は収集されているが、特別の記憶は書かれていない。

一九〇〇年葉栗《はぐり》郡光明寺村（現 一宮市）小島織工場寄宿舎の火事で、工女ら三一人が焼死した。男女若者の交流が盛んな機業《きぎょう》地域では交流の防止策として、窓に鉄柵がはめられ、二階への出入り口は外から錠が掛けられていたため、逃げられなかったからである。監禁状態の工女が焼死した悲惨な事件は同情を集め、県民・新聞の批判が高まり、県は工場取締りを強化した(14)。

このようにどう生きるか自分で決められない女性に対して、新興の時代の光を受けとめることができた房枝は、陰に押し込められた底辺の女性にも光がおよぶように願い、行動する女性に育っていく。婦人運動に心を寄せるようになった房枝は、娼妓・遊廓や繊維産業女子労働者に関心をもち続け、人間らしい生活に近づけるよう努力を惜しまなかった。女性の人権が無視されがちな時代の愛知県に暮らしていた房枝は、相馬黒光の『黙移』を読んで、自分の生まれた「明治二十年代は、婦人にとっても正しく新興の時代であった。文学、芸術だけでなく、政治に対する婦人の欲求、活動も相当熾《さかん》であった(15)」と書いているが、本を読むことができない女性、社会への目をもてない女性が圧倒的多数だったであろう。

渡米の試みと上京の経験

房枝はもっと勉強したい、どうしたらよいだろうか考えた。兄市川藤市は郷里の小学校教員後東京の政治学校へ行き、渡米し苦学していた。房枝の向学心は「アメリカニハ、オンナノダイガクノセンセイダッテイルヨ」という兄の葉書でそそられていた。「大学の先生」がどういう職業かわかっていたかどうかわからないが、天井を突き抜ける向上心が育っていったと思われる。房枝が兄に手紙で相談したところ、「アメリカへ来れば勉強させてやる、渡米願いを出すように」と返事がきた。役場で渡米願いの書式を教わり、自分で書いて提出したが、一宮市の警察署から呼び出され、一四歳の未成年者は連れて行ってくれる人がいなければ許可できないと、行くことができなかった。田植え、除草、収穫、畝《うね》づくり、養蚕、糸取りなど家業・家事を手伝い、進学先を探した。

東京の三輪田高等女学校へ行きたいと兄に相談し、兄の友人田阪貞雄弁護士を紹介され、送金も約束された。一九〇八(明治四一)年三月、東海道線名古屋駅を朝五時半に出発、富士山を初めて見て感激、「あゝ実に気高き富士よ富士よ汝のすがたの如く生も成得べきや祈れ富士よ吾も専心勉強して成功を期せざるべからず」と気負いの溢れた文章を遺している。(16) アメリカ行きについても、東京行きについても、兄の協力があったからか、両親は格別反対していない。

三輪田高等女学校の補欠試験は不合格だった。矢島楫子《かじこ》院長のミッションスクール女子学院の試験に合格、午前中の英語の授業は一年生、午後の日本語での勉強(国語・数学・歴史・図画など)は三年生という生徒になった(月謝二円)。房枝は日本が神の国と思っており、仏教もキリスト教も嫌いだったのでキリスト教のお祈りがなじめなかった。女子学院の日本語の勉強は程度が高いわけではなく、午後四時から神田の国語伝習所に入学し、『万葉集』や『十八史略』などを学んだ。一方兄からの学資の送金はこなかった。上京する際、郵便貯金で三〇円、現金で親から八円四四銭と汽車賃、姉から一円もらってきたが、受験や月謝、本代に使い、私立学校のため月謝以外にも炭代など支払わなければならない。一カ月の費用は一四、五円位かかると思われた。(17) 筆で法名を書く筆耕のアルバイトを見つけたが、手間はかかってもたいした収入にならない。兄にどうすべきか教えを乞うたが、結局四カ月ほど世話になった七月、手持ちの金がなくなる前に、田阪家に一〇円をおいて、母が病気になったという口実で帰郷した。

「自分の生きる道がわからない年齢だった」と房枝は回想している。わからなくても、希望のありそうな方向に走り出す房枝であった。農村に暮らせば食べることはできるが、都会ではお金がなければ暮らせず、アルバイトをしても必要な金額が得られない。お金がなければ希望は実現しにくいこと、都会の生活は多様であることを経験した。兄に相談する書簡では「我はみだりに女権かく張論女子独身論女尊男卑男女同権等を主張するのにあらず。只古よりの通り従順に……」と書いているので、男女同権などの言葉は知っていたわけだが、「従順」に生きるのが望ましいと優位においており、言葉だけは格好よく使っても、まだ自分の身についた言葉・思想ではなかったように思われる。それでも欧米の文化・思想が日本に入ってくるなかで、女権拡張や男女同権が日本旧来の文化・思想に対立するものとして、一〇代の少女の口の端にものぼる時代になっていたのである。

自立できる職業への道

房枝が帰郷するとすぐ、隣の萩原町の尋常小学校から代用教員になってほしいと声がかかった。夏休み明けから、尋常二年生の担任になり、月給五円を得る。一生懸命教えながら、祖父江《そぶえ》町の准教員の講習会に通い、修身・教育・国語・算術・地理・歴史・理科・体操・図画・唱歌の科目を履修、試験に合格して准教員の資格を得、月給が五円から八円になった[18]。何度も考え直し、姉に相談し、教師をするなら正規の教育を受けたいと、お金のあまりかからない師範学校進学を決めた。

一八九〇年代には、名古屋市の菓子店の店員、理髪業や写真師に女性が進出し、新聞に登場している。房枝が師範学校へ入学した一九〇九年ごろまでに、農業、繊維産業を主とした女子工員、女中などの傭人《ようにん》という働き方は普通に存在し、自立できる女性の職業としては女教師・産婆がいて、看護婦養成も始まっている。(19)女医も誕生していたが、村の生活では見ることはなかった。愛知では西尾出身の高橋瑞《みず》が日本で三番目の女医になったが、東京で開業した。一八九三年長野出身の三浦こうが夫の郷里宝飯《ほい》郡形原村（現 蒲郡市）で産婦人科医を開業、翌年江間調（婦人科、小児科）が名古屋市で開業している。(20)だが房枝は知っていなかっただろう。房枝にとって女性が自立できる唯一の職業は教師であった。

師範学校で身につけたこと

愛知県の師範学校は、名古屋に第一師範、のち岡崎に第二師範が設立され、岡崎に女子部も併設された。小学校の教員を育成する無月謝・無料の全寮制の学校で、女性には一年一着の袴と半襟、夏冬に盲縞《めくらじま》のような着物一枚などが支給された。そのため卒業後五年間は県内の小学校に勤務しなければならなかったが、裕福でない家庭の子ども、一生使える資格を得て自立したい子どもの入学希望者が多かった。

一九〇九（明治四二）年四月、市川房枝は愛知県第二師範学校女子部に入学し、男女共通の校訓「質実剛健」のもと、従順に一生懸命勉強し、スポーツにも励んだ。「生徒としては実に従順な、いい生徒」だったと自分でもいっている。[21] 四月八日より「修養録」（日記）を記録して教師に提出したが、最初に「向上ヲ旨トスベシ」「協動ヲ重ンズベシ」「自重ヲ体スベシ」と、生活の目標が書かれている。学校の講堂や特別教室は男子部と共用であったが、寄宿舎・普通教室・運動場は男女別であった。寮生活は五時半起床、八時登校、六時間授業、三時～四時まで運動（テニス）、九時半就床、外出は水曜・土曜の二時間と日曜の朝八時～夕五時までと決められていた。学校の管理者は、男女間の風紀問題が起きないよう、郷里の同じ人が出会っても目礼以上の行為は禁止した。[22] 手紙も舎監が怪しいと思えば、本人立ち会いで開封された。房枝は生まれ育った名古屋、尾張一宮など「勘定高いお世辞のうまいのはいやで、岡崎、三河のそれこそ質実なのがすき」と懐かしんでいる。[23]

房枝は「日韓併合」や「大逆事件」にはあまり関心をもたなかったという。『青鞜』創刊にも特別刺激は受けなかった。『青鞜』の終わりごろの一冊を買って読んだが面白くなかった。[24] よく勉強するので教師たちには可愛いがられた。修身・英語・作法の先生で舎監長でもあった千田仁和野は、房枝がつねに首席を通したと記している。房枝はあるとき「師範学校をやめて、社会問題と言うか婦人問題の研究をしたい」と千田に話したが、千田は「社会問題は広範な基礎的勉強が必要だから、師範の勉強を活かし、働きながら勉強を重ねる」よう勧めた。房枝は千田の古武士的な硬教育が好きであった。千田は、房枝の勉強もし、思ったことを実行もする男性的な気性がのちに生きたと評価している。[25] 師弟交流も勧められている学校であった。房枝は千田や英語教師の松岡の自宅に泊めてもらい、勉強を教わったり相談したりした。また尊敬していた数学教師の小川淑子に連れられて、岡崎の教会にも行った。山嵜《やまざき》教師の「欧米漫遊談」を聞いて、日本にある婦人問題はフランスにもあると知り、世界の婦人問題を研究すべきと啓発される。[26] 房枝の生活の幅は広がったが、特定の学科や思想から先生と行動を共にしたというより、何かしら向上の希望が感じられる教師と交流したように思われる。のちの婦人運動のなかで発揮した実務力等について「師範学校の影響で、あそこで人間としてのあり方や事務的処理を教えられた」といっている。(27)

房枝は将来の希望を、一年上級の永井志津にも打ち明けている。寄宿舎の湯飲所に新聞を見にきていた永井に「自分は他日、全国女教員の読む雑誌を出したいと思っている。力強い文章を書くには、どうしても漢文が必要だ、一緒に勉強しないか」と誘い、『日本外史』を読み始め、雑談も楽しんだという。(28)政治問題に関心は薄くても、女教師を啓蒙する雑誌刊行という社会問題に深い関心をもっていたのである。

県内に複数の師範学校が設立される場合、文部省は男女別学校にするよう求めた。四年生になると、名古屋市の押切に新築された県立女子師範学校へ女子生徒は移ることになった。新しく任命された郷野基厚校長は、移転前の三月に来校して、日本女性は良妻賢母になるべきと訓話したが、その中身は船底の木枕で寝るようにというような、前近代的規範にもとづいていた。新教頭の堀田溢次郎は、教室の掃除のあと、ガラス窓の桟に埃《ほこり》が残っていないか、指でこすって検査するなど、未来の女教師を子ども扱いした。五月二三日の日記に房枝は六月八日の開校式の組分けが「上ニ立ツ人ノ無茶苦茶ノ専制的ナワケ方」で行われたと批判している。(29)

七月に入って、愚劣な良妻賢母主義への不満などを消灯後の図書室で話し合い、不満二八カ条にまとめ、提出した。授業には出るが無言で答えない、試験があったら白紙で出すと抵抗の姿勢を統一し、三年生もこれに同調した。同級生だった吉川婚は、「学生時代の市川さんは元気がよく、何でも中心になってまとめるのが得意だった。級長だった市川さんが音頭をとってクラス全員に学校内の不満なことがらを書かせ、学校当局に抗議するというような出来事もあった」と回想している。[30] その内容は記録されておらず、房枝や同級生の記憶もはっきりしないが、そのなかのいくつかは学校側に承認されたという。その過程で校長はクラス全員と会うことを拒否、正副級長の二人（市川房枝と鈴木善子）と三時間話し合い、房枝は古部先生、とし先生に叱られ、一日自室から出ず、級長を辞する決心もし、屈せずねばり強く三、四日「ストライキ」を続けた。この抵抗は新聞には出ず、一九一三（大正二）年三月全員卒業し、学年同窓会をつくって「大正会」と称した。房枝は東京女子高等師範学校を受験したが不合格であった。また名古屋市内の学校に就職したいと運動したが成功せず、涙をこぼすほど残念な思いをした。[31]

卒業前、校長から房枝の個性について「寡言ニシテ実行スルノハ可ナホツトメヨ。頭脳明晰ニシテ意思ノ強固ハ可、児童取扱理性ニ過ギテ厳ニ失スル勿レ　温情ヲ以テセヨ、要スルニ其長所ヲシテカヘッテ短所ヲ導クナク婦徳ノ修養ニツトメヨ」といわれた。房枝はこの評価を正当でない、もう少しきちんとみてほしいと感想を残し、県立女子師範学校の一年間が葛藤の日々だったことを示している。[32]

その間一九一二年七月三〇日明治天皇が死去、その葬儀の日に房枝が深く崇拝する乃木将軍夫妻が自死した。読み書きできない母に対して、房枝は子どもに読み書きを教える先生になったが、それは明治天皇の維新政府が作り上げた制度の結果であった。房枝は明治の空気のなかで育ち、天皇への敬意を抱き、個人の努力を正当に評価してほしい、専制的・封建的なやり方を嫌う自由主義者になっていた。

母校の校長は女教師嫌い

一九一三（大正二）年四月、房枝は郷里の母校朝日尋常高等小学校の訓導（正規の資格をもった教師）に任命され、本科正教員として月給一六円で勤務することとなった。新卒の教師の月給は、男子が一八円と一六円、女子は一六円と一四円で、男女の差別があり、同時に男女それぞれに格差が設けられていた。郡部の小学校には正規の資格をもった教師がまだ少なく、訓導は高学年の担任をさせられるのが普通で、房枝は六年女子組の担任となり、苦手の音楽も教えなければならなかった。房枝が師範学校を卒業し、弟武も小学校を卒業して愛知県立第一中学校に入学したので、赤飯を炊き、親類や近所に配った。就職通知状も出した。

四月一〇日から授業開始、一二日には校長宅で「でんがく会」（食事会）が開催され、房枝は女教師を欠席させてもらいたいと頼んだが拒否された。この校長は女教師について侮蔑的なことをいう人だった。九月に房枝は名古屋市内の学校への転任を望み、運動を続けていたが、両親や校長の意向を聞くようにいわれる。校長は転任してもよいが、自宅に近い職場だから都合がよいだろうと思って母校に着任してもらったのに、親切にしたのにあだで返された、自分は女教師がもともと嫌いなのだ、といった。房枝はいっそう母校に勤務したくないとの考えを強くした。年末の茶話会には甘酒、おでん、どて焼き、汁粉、御飯の支度を頼まれる。房枝は働くのは嫌ではないが、下女同様に扱われるのは馬鹿にしていると腹を立てた。月給も三〇円位なければ望むような生活ができないから、文部検定を受け、資格（当初は日本史を希望）を取って中等学校の教員になり、宗教系女学校へ就職し、いずれ東京へ転任したい、さらに外国へ行きたいという希望を日記に記している。[33] 希望の目的地は外国、通過地は名古屋を経た東京と、向上心には昔の兄の言葉が反映されている。

のちに一九三三（昭和八）年になって「新しく教育界に入らんとする女性に贈る」という企画で、房枝は二〇年前の自分を思い出し、次のように書いている。

「何といつてもうれしく希望に満ちたものでした。然し初めて社会の空気にふれる訳なので、いやな事憤慨に耐へない事が後から〳〵と起つて来ました。―それで私はやめてしまつたのですが、その後の経験からふりかへつてみると、何といつても先生―特に小学校の先生はいゝと思ひます。視学だの校長だの他の教員だの父兄だのにかまはず子供達を唯一の対象としてやつて下さい。すればいやな事も大丈夫わすれます[34]」。そして「女性の特長は平和を愛すること」「物を育てる事」にあるのだから、全校の子どもにその気分・性情を植え付ける義務があるとも述べ、教科・訓育にとどまらない教育者であることを望んでいた。[35]

房枝は就職初年を振り返って総括を試みた。

・就職地が希望通りでないため、勤務に専念できなかった。母校への就職は良くない。
・朝日尋常高等小学校は、比較的「研究的」な学校である。
・校長の女子師範に対する取り扱いには不満がある。
・一般の教師は上官の命令に従うだけ、「其日主義」で向上心がないようである。
・女子児童に対する施設がなく、女子児童は劣等・低能として扱われ、児童自身もそう思っている。
・教育上研究すべきことはいくらでも存在する。

・自分の生活費を得るために教師をするのだから、職務はもっと規律的であってほしい。同僚に対しては話をしないのが適当である。
・図書・雑誌をもっと読むべきである。時間があれば文学の創作をしたい。国家主義はよくない。
・都会は読書・講演会が便利なので羨ましい。
・兄が学資を補助するというので、再度女高師を受験しようと思ったが、兄と意見が異なり衝突したので、他からの補助をもらわない決心をした。
・現在は健康だが、早起きの習慣をつける必要がある。集中力、努力、時間の上手な使い方、運動が自分には必要である。その他。(36)

努力も失望も迷いもあって一九一三年が終わり、名古屋市内への就職運動を再開した。『新日本』一月号、平塚らいてうの「いわゆる職業婦人について」(37)や福田英子の婦人問題を読み、これらの問題をもっと研究すべき、『太陽』一月号の「キューリー夫人」を読み、「偉い」と日記に書いている。妹清子が愛知淑徳女学校の試験に合格した際、兄が「女は一生の厄介者だ」といったとのことで、房枝も腹を立てた。(38)『読売新聞』の婦人問題欄を担当する小橋三四子の論説に賛成し、手紙を書こうとした。(39)若い房枝の心に希望を与えてくれたのは、師範の教師千田仁和野と小橋三四子だったという。(40)

関心が女性の生き方・社会問題におよび、漠然とした希望の輪郭が形成されていったようである。この間豊橋の女学校への転任、名古屋市へ移ってから東京の小学校への転任を県学務課に頼んだが、師範学校卒業者の義務年限五年間という規定のため許可されなかった。

市川の教え子四三人の一人、角田けん(一宮市萩原本町)は「女ばかりのクラスなのに名前も呼び捨て。

一風変わっていました。でも女々しいところのないいい先生でした」、「男みたいにサッパリ、ハキハキした先生でした。私が卒業するとき、『これからどうするのか』って聞いたので、『裁縫を習いに行きます』っていうと『そうですか。しっかりねっ』って。大きな声で号令をかける先生でした」と回想している(41)。

溢れる向上心、差別への反感

一九一四(大正三)年度初めに、房枝は願っていた名古屋市第二高等小学校への転任に成功した。熱田神宮へ参拝して下宿を探し、弟妹と一緒に住んで自炊をした。生家から主食・野菜・薪をもらうので、房枝の月給で弟(県立中学)、妹(淑徳女学校)の月謝を払って共同生活できた。四月九日に新任式、一九日には教会で聖書の講義を聞き「奇跡」は信じられないと日記に書き、二五日には講習会へ通い始めた。房枝は、名古屋の文化的な水の中で即座に泳ぎ始めたのである。名古屋では下田歌子、広岡浅子、内ヶ崎作三郎らの講演を聞き、夏休みになると東京の早稲田大学校外教育部講習会や御殿場のキリスト教夏期講座(広岡浅子主催)へ行って勉強するという努力家であった。

このころ給料日は二三日であった。房枝は名古屋市第二高等小学校で一番若く、月給も一六円のままであった。一クラス約七〇人の生徒からは一人五〇銭の月謝をとっていたので月謝の合計は約三五円となり、月給との差は大きかった。そのうえ女教師は客が来ればお茶をだし、教室のカーテンの洗濯もしなければならなかった。房枝は学校の仕事は適当にして自分のために時間を使わないと損だ、教師にも三五円の高給を得る人がおり、同じ仕事をしているのにと不満で、五年の義務年限が過ぎたら退職しようと考えたりした。[42]格差への反感は募っていた。

名古屋へ転任後、朝日尋常高等小学校の先輩・同僚だった高瀬訓導が房枝の両親に結婚を申し込んでいる。房枝は社会的進出を夢みていたので、そっけなく断った。高瀬はのちに小学校校長になったが、房枝への思慕の手紙を大事にしていて、その死後、高瀬夫人が房枝のもとに届けている。その後も房枝はほかの男性の好意にも応えることはなかった。師範生のころ小学校時代の先生に造花でつくった桜の花を持って行って五、六回文通したのが「娘時代を彩る唯一の淡い思い出」だった。[43] 同僚や活動関係者に男性はいたが、仕事以外の交際はほとんどしなかった、師範学校教育の影響も残っていたためだろうが、「品行が悪い」というような致命的な非難は受けないですんだ。[44] 一番ケ瀬康子は社会的活動をする人は自らの思いの一貫性が大事、金銭関係がきれいであるべき、男女関係に潔癖でなければならない、何でも話せる女友達をつくりなさい、と市川に話されたといっている。[45] 一九三〇年には、「魂を打ち込んだ仕事、やめたいにもやめられない仕事を背負っていると、淋しさの這入り込む隙もないし、恋にも盲目にはなり得ない」、独身を続けたのは、「仕事にかまけてずるずると今日に及んだ」というのが正直なところと書いている。[46]

同居していた妹と柔道を習いに行って『名古屋新聞』に「柔道婦人」と写真入りで記事にされた。[47] 一九〇八（明治四一）年の兄宛書簡で、世の中で活動する以上は護身用に柔道かなぎなたを学んでおくべきという考えを述べており、八年後に実行したのであろう。同居していた弟は、一九一四年九月の新学期が始まって間もなく、ささやかな家出を試み、県立第三中学校（津島）に転校、ここも落ち着けなくて県立第一師範学校に入学したが、一九一六年七月脚気で死去し、房枝を落胆させた。房枝は『六合雑誌』に「結婚して自分の向上心を満たす生活が可能か」という悩みを投稿、[48]「女子教育が不十分、婦人問題を解決する教育家を望む」という投稿した文章が掲載されたりしている。[49]

こうして房枝の青春時代は向学心に溢れ、学校勤務のほかに文化人グループ「木曜会」の話を聞きに行き、哲学の講義も聞き、ひたすら文化人から学んでいた。信仰が十分とは思っていなかったが、キリスト教の洗礼を受け、馬島僴《ゆたか》が校長だった教会の日曜学校を手伝って疲労を溜め、自炊する暇もなく外食で簡単に済ませて栄養失調になり、弟の転校や死去などごたごたもあって、微熱が出て肺尖《はいせん》カタルで「要静養」の診断が出るにいたった。一九一六年一〇月から、知多郡篠島《しのじま》で五カ月静養した。生徒は見舞いの手紙をくれて文通は続いた。後年、房枝が何を教えたか尋ねたところ、「女も独立して職業をもたねば」「決してうそをいってはいけない」との返事が返ってきたという。

房枝は学ぶことも好きだったが、教育の力を信じてもいた。一九四二（昭和一七）年二月、お手伝いとして上京した真下ミサオ（のち市川の養女）は、市川に「何か勉強をなさい」といわれ続け、結婚が遅くなるからと断った。ミサオは一九四三年に武石まさ子と一緒に「公民」の本をもらって市川の講義を聞いたが、難しくてよくわからず、講義は中止になった。斎藤きえに百人一首を教わったが、斎藤が忙しくなって立ち消えになった。市川は人を「ぼんやりと遊ばせてはおかない」人だった。[50]

房枝は完全治癒かどうかわからないまま、一九一七年三月初め篠島を離れ、三月末治療費をもらって退職した。女子師範の同窓会「温旧会」会報編集を手伝って編集技術を身につけた。講習会開催も手伝い、第一師範、第二師範、女子師範三者の同窓会会合に出席、女性の意見を主張したりしていたが、生活立て直しを考えなければならなかった。

新聞記者　市川房枝

一九一七（大正六）年七月二〇日、房枝は名古屋の文化人グループで知り合った『名古屋新聞』主筆小林橘川《きっせん》の紹介で新聞記者の仲間に入ることができた。教員最後の月給は一八円だったが、名古屋新聞は一六円の月給（一五円ともいっている）であった。記者は十数人、女性は房枝だけであったが、みんな親切だった。それ以前一九〇六年、名古屋新聞社創業当時、その前身『中京新報』には女性校正部員が二人いて、その一人岩佐豊子は新聞記者に採用された。「芸妓の売春」の題で、売春した芸妓が検挙され公表されたことを評価すると同時に、相手の男性を秘したのは不公平と、差別に反対する意見を新聞に書いていた。一九一三年には『扶桑新聞』に立花美枝子、一九一六年には『新愛知』に鴨原竹代の入社の辞があり、女性記者は珍しがられ、生意気とみられ、取材先からも親族からも拒否反応をもたれた。立花は親戚から「死んでしまえ」と非難され、発熱して床に就いた。岩佐、立花、鴨原の名前はその後紙上にみられない。

一九一七年熱田の名古屋市立第二高等女学校（現　名古屋市立向陽高等学校）は、名古屋市内の女性の職業を調査したが、女性記者は二人と記録されている。(51) そのうちの一人が房枝であった。(52) 房枝は社会部に所属し、教育方面を担当、婦人団体、女性訪問、流行など実用の記事を書くようになった。もともと女性記者が必要とされたのは、新聞経営のため女性読者を重視しなければならず、著名人の家庭に妻・娘を、女学校等を訪問するのも男性では玄関払いされかねなかったし、政治記事・経済情報だけでなく生活実用記事が掲載されるようになったからであった。こうして房枝は、名流夫人のインタビューや、女性の視点から経済・家庭生活・学校生活・選挙立候補者夫人の活躍を観察、記事にまとめていった。

房枝自身、記者になる前は新聞記者に嫌悪感をもっていた。当時世間は新聞記者を男女にかかわらず「ゆすり」同様に考えており、教師は世間から尊敬される職業だったので、師範学校の教師は心配し、房枝に忠告した。房枝は読み書き計算・社会知識を子どもだけに教える教師と違って、より広く老若男女に社会問題を啓蒙する新聞記者に誇りをもって、「教員時代と同じ気持ち」と答えている。

房枝が書いた地域ニュースのなかには、名士の隠れた裏話、エピソードもある。青年大会の講師が時間に遅れ、酒を飲んで息子の自慢をしたとか、役人が財布を忘れて巡査に金を持ってこさせたとか、代議士は選挙民にお辞儀をしなければならないので外出を控えるとか、いわゆる名士の日常をすっぱ抜いた記事があり、一般読者には喜ばれるが、名士に嫌われる種かと思われる。

しかし房枝が力を入れたのは、女性の収入を得る方法としての職業や内職についてであった。先述したように名古屋市立第二高等女学校による名古屋市内女性職業調査を紹介した。働く女性は女性人口の一二・五%、工女がもっとも多く、次いで傭人（女中など）であり、この両者が約八割を占め、その次は鍼《しん》灸《きゅう》術《じゅつ》按摩《あんま》、女髪結で伝統的職業が圧倒的であった。教師、事務員、看護婦など近代的職業は微々たる存在にすぎなかった。個々の職業としては、収入のよいタイピストがあり、名古屋駅の出札所の女事務員の収入は相対的にましだが、間違うと弁償金を払わなければならないと詳しい情報が記される。女中は敬遠される時代になり、景気のよい工女に転職するなど、収入に深い関心が払われている。

房枝の関心が強かったもう一つの課題に、女性の向上心を支える記事がある。婦人教養会・家庭倶楽部など学習機会の報告や、図書館に来る女性が少ないと、来館を促す記事もある。学校教育とは異なるやり方で、房枝は啓蒙的な仕事を進めていた。

婦人問題の視点から記事を書く

富裕層の女性世界に陽の目をあてる訪問記事で、房枝は名士夫人、著名女性に出身地、親の職業、出身学校、子どものこと、趣味などについてインタビュー記事を書いた。全体としては履歴書的な事実が多いのだが、そのなかに自分の意志をちらっとみせる女性の姿を房枝は記事にした。日本髪から束髪に髪型が簡単になっていく時代の流行にもかかわらず、束髪にする親の許可が得られなかった娘が、自分の前髪をはさみで切って許しを得ていた。夫が理由を明らかにしないで夜遅く帰宅するのは妻たちの不満の種であったが、帰宅前に電話する夫もいて、夫婦仲が良いと書いた。名古屋市立高等女学校の最初の首席卒業生は、親に結婚相手を決められたのだが、勉強の時間を得ることを条件にしていた。中京裁縫女学校長は良縁を断って東京での修学を希望し、二三歳までねばって親が了解せざるを得なくさせた。夫婦の表札を並んで掛ける弁護士の家庭もあった。妻・娘は夫・親の意向に従い自分の意志を主張しないのが当然の婦徳とされていた時代に、自分自身が望む生活や男女対等に近づこうとする行動がさりげなく記事にされていた。それらは、若い女性・少女に、やりたいことをやってみることを励ますモデルを示す記事であった。

男性の意見も示されていた。ある医学博士は健康な夫婦でなければ家庭は発展できないが、「放蕩乱行を以て当然のこととしている名古屋」を批判し、妻は良い常識・信念をもつよう勧めていた。

こうした訪問記事はしだいに少なくなり、富裕層を覗《のぞ》き見するのではなく、当時の女性には珍しい、例えば登山の経験や感想を当事者から聞いて記事にした。家庭の経済をテーマにする連載でも、生活問題としてまとめられるようになる。

房枝が新聞記者だった一九一八（大正七）年は米騒動の年だったから、二月下旬以降米や生鮮食料品の値上げが繰り返し新聞に取り上げられた。米は本来経済記者の担当だったが、生活難、賃上げ、労働問題、米の調理法等が結び付いて新聞に載った。房枝が当初いとう呉服店（のち松坂屋）や十一屋（のち丸栄百貨店）、市場で流行の傾向や生鮮食料品の物価動向を聞いて書いた記事は、いわば企業情報であったが、しだいに市民が必要とする生活情報へと変化していく。大正デモクラシーが進展する時期には、新聞記事も社会の要請に敏感に対応していった。房枝は忙しければ時間を惜しんで、きしめん屋（うどん屋）で簡単に食事を済ませるような食事に無関心な人であったが、生活問題に取り組むようになった。

房枝は『名古屋新聞』の社説欄に相当する「反射鏡」欄に二回執筆した。「女教員大会」と「食物問題」である。全国規模の小学校女教員たちの大会は一九一七年に始まったが、房枝も関心をもち続け、一九一八年六月二三日に「〈反射鏡〉愛知県女教員大会を観て」を書いた。房枝は最初の愛知県女教員大会が、名古屋の女性の会合としてはかつてない真面目なもので、女教員の修養について全問題点をとらえていると評価し、しかし抽象的で解決の具体案がないのは残念、次回の進展を期待すると結んでいる。房枝は集団の力を認め、教員の実力向上、勤務方法改善への希望をもったのである。

「〈反射鏡〉食物問題」は一九一八年三月三日から六日まで、三日間連載された。最初は家庭倶楽部の

「家庭と食物」をテーマにした会合で、多様な意見が飛び交う状況を書いた。二日目には、女性を台所から解放する方法について、多くの食堂設置や食物配達会社設立という方向を提案している。三日目には、家庭の食物調理当事者である女性に知識がない、経済的実権がないという問題があり、根本的な検討・改善が必要だと結び、房枝が生活問題を担当して得た広い視野や当事者による解決に言及している。新聞記者市川房枝が実生活や女性の力について学んだ総括的評論を書いていた。師範学校で校長の方針に抵抗した際に生徒の意見を集約して校長と長時間話し合い、解決の道を見いだそうとしたように、机上の評論にとどまらず具体的解決に進もうとするのが房枝のやり方であった。

新聞の購読者は中産階層以上が多数を占めていたのであろうが、房枝は一九一四年九月、名古屋の電車賃値下げ運動の市民大会、その後の電車焼打ち事件を見て、なかなかすさまじい勢いと感じた。(53) また一九一八年八月には名古屋市納屋橋《なやばし》から駅前の道で、米騒動の大群衆に出会った。(54) 取材に行く市民層よりも下層の大衆の力も実感したのであった。

房枝はほとんど毎日、署名が入る記事、入らない短い記事をのびのびと書いた。学びながら書き、書きながら啓蒙活動をした。制約の大きい小学校教師と比べれば、「わりあいに楽しい」日々であった。それでも東京の大正デモクラシーの進展に吸い寄せられるように二五歳で上京した。のちの仕事探しで「あこがれの読売新聞社を訪問してみたが、問題にされなかった」という。

葛藤を抱えた農村の娘　市川房枝

こののち房枝は東京を生活の基盤とし、一九八一（昭和五六）年二月一一日、八七歳九カ月で永眠した。人生の三割に満たない時間しか愛知県に住んでいなかったことになる。愛知県内最後の数年は名古屋市で暮らしたから、農村の生活はもっと短い。けれども房枝は生涯サツマイモの入った芋がゆ、サトイモの煮つけなど田舎の味が好きだった。自分のことを百姓の娘に生まれ、なんの化粧もせず、泥くさい、しかし清浄をのぞむから、だいこんの花（紫でなく白い花）というニックネームは自分にふさわしいという[55]。

一九三〇年は両親の結婚五〇年、金婚式にあたっていたので、親族約三〇人が集まりお祝いをした（口絵写真参照）。その五年後、数え年で八八歳の父、七七歳の母が米寿と喜寿にあたるので近くお祝いをと話し合っていた矢先、父は脳溢血で倒れ死去した。晩年は仲良く暮らす両親に子どもたちは安心していた。初七日のあと、一人になる母をどうするか兄と話し合ったが、東京では仕事が待っていたので市川は帰京した。その一一月、父と母が植えたサトイモに、葬式に帰郷した房枝が肥料をやり、収穫されたサトイモ一俵が婦選獲得同盟事務所に届き、みんなに配られた[56]。

父の一周忌にも帰郷し、法要の煮物のために、レンコンやサトイモの皮をむいた。墓参りに母と兄たちと出かけ、母が「おじいさん、寂しいでしょう」と繰り返すのを聞いて、房枝は母が寂しいのだと感じた。東京で畑のある家を借りて母と一緒に暮らすといったら、兄は戸主として自分が連れて行くと主張し、房枝は家を借りたが母が行かないと頑張り、結局母は郷里にとどまった。
房枝は娘として暮らした日々は「戸主権」の存在を感じたことはなかったが、父の死後兄が戸主になって、母は戸主に遠慮し、自分は兄が賛成しなければ家族を動かせない。[57] 一九三六年には時にぜんそくの発作に襲われる母を姪と一緒に熱海の温泉に連れ出し、一カ月ほど自炊生活をし、房枝もたまに泊まって親孝行をした。

母は結婚しない房枝の将来を心配し、房枝が四〇歳になるまで、帰郷するたびに、一人では老後が困るから誰かもらってくれる人はいないのかといった。やがてあきらめたのか何もいわなくなった。また嫁と一緒に住まなかったので「罪つくり」しないで済んだともらしながらも戸主である兄に遠慮していた。聡明な母であっても、一九三〇年代でも、考え方は農村の家父長制のもとで女性は従順に遠慮し耐える暮らし方を良しとしたままだった。そして一九四一年一〇月一日、八一歳で死去した。

房枝が若かったころ、女性は一定の年齢に達すれば必ず結婚し、妻・母として生きることに女性の存在意義があると思われてきた。しかし自分で働いて生活することがどれほど自由であり、愉快であるか、経済的独立がなければ人格の独立はあり得ないと房枝は考える。女性が自由に配偶者を選ぶことができる社会、一人の男性と一人の女性が対等に結びつくことのできる社会、女性が仕事と性生活・家庭生活を確立できる社会がくれば、その自由・独立・楽しさも得られるのではないかというのが三三歳の房枝の意見であった。[58] そして三七歳の房枝は、いまさら、繁雑な、結婚生活、家庭生活には入れそうもないと、現実の結婚生活を見て記す。[59] 晩年に、友だちで理想的な夫婦といわれた人たちを見てもいいと思えなかった、同居すると平等な夫婦関係ってできないみたいともいっている。[60]

四〇代に入った房枝は、「なぜ結婚しないのか」との問いに、女性の地位向上のために生涯をささげようという希望実現の助けになる結婚でなければ、結婚よりも希望実現に専念しようと考えたからと答えた。自分のような自由な境遇にある人が努力しなければ実現できない、辞めたくても休みたくてもそうするわけにはいかず、まして結婚に逃げ込むわけにはいかないというのが、律義な市川房枝の生き方であった[61]。こうして房枝は、女性が自由に自主的に生きにくい時代の女性として、しかし自由に自主的に生きたい女性として、家父長的社会日本を生きたのであった。

注

（1）「私の履歴書」『日本経済新聞』一九六〇年に連載、『私の履歴書　13』日本経済新聞社編・刊、一九六一年、『市川房枝集』第6巻、日本図書センター、一九九四年。
（2）『市川房枝自伝　戦前編』新宿書房、一九七四年、二ページ。
（3）「逝ける人々を偲ぶ」『婦選』一九三五年六月、『市川房枝集』第3巻。
（4）市川房枝「一生を働きつづけて」原ひろ子編『母たちの世代』駸々堂出版、一九八一年、一〇〜一四ページ。
（5）「責任感が支えに」『日本経済新聞』一九七八年一〇月一七日夕刊、『市川房枝集』第8巻。
（6）前掲「一生を働きつづけて」一三、一八ページ。『自伝』七ページ。市川房枝記念会所蔵資料「明治三十八年度学校家庭通信簿」「明治三十九年度学校家庭通信簿」。
（7）「巨木、眠るように…市川房枝さん」『毎日新聞』一九八一年二月一二日、この日は房枝死去の翌日。各新聞は追悼記事を掲載した。名古屋本社版に地元で取材した記事が多い。
（8）『中部読売新聞』『日本経済新聞』『朝日新聞』『中日新聞』一九八一年二月一二日の追悼記事。
（9）「市川雄一さんに聞く」『女性展望』二〇〇九年四月（本書で「〇〇さんに聞く」は市川房枝研究会による聞き取

りを『女性展望』に掲載した文章)。
(10)尾西女性史を学ぶ会(代表浅野美和子)主催の講演会で、野田賢市「叔母市川房枝」。
(11)綾野まさる編『きんさんぎんさんの百歳まで生きんしゃい』小学館、一九九二年。中川幸作・鈴木一七子『写真集　いまが しあわせ―きんさんぎんさん100年の旅』風媒社、一九九二年。
(12)今井春からの聞き取り(名古屋女性史研究会『母の時代―愛知の女性史』風媒社、一九六九年、一八五~一八六ページ)。
(13)『愛知県史　通史編6　近代1』二〇一七年、七二三~七二四ページ。
(14)同前『愛知県史　通史編6　近代1』七二六ページ。
(15)「私の頁　黒光女史の『黙移』を読みて」『女性展望』一九三六年九月、『市川房枝集』第3巻。
(16)「解説―市川房枝の成長過程と婦人参政権運動」『市川房枝の言説と活動　1893-1936　年表でたどる婦人参政権運動』市川房枝記念会女性と政治センター、二〇一三年、一〇ページ。
(17)「市川房枝書簡　在米中の兄市川藤市宛」『市川年表　1893-1936』。
(18)『市川年表　1893-1936』四一ページ。
(19)前掲『愛知県史　通史編6　近代1』七二九~七三一ページ。
(20)「巷の女傑　女国手の四十年」『名古屋新聞』一九三五年一一月一三日。
(21)「真面目な生徒」『婦人サロン』一九三一年四月、『市川房枝集』第2巻。
(22)『市川年表　1893-1936』一九〇九年四月。
(23)市川房枝「第二師範女子部時代」『愛知教育大学史』一九七五年。『母校の歴史と同窓会百年―三河教育の潮流』愛教同三河地区会・竜城会、二〇〇一年、一二五ページ。
(24)『自伝』一七~一八ページ、四〇ページ。
(25)「その頃を語る先生と教へ子　(14)」『教育週報』一九三三年九月二三日。
(26)『市川年表　1893-1936』一九一二年一月二二日。
(27)佐藤洋子のインタビュー「実践の人市川房枝さん」『朝日新聞』一九八一年二月一二日。

(28)永井志津「師範学校時代」「市川房枝というひと」刊行会編『市川房枝というひと　一〇〇人の回想』新宿書房、一九八二年。
(29)『市川年表　1893-1936』一九一二年五月二三日。
(30)「同級生が語る市川房枝さんの思い出」『中日新聞』一九八一年二月一二日。
(31)『市川年表　1893-1936』一九一三年三月二〇日。
(32)同前、一九一三年三月二一日。
(33)「市川房枝日記」『市川年表　1893-1936』三三二ページ。
(34)市川房枝「新しく教育界に入らんとする女性に贈る」『教育女性』一九三三年三月。
(35)「女教員諸氏に望む」『教育女性』一九三四年一一月、『市川房枝集』第3巻。
(36)前掲「市川房枝日記」『市川年表　1893-1936』三三三～三三四ページ。
(37)「いわゆる職業婦人について」『平塚らいてう著作集　1』大月書店、一九八三年、「内部心霊の自覚なくして、ただ外的に婦人の社会的権利や、政治的権利の要求にのみ急な皮相浅薄な女権論者を退ける」という主張。
(38)『市川年表　1983-1936』一九一三年九月九日。
(39)同前、一九一四年六月二五日。
(40)前掲「私の履歴書」『市川房枝集』第6巻、一一〇ページ。
(41)「悲嘆の尾西市民」『毎日新聞』一九八一年二月一二日。「郷土の誇り失い衝撃」『朝日新聞』同前。
(42)『市川年表　1893-1936』一九一四年六月二三日。
(43)前掲「真面目な生徒」『市川房枝集』第2巻。
(44)市川房枝「尊敬の念とありがたさと」宮部タキ編『かけがえのない出逢い＝私のおとこ友達』じゃこめてい出版、一九七五年。
(45)「一番ケ瀬康子さんに聞く」『女性展望』二〇〇八年一一・一二月。
(46)「独身婦人の気炎」『改造』一九三〇年一二月、『市川房枝集』第2巻。
(47)「柔道婦人」『名古屋新聞』一九一六年三月一七日。

(48)「結婚問題」『六合雑誌』一九一六年四月、『市川房枝集』第1巻。
(49)「不徹底なる良妻賢母主義」『六合雑誌』一九一六年六月、『市川房枝集』第1巻。
(50)市川ミサオ『市川房枝おもいで話』NHK出版、一九九二年、二三、四一ページ。
(51)「市内の女子の職業調べ」『名古屋新聞』一九一七年一一月九日。
(52)伊藤康子「〈研究ノート〉愛知の草創期女性新聞記者—市川房枝を中心に」『愛知県史研究』二一号、二〇一七年。
(53)『市川年表　1893-1936』一九一四年九月六日。
(54)同前、一九一八年八月一〇日ごろ。
(55)「あとがき」市川房枝『だいこんの花』新宿書房、一九七九年。
(56)『自伝』三六七、三七九ページ。
(57)「私の頁」『女性展望』一九三六年六月、『市川房枝集』第3巻。
(58)「オールドミスの生活」『婦人公論』一九二六年七月、『市川房枝集』第1巻。
(59)前掲「独身婦人の気炎」『市川房枝集』第2巻。
(60)「わたしの生き方」『クロワッサン』一九八〇年五月、『市川房枝集』第8巻、三七五～三七六ページ。
(61)「なぜ結婚しないのか」『現代』、『市川年表　1893-1936』一九三三年七月。

第二章

東京とアメリカで学んだこと

はやと瓜とさつまいも

無名の職業婦人として

一九一八（大正七）年の米騒動後、財産や身分による男性の選挙権への制約を取り払おうとする普通選挙権獲得運動（以下、普選運動という）は、労働者の自覚、労働組合結成や争議のなかで、大衆化の時代に入った。それ以前男女平等の選挙権は平民社によって主張されていたが、普選運動の大衆化とはいっても、女性の政治的権利は男性にはなかなか取り上げられなかった。しかし『婦人公論』誌上などで「母性保護論争」が行われ、臨時教育会議は教育勅語を基礎にした良妻賢母主義を強調し、第一次世界大戦が終わった後の社会政策学会では婦人労働問題・職業問題が討議され、女性はさまざまな角度から無視できない存在になりつつあった。

このような社会状況のなかで上京した二五歳の市川房枝は、兄の友人山田嘉吉の塾で英語や社会問題を学び、山田夫人わか、平塚らいてうや神近市子らを紹介され、ユニテリアン統一教会へも通い、東京の文化人と知り合った。一五歳だった一〇年前と違って、生きる方向をつかみかけていたから、最初働いた株屋が閉店しても新聞等で職を探し、食費を節約しながらも自分の力で食べていくことができた。

名古屋新聞社退職後も、『名古屋新聞』に女教員会に対して実力の養成と勤務条件の研究を望み、「弱い個人が団体によって力づけられ励まされていくことは最も賢い仕方[1]」と説き、「既婚婦人の職業に就て[2]」を書き、婦人問題の評論家としての力も育てていた。だが東京ではまったく無名の不安定な職業婦人であった。

一九一九年、市川は名古屋新聞社と中京婦人会共催で夏期婦人講習会を開きたいので、平塚らいてう、山田わかに講演を頼んでほしいと、小林橘川《きっせん》に依頼された。八月、市川は案内役で同行し、講習会後『国民新聞』に原稿を依頼された平塚を、愛知の繊維工場に案内した。平塚は、繊維工場を「もう一つまわりましょう」と案内する市川の熱心さと活動的実務的な能力にふれて、(3)のちに一緒に仕事をしたいと申し入れることになる。二人は帰京後、友愛会婦人部の山内みなに会い、東京モスリン請地工場を見学した。賀川豊彦が平塚と市川に、労働婦人のための新聞を出す企画をもってきたが、自信がなくて断った。このような動きは、婦人労働問題が世間に姿を現す過程であった。

九月、ユニテリアン統一教会の牧師・作家の沖野岩三郎から、大日本労働総同盟友愛会婦人部の書記として機関誌『労働婦人』の編集をする仕事の話がきた。市川はかねて労働婦人問題に関心をもっていたので即座に承諾し、友愛会本部を訪ね、会計松岡駒吉の面接を受け就職が決まった。友愛会会長鈴木文治は女癖が悪いので、田舎丸出しの市川なら大丈夫だろうと採用された裏話を、のちに松岡から聞かされた。

一九一九年一〇月、国際労働局（以下、ＩＬＯという）の第一回労働会議がアメリカで開催されることになっていた。市川は政府代表顧問に任命された田中孝子(4)が日本の働く女性の実情を知らないと思われたので、現場の女子労働者を随員として連れて行くことを提案、山内みなを推薦したが、友愛会本部内でもめ、婦人労働者大会を開催する。野村つちの、菊池ハツ、山内みな、田中孝子らが話し、男性聴衆の野次がひどかった。野次にたまりかねた田中が怒って「帰ります」といったので、司会の市川が「田中さんの話を聞いて下さい。男の方、少しヤジをつつしんで下さい」と呼びかけるほどだったという。(5)来賓席の平塚らいてうは、一九一三年二月の青鞜講演会と比べて、女工が壇上から「夜業禁止」「八時間労働制」と訴える時代の変化

と発展を感じていた。(6)

市川はこの後、友愛会幹部が自分の働きを受け入れてくれそうになかったので、随員問題で独走した責任を取る形で友愛会を辞任する。(7) 市川は山内みなに、「いちばん進歩的だと思われている労働組合の男が、いかに女性に理解がないか」「自分自身の要求は、自分の身の回りから実現するしかない」と語ったという。(8) のちに山内みなは、新婦人協会準備会で市川が総同盟から新婦人協会創立に参加した経過を「総同盟で労働婦人の地位の向上に努めたのだが、日本の労働者の意識は低く不可能であるとさとって放棄した。今後インテリ層を基礎にして、婦人解放運動をすすめてゆきたいと語った」と記している。(9) ともあれ田中孝子はILO会議で女性の深夜業禁止、産前産後の休養問題で努力した。失職した市川は一人で小さい婦人労働新聞を発行しようかと考えていた。(10)

平塚らいてうは『青鞜』のころから婦人問題を真面目に考えている男性から「婦人運動をやるなら、まず参政権をとらなくてどうしますか」といわれていたが、女性自身がもつ封建的な思想や感情を内部から改造するのが最優先と考えていたから、参政権獲得のために動く気持ちはなかった。(11) しかし自分の家庭をもち、第一次世界大戦後、社会運動、母性保護論争や愛知の繊維産業女工の実態にふれて、女の立場から解放を得る第一歩として、婦人参政権獲得の必要に突きあたる。こうして平塚は一九一九年夏ごろから「婦人相互の団結を計り、婦人擁護のため、その進歩向上のため、或は利益の増進、権利の獲得のため」団体活動をすべきときにいたったと考えた。女性の政治的自由獲得を目指す女性自身の本格的政治運動はこれが初めてだったから、(12) 平塚が構想した事業は総合的大規模なものになった。その費用は第一に発起人(平塚)、そのほか寄付によるが、一度に集まらなければ緊急度の高いものから着手するとした。(13) 平塚は当初山田嘉吉・わか夫妻とともに仕事を進めたいと思ったが断られ、市川に「片腕」になってほしいと頼んだ。山田嘉吉は市川に、平塚は婦人運動に不向きな人だからやめたほうがよいと忠告したが、市川は女性の地位向上運動を起こしたいと考えていたので喜んで平塚に協力することにした。小さくても自分でやれる形を考えた市川に比べると、平塚は夢そのままを、協力者の力で実現しようと考える人だった。平塚が大構想を訴えたから、ジャーナリズム、文化人の反応は強かったと思われる。

新婦人協会の誕生

市川は平塚を知って一年にならなかったが、平塚の聡明さ、すべてを捨てても自分の仕事に打ち込む熱意の人と認め、自分の「主盟者」にすることにした(14)。二人の女性解放へ向かう熱意は共通していたが、平塚は『青鞜』を刊行して思想界・女性界に影響を広めた以外、直接社会へ働きかけた経験はなかった。市川は学校や新聞社の枠のなかで子どもや読者に働きかける経験、暴発的な電車焼打ち事件・米騒動を見た経験はあったが、政治の世界に切り込んだことはなかった。それでも二人は走り出す。平塚が青写真まで作った婦人会館や機関誌の構想には相当の資金が必要で、着手は後まわしにした。たまたま大阪朝日新聞社が平塚に関西婦人大会への講演を依頼し、二人はこの機会に新団体設立を発表しようと、まず趣意書を作り、団体名を決めるスタートラインに立った。趣意書を平塚が書き、団体名を市川が探し、「多数の方々の協力」の意を含めて新婦人協会（以下、協会ということがある）とし、平塚が出発する朝に趣意書の印刷ができあがるぎりぎりの運動出発となった。

一九一九（大正八）年一一月二四日、第一回婦人会関西連合大会（のち全関西婦人連合会）で、平塚は「婦人の団結を望む」の題で新婦人協会の計画を発表した。新婦人協会の主要事業は、①大学程度の常設婦人講習会、②労働婦人のための夜学校、婦人労働新聞発刊、③婦人問題・労働問題・社会問題・時事問題の講演会、④婦人に関する研究会、研究会の議決で実際運動を起こす、⑤各地の有力な婦人会幹部と連絡して、日本全国婦人同盟による実際運動、⑥機関誌『女性同盟』発刊、⑦講堂（集会場）建設、⑧婦人共同寄宿所設置（付属婦人会館）、⑨婦人の簡易食堂、娯楽所、運動所、図書館の設置、⑩付帯事業として婦人身の上相談、職業紹介、結婚媒介等があげられていた。(15) 趣意書は参加婦人会代表に渡され、活動が開始された。

平塚は帰途も創立の趣旨を話してまわる。一二月には平塚は名古屋で市川とともに婦人会幹部や名古屋新聞社小林橘川、森田資孝医師に創立趣旨を話した。市川は帰郷の途中、東海道沿線の都市で創立の趣旨を話して支援を求めた。二人は東京に帰ってから遠藤清子を訪ね、かつての治安警察法第五条改正運動の話を聞く。

平塚は一二月一九日には東京で新婦人協会について新聞発表をした。すぐに平塚と市川は、理解のありそうな個人や団体に趣意書に手紙を添えて発送し、賛成してくれるよう頼んだ。平塚は協会の宣言、綱領、請願文を書き、市川は趣意書を送った文化人を訪問して協力を依頼した。市川は最初に訪問した内ヶ崎作三郎、吉岡弥生から否定的な応対をされ、意気消沈したが、澤柳政太郎、安部磯雄、内田魯庵らには激励される。『婦女新聞』の社説(16)は「平塚女史が年末に発表した新婦人協会は、列挙した各項目が悉く現時の婦人問題の核心に触れ、時代の弊に適中した施設であるけれども、徒に輪廓のみが大きくて孤身奮闘の心細さに、其の成功が疑はれる」と賛意と問題点を指摘している。

新婦人協会は最初の仕事として、帝国議会に請願運動をすると決める。一つは遠藤清子たちの活動を引き継いだ「治安警察法第五条改正」で、第五条第一項中の「五、女子」、第二項中の「女子及」の削除を請願し、女性の政治団体への参加、政治演説会への参加・企画を要求した。もうひとつ「花柳病男子の結婚制限」は、夫から性病をうつされて離婚される妻の悲劇を防止しようとする請願だった。市川はあまり興味がなかったが、いくつか医学雑誌社を訪ね、外国の立法例を調査した。また「拒婚同盟と貞操問題に就いて不品行なる紳士閥に宣言す」を書いて協力した。(17) 請願方法を知らないので、神近市子に紹介してもらって形式を教わり、敬語を使わなければならない規定にしたがって「謹んで」などと書き、校閲してもらい、印刷して署名をお願いする手紙を作った。新婦人協会の賛成者、各婦人会、主な女学校、桜楓会（日本女子大学同窓会）と日本基督教婦人矯風会《きょうふうかい》（以下、矯風会という）の本部・支部、知人へ発送したが、こういう事務的仕事は市川の仕事であった。

請願署名は二〇〇〇人近くの署名が集まり、多くは京都のＰＬ会、尾道の結婚同盟会、名古屋の桜楓会、矯風会各支部からだったが、協会員を喜ばせた。(18) 衆議院の審議では治安警察法の結社権（政治団体加入の権利）は時期尚早、政談集会への参加・企画の権利は「時勢の変化に伴い考慮を要する」と内務省警保局長が答弁した。花柳病男子の結婚制限は花柳病予防の一端と内務省衛生局長が答弁し、両者とも全面否定ではなく、政府への参考送付となった（しかし貴族院では衆議院解散のため審議未了に終わった）。

一九二〇年一〇月、機関誌『女性同盟』（部数約二〇〇〇部）が創刊されたが、平塚は創刊号に、今日の女性は、婦人参政権それ自身を目的にするのではなく、女性自身の立場からの愛の自由とその完成のための社会改造を目的とし、そのために団結・連絡・統一・組織を必要とし、新婦人協会はそのための組織であると述べている。[19]市川は第一回講演会で話した「新婦人協会と請願運動」の内容と共通すると思われる運動の信念と経過を書いた。市川は女性も女性として母として政治にかかわる権利がある、女性に関することは女性自身で考えなければならない、だからどうしても婦人選挙権をもたなければならないが、治安警察法第五条があるとこういう主張さえ多くの人の前で語れないので、何よりも先にその修正が必要、つまり第五条の修正は婦人参政権にいたる第一歩であり準備である。[20]参政権獲得という目的実現のために現時点での焦点を見きわめ、実行するというのが市川の現実的姿勢であった。

平塚と市川の考え方はこのように違っていたが、ともかく平塚と市川の二人ではさばききれない仕事が溢れた。人手がほしくて、和田（奥）むめおは仮名で女工にもぐりこんだ体験を発表するなど体当たり的活動をした人だったから、平塚が訪問して仲間に入ってもらうが、出産を控えていて、すぐには一人前の仕事は期待できなかった。

一九二〇年三月二八日、東京で新婦人協会発会式が挙行された。綱領・宣言はすべて母権主義の平塚が考え起草し、その考えは『女性同盟』創刊号の「社会改造に対する婦人の使命」に詳細に発表された。規約原案は市川が書いた。平塚・奥とともに市川は理事になる。平塚三三歳、市川二六歳、奥二四歳、女性解放の願いだけで結ばれた若い三人であった。すべて平塚の考えが中心で、市川と奥は「手足」になって走りまわる役割だった。[21]大きな構想をもった協会の一九二〇年九月二七日現在の会員は、正会員六三、賛助員二五五、維持会員一三、合計三三一人であった。

後になって女性の権利を重視する市川は、平塚の母権主義は家族制度の強い日本社会では受け入れられやすい。市川自身は人としての男女平等を前提にすべきとの考えであったが、当時は平塚の意見に同調していたと書いている。(22)

過労と資金難に悩まされながら

仕事は仕事を生んで際限なく増えた。請願運動を行うなら議会に運動の理解者を送り込まなければならないので、選挙応援のため女性でも可能な選挙活動を進めた。請願だけでは実効がないので、市川は治安警察法改正案を議会に提出することを提案、(23)議員へ働きかけるため市川は平塚と二人で議会・議員宅を訪ね、お願いを続けた。そういう活動に向いていないと思われる平塚もよく出かけ、市川は一一月からの約四カ月間、とにかく走りまわった。市川たちが議会をまわるときは二、三人なのでもっと多数で来なければだめ、院外の動きが活発でなければ議員に影響を与えることはできないといわれた。院外の活動を示すため、一九二〇（大正九）年二月、新婦人協会第一回講演会を計画実行した。男子の普選運動等の集会に参加し、議会・政党へも働きかけた。議員に会いに行っても空ぶりになったりする。議会運動に和服・下駄では不便なので、平塚が洋服に変えた半月後に、市川もまだ珍しかった洋服に変えた。奥むめおも洋服にするよう勧められたが、赤ん坊連れのうえ貧乏で下着や靴が買えないので断った。えんじ色の服だったという。

市川は女子労働者に運動の中軸を置くことを断念し、インテリに期待したが、その中心は女教師であった。第二回全国小学校女教員大会に傍聴に行き、女教員を招待して全国女教員懇談会を開き、平塚、山田わからが講演、市川は女教員会が労働条件の向上に進んでほしいと感じていた。平塚や市川は支部組織のため各地をまわって働きかけを強めた。その最中、一九二〇年一一月、三支部設立を決めた広島から、県当局の干渉の報告が届き、対応に追われ、市川は『女性同盟』三号の校正と重なって体調を崩し、一〇日余で全快したが、入れ替わりに奥が病気欠勤、平塚は金策に追われるなど、厳しい状況にあった。広島の県当局は治安警察法改正要求活動が政治運動であるから教員は参加すべきでないという意見で、識者の意見を求めるなど対策がはかられたが、会員に退会者が出た。広島だけでなく、福島、愛知、大阪、岡山等の会員から、刑事が調査にきたとか、請願書を取り上げられたなどの報告がきた。(24)

一九二〇年代初めごろ、大友よふは宮城県第二女子高等学校卒業式で、県知事が「あなた方に高等女学校の教育をしたのはいま婦選運動をしている市川房枝や〇〇等の気狂い女どものようにするためではない。良妻賢母にするため」と挨拶するのを聞いた。戦後になって大友は埼玉県地域婦人会連合会会長となり、幹部研修会「政治と生活」の講師に市川を迎えたが、県教育委員会の部長から婦人有権者同盟からの講師をやめるよう警告・懇願された。教育関係者幹部は婦人参政権運動を戦前も戦後も警戒し続けていた証言である。(25)

衆議院に対する請願署名は一九二一年一月に提出されたが、

衆議院議員選挙法改正請願　　二三五五人（男性九五七、女性一三九八）

治安警察法改正請願　　二四四〇人（男性一一〇二、女性一三三八）

花柳病者の結婚制限等の請願　二四四〇人（男性一〇三五、女性一四〇五）であった。

府県別に多い順は、東京府六八三、兵庫県四六八、愛知県二〇三、京都府一一三、大阪府一一二、広島県五一その他で、支部や協力団体が力になった。職業別では教員がもっとも多く六六七人（男女別不明）で、家庭婦人五五八人をしのぎ、職業婦人が新婦人協会の支え手であったことを示している。[26] 市川は平塚のいうとおり「片腕」となって働き、時に徹夜もし睡眠不足で外まわりの仕事をしたときは気疲れ足疲れで倒れそうだった。市川の手提げ袋にはいつも会計簿、会員名簿が納められ、運動費の調達や機関誌の経営販売も一手に切りまわしていたようだったと、為藤五郎は書いている。[27] 給料が出ないので市川は兄の家に寄食し、姉からも支援を受けた。市川は資金を調達するのは平塚の役目と考えていたが、金策にも奔走しなければならなかった。運動を始めた一九一九年一〇月ごろから発会式までの約半年間に受けた寄付は約一〇〇〇円、支出は議会運動費、印刷・通信費、発会式費用その他で約一二〇〇円になった。発会式までの資金集めはもっぱら平塚が担っていた。[28] 発会式から九月までの約半年の収入は二三〇〇円余（会費九〇四円、寄付金七四八円、音楽会利益六四八円余）だったが、その後も赤字が増え、賃金の未払い分が出た。理事や職員に給与を払うと決めても、支払うお金があるとは限らないのだった。平塚にも市川にも過労が目立つようになる。

市川は平塚の家庭のあり方や、原稿の遅れにいらだち、生育環境・性格・社会的位置の異なる二人の間にくいちがいが目立つようになる。「二人の間に表立ったけんかなんか何もなかった」と矢部初子はいう。[29] しかし、平塚は「団体の単なる手足である筈の幹部が、事務員である筈の役員が同時に頭や胴をも兼ね……、団体の平和な、健全な成長を益々妨げる」、「粗野に、無作法に、荒んで行かうとする」「事業家」のやりかたから出直すべきと書いている。[30] またややのちに「市川さんが人間性を無視する傾向のある師範教育を受けてきた人であること、また市川さんの心は過去も現在も知識欲や、事業欲や、社会的の地位や名に憧れる心や、生活問題などでいっぱいで」などとも書いている。平塚は市川の名誉を傷つけるかもしれないが勇気をふるって市川に失望したいきさつを書いたという。[31] 市川はこれらを発表当時には読んでいなかったが、のちに読んで自分の名誉が傷つけられた、辛い思い出と記している。平塚はのちにも市川の性格にこだわって「なにかと細々しく、神経質で、潔癖で、拘泥癖がある」「小心で、責任観念が強い」「几帳面すぎる」と書いており、新婦人協会運動を進める視点と違うところで市川をみている。(32)

のちの平塚は市川たちの婦人参政権獲得運動には参加しなかった。平塚と市川は戦後には「普通におつき合い」する関係で、一緒に再軍備反対婦人委員会をつくったり、頼んだり頼まれたりの交流があった。(33)婦選会館の原点である平塚の婦人会館構想を尊重し、「元始、女性は太陽であった」の銘板が婦選会館の玄関に飾られてもいる。市川は平塚が当初発表した新婦人協会の全面的な事業内容を女性にとって必要と考え、尊重し、その実現に努力していた。しかし平塚は一九二〇年代の市川への非難を釈明することなく、一九七一年五月永眠した。市川は告別式で平塚の婦人解放運動の先駆者としての功績をたたえ、志を継ぐと別れの言葉を述べた。(34)

大正デモクラシーの力

一九二〇(大正九)年七月、議会の治安警察委員会で、政府側意見として河村警保局長は初めて女性の政談集会参加を認める発言をした。すでに国際社会では選挙権についてニュージーランド、オーストラリア、フィンランド、ノルウェー、デンマーク、アイスランド、カナダ、アイルランド、イギリス、キルギス、ソ連(現 ロシア)、リトアニア、ドイツ、ラトビア、グルジア、ハンガリー、エストニア、ポーランド、オーストリア、ベラルーシ、ウクライナ、ベルギー、ルクセンブルグ、スウェーデン、オランダで婦人参政権が実現し、女性議員も一〇カ国以上で誕生しており[35]、日本でも議会傍聴は認められているので、政治演説会参加・企画への運動の成果が上がる見通しがみえてきた。

この七月、新婦人協会は婦人団体有志連合講演会を開催、婦人はたらき会、赤想社、友愛会婦人部、婦人社会問題研究会、タイピスト組合に新婦人協会や男性代議士も加わる婦人団体共同行動を始めた[36]。翌一九二一年一月二九日、新婦人協会は衆議院へ衆議院議員選挙法改正、つまり婦人参政権賦与の新しい請願を行い、「男子」を削り、納税の制限も撤廃する、男女共通の普通選挙の実現を目指したが、「時期尚早」と簡単に不採択になった[37]。二月、三月は連日議会運動や金策で忙しく、『女性同盟』の編集もあり、市川も体調がすぐれず薬を飲み、平塚は子どもの病気で欠勤、新婦人協会の活動日誌は悲鳴続きであった。

一九二一年五月、市川は『女性同盟』八号「編輯室より」に、四月末で出版部の編集と経営から辞すると発表し、六月一二日第一回総会に出席して理事を辞任、後日また理事として働きたいと述べた[38]。決意するまでは辛かったが、自分の不健康を危ぶみ、平塚の運動姿勢に不満をもち、自分が身を引くべきと考え、アメリカの婦人運動・労働運動の実情を見てこようと考えたのである[39]。「今迄働いたといふのは云はゞ自分の満足の為め」ともいっている[40]。七月九日、新婦人協会名古屋支部送別会に出席した市川は「平塚・市川両女史の暗闘説」を尋ねられ、市川は「多少意見の相違があるのは当然」「帰れば又協会のために働く事は当然」と語った[41]。しかし市川がアメリカから帰国したとき、新婦人協会は解散されていた。

協会で書記として働いた田島ひでは、平塚は有名人だったから対外的な活動で力があり、合理主義的な面をもって行動するが、気分で行動を左右されがちでもある母性擁護論者、対照的に女権論者の市川は日本の女には珍しいすぐれた実務家で几帳面、協会の実際の活動は市川一人で引き受けていたとみている。草創期の団体活動の困難から心身ともに過労になった市川は運動に疲れ、一度山川菊栄を訪ねたこともあり、田島ひでに河上肇の著書を勧めたり、山川菊栄について話したりする時期もあった。(42) 一九二一年三月二六日、貴族院本会議に治安警察法第五条修正案がかけられたとき、「政府は賛成」だったのだが、藤村男爵が「婦人参政は国体に反するから反対」と演説したため否決された。これを傍聴した田島は、「もう議会運動など馬鹿々々しい、やめましょうよ」と憤慨した。(43) ロシア革命、社会主義の影響力は若い人、社会運動に関心の深い人におよんでおり、「議会運動」では女性の政治的権利は確立できないという考えが一つの流れになっていた。

奥むめおは、平塚の苦悩、市川がアメリカ行を決めるいきさつをわかっていたが黙って仕事をする。平塚が連絡なしに書類を持って転地療養に行ったときは困ったが、冷静に相談して、児玉真子、坂本真琴、矢部初子、衆樹《もろき》安子らと共に各議員にねばり強く働きかけ、一九二二年四月二〇日治安警察法第五条は改正され、五月一〇日施行された。その後平塚の意志で、一九二二年一二月八日新婦人協会は解散され、一七日後継団体の婦人連盟が結成された。(44)

新婦人協会は、女性の政治的権利獲得を目的とする最初の組織で、その運動の結果、近代日本で唯一女性のために法律の一部改正に成功した。それは大正デモクラシーと呼ばれる時代が女性にもたらした成果であったが、平塚たちが全国的に呼びかけ、男性の協力と女性の自覚と運動を進展させたから実現したのだった。そして、新しい女性の多様な組織を誕生させ、既存の女性団体を社会的活動に進ませ、女性活動家を育てた。(45) 市川はその最先端を進んだのであった。

新婦人協会が困難な運動を進めている時期、市川は機関誌『女性同盟』を主な執筆場所とし、講演もほとんど新婦人協会の活動についてであった[46]。名古屋から上京した市川は、無名の職業婦人であったが、短期間に「新婦人協会の市川」になった。市川は直接政治に関心があったわけではなかったが、議員に働きかけるなかで、女性全体のために頼んでいるのに、議員は選挙区の人の地域問題に関心が深い、それは女性に票がないから、と婦人参政権に関心を深めざるを得なかったという[47]。その過程で迷いも葛藤もあったとしても、女性の政治的権利獲得をあきらめず、ねばり強く協力者を増やし、見定め、先入観による期待や依存を克服し、広い視野をもち、言説の内実を見極める実力を自分に育てた。新婦人協会にいた最後の時期に書いた「足尾の罷業と婦人[48]」では、労働者やその妻女は無教育であっても知識階級が考えているよりはずっと進んでいるとし、その行動が徒労に終わっても世論・自覚の喚起が解決に貢献していると記し、行動が将来にもつ可能性に注目している。「藤村男爵は本気ではあるまい[49]」では、藤村男爵の反対演説は思いつきに過ぎず、すでに時代は忘れられていた女性を目覚めさせ、忘れていた男性をも目覚めさせて、両性の協力で社会を発展させようとしていることに着目しなければ真の政治を行えない、時代の深層をみるべきと指摘している。貴族院議員の反対で協会の運動を中止すべきではなく、時代の変化のなかに運動の展開を見通そうとしていた。平塚が片腕として市川に協力を依頼したとき、市川はいちずに女性解放を願っていただけだが、三年間の活動は市川に社会運動とその担い手のあり方の理解を深めさせた。河崎なつは市川について「女の人には珍しい、ものごとの大綱をつかんで行く総合的思索力をもつ方」といっている[50]。

市川は新婦人協会結成五〇周年の一九六九（昭和四四）年、『婦人展望』九月号から翌年五月号まで、八回にわたり「新婦人協会の歴史」を連載、若干加筆して『私の婦人運動』に収録した。満三年間の活動の中心になったのは、発議者で最初に理事になった平塚らいてう、市川、奥むめお、市川渡米前後から塚本仲子、坂本真琴、児玉真子の六人、それぞれの立場で運動に関心をもち、集まってきた人たちだったという。(51) 大正デモクラシーの時代潮流は、政治的権利を要求する女性を育てていたのだった。

二八歳の市川は、平塚の世界から離れて、もっと学ぶために、一九二一年七月二九日、アメリカへ旅立った。兄の助言と支援を得て、読売新聞特派員の資格を得ていた。

アメリカ女性の生活と活動をみる

アメリカの婦人参政権は一九二〇（大正九）年八月実現していた。その一年後にアメリカへ行った市川は、シアトルからバンクーバー（カナダ）、シカゴ、ミシガン湖畔ハーバード、ニューヨーク、ワシントン、ボストン、ローウェル、フィラデルフィア、サンフランシスコを訪れる。妹の所にしばらくいて、のちスクール・ガール（学校に通いながら、家事育児の手助けをする）の仕事をし、アメリカの先生にも子どもたちにも差別されず仲間に入れてもらう。生活費がいらず、言葉が修得でき、白人の家庭の様子がわかり、朝夕の食事の手伝いをする以外は、読書や訪問ができるので、日本にいたときより健康に愉快に暮らせて感謝していると通信している。(52) さらにハウス・ワーク（日本でいえば女中か家政婦）の仕事にも就いた。

市川は日本人と交流しながら、アメリカの言葉になじみ、学校・日本人のＹＭＣＡ・労働組合・婦人労働組合・婦人会・日本人社会主義者グループの会合・アメリカ社会党の学校やハル・ハウス（セツルメント）

等を訪問し、読書もした。『What Women Want』というアメリカの婦人運動史のような本を読んでいて、ハウス・ワークをしていた家の夫人に感心され、婦人問題の話をするようにもなった。誰とでも付き合い、いろいろ勉強するつもりだったが、一番関心があるのは婦人問題であった。

一九二三年六月、ワシントンで世界社会事業大会があり、さまざまな婦人団体の本部も訪問しようと出かけた。全米婦人協会（米国婦人党）は、アメリカの婦人参政権運動で戦闘的に闘い、参政権実現後は法律上の男女平等を獲得する憲法改正運動に着手していた。事実上の会長であるアリス・ポールに会い、全米婦人協会の会館に宿泊するよう勧められ、婦人参政権獲得運動を中心とした話をした。アリス・ポールは市川に、「労働運動は男性に任せればいいから、ぜひ婦人参政権獲得運動をしなさい。女性のことは女性自身がしなければ誰もしない。いろいろのことを一時にしてはいけない」と繰り返し語ったという。市川は、アリス・ポールの忠告に大きな影響を受けた。

市川は穏健派の婦人有権者同盟（婦人有権者連盟）本部も訪問、参政権獲得後の運動についていろいろ聞き、獲得後の責任について考えさせられる。そのほか、大学婦人協会、婦人クラブ総連合、婦人平和協会、PTA本部などを訪ね、資料をもらった。市川は婦人参政権獲得の戦闘的団体・穏健的団体双方を調査し、参政権獲得運動以外の仕事をする団体の実情にも関心をもって、日本の婦人運動の将来像を追い求めていたのであろう。ニューヨーク州セネカホールスで男女同権大会の七五周年記念大会行事にも参加、世界の女性解放開始という歴史を印象深く受けとめたのだった。市川はアメリカの戦闘的婦選運動に興味をもち、アリス・ポールの話を聞いたが、日本ではそういう運動をすればかえって逆効果だと思い、きわめておとなしく運動していたが、女性のなかから婦選獲得同盟は「腕まくり」といわれ、対立的にみられたのは嫌な感じ

だったとのちに回想している。(53)

一九二三年九月、関東大震災がアメリカの新聞にも大きく報道された。心配していたそのころ、ジュネーブの国際労働局（ＩＬＯ）本部に勤務していた浅利順四郎から、翌年開設するＩＬＯ東京支局の職員になってほしいとの手紙を受け取る。承知して帰国準備に取りかかり、見残したアメリカ各地を訪れ、ニューヨークでは古本屋で婦人問題の本を二、三〇冊買い入れる。一一月には全米婦人協会が男女平等憲法修正案を提出したのに対し、それでは女性の保護法規が憲法違反になると、婦人有権者同盟が修正案反対の先頭に立っていた。市川は女性の保護法規には自分としては反対だが、工場で働く若い女子労働者には保護法規が必要だと考えていたので、討論会があれば聞きに行った。

婦人運動が未発達の時期には女性は女性自身のための運動を優先すべきということ、法律の改廃で運動は終わるのではなく、その後を深く考えなければいけないこと、差別のない生活が快適なことなど、女性の日常も歴史も改善のための運動についても多くを積極的に学び、生活の見通しも得て、市川は帰国する。のちに市川はアメリカにいていちばん愉快だったことは何かと尋ねられ、女であることを忘れていられること、女としてより人間として取り扱われるのが愉快だったと答えている。(54)

注

（1）市川房江《ママ》「〈市井評論〉女教員会に就て」『名古屋新聞』一九一八年一〇月一五～一七日。
（2）市川房江《ママ》「婦人を理解せざる男子　既婚婦人の職業に就て」『名古屋新聞』一九一九年一月三日、五日。
（3）『平塚らいてう自伝　元始、女性は太陽であった　完結篇』大月書店、一九七三年、四六ページ。

(4)田中孝子、昭和時代の社会運動家、日本女子大学教授、アメリカの社会事業を日本に紹介した人。一九三三年から東京市の職員、市の結婚相談所の初代所長。

(5)『東京朝日新聞』一九一九年一〇月六日、佐藤洋子『自由と自立への歩み—女が生きた20世紀』朝日新聞社、一九八四年、六七ページより重引。

(6)前掲『平塚らいてう自伝　完結篇』五五～五六ページ。

(7)「創立より女性同盟発刊まで（上）」『女性同盟』一九二〇年一〇月、四四ページ、『市川房枝集』第1巻、日本図書センター、一九九四年。

(8)佐藤洋子前掲『自由と自立への歩み』六九ページ。

(9)『山内みな自伝』新宿書房、一九七五年、八二ページ。

(10)前掲「創立より女性同盟発刊まで（上）」四四ページ、『市川房枝集』第1巻。

(11)前掲『平塚らいてう自伝　完結篇』三七ページ。

(12)松尾尊兊「大正期婦人の政治的自由獲得運動—新婦人協会から婦選獲得同盟へ」『女性同盟解説・総目次・索引』ドメス出版、一九八五年、二五ページ。

(13)「本協会創立の趣旨並にその目的　一九一九年十一月　発起人平塚明」、折井美耶子・女性の歴史研究会編著『新婦人協会の研究』ドメス出版、二〇〇六年。

(14)前掲「創立より女性同盟発刊まで（上）」四四ページ、『市川房枝集』第1巻。

(15)「新婦人協会の創立」『婦女新聞』一九一九年一二月二一日。

(16)「本年の婦人界女子教育界」『婦女新聞』一九一九年一二月二八日。

(17)市川房枝『私の婦人運動』秋元書房、一九七二年、一八ページ。『女の世界』一九二一年六月、『市川房枝の言説と活動　1893-1936　年表でたどる婦人参政権運動』市川房枝記念会女性と政治センター、二〇一三年、八三ページ。

(18)前掲『新婦人協会の研究』四五ページ。

(19)らいてう「社会改造に対する婦人の使命」『女性同盟』一九二〇年一〇月。

(20)「治安警察法第五条修正の運動（上）」『女性同盟』一九二〇年一〇月、『市川房枝集』第1巻。
(21)「平塚さんと私の間」『婦人公論』一九七一年八月、『市川房枝集』第7巻。
(22)前掲『私の婦人運動』三〇ページ。
(23)『婦女新聞』一九二五年三月八日。松尾尊兊前掲「大正期婦人の政治的自由獲得運動」三一ページ。
(24)前掲『私の婦人運動』五二ページ。
(25)大友よふ「市川先生のはげまし」「市川房枝というひと」刊行会編『市川房枝というひと　一〇〇人の回想』新宿書房、一九八二年。
(26)前掲『私の婦人運動』五六ページ。
(27)為藤五郎「七八年前からの市川さん」『婦人公論』一九二五年三月、一四四ページ。
(28)前掲『私の婦人運動』六六ページ。
(29)佐藤洋子前掲『自由と自立への歩み』七六ページ。
(30)らいてう「第一回総会に臨み過去一年半を回想しつゝ」『女性同盟』一九二一年七月。
(31)平塚らいてう「新婦人協会の回顧」『婦人公論』一九二三年三月〜七月、『平塚らいてう著作集』3、大月書店、一九八三年、二七九〜二八〇ページ。
(32)前掲『平塚らいてう自伝　完結篇』一二六ページ。
(33)「市川房枝、ウーマンリブを語る」『月刊日本』一九七九年三月、『市川房枝集』第8巻。
(34)児玉勝子『覚書・戦後の市川房枝』新宿書房、一九八五年、二二三〜二二五ページ。
(35)市川房枝記念会出版部編・刊『女性参政関係資料集』二〇〇六年、七〇ページ。
(36)松尾尊兊前掲「大正期婦人の政治的自由獲得運動」三六ページ。
(37)前掲『私の婦人運動』五二〜五四ページ。
(38)むめお「総会記事」『女性同盟』一九二一年七月、八二ページ。
(39)前掲『私の婦人運動』六八ページ。
(40)「御挨拶」『女性同盟』一九二一年七月、三二ページ、『市川房枝集』第1巻。

(41)「留別の宴　洋行する市川房枝女史の為に」『新愛知』一九二一年七月一一日。
(42)田島ひで『ひとすじの道　婦人解放のたたかい五十年』青木書店、一九六八年、四六～五四ページ。
(43)前掲『平塚らいてう自伝　完結篇』一五九～一六〇ページ。
(44)奥むめお『野火あかあかと―奥むめお自伝』ドメス出版、一九八八年、六一～七二ページ。
(45)松尾尊兊前掲「大正期婦人の政治的自由獲得運動」四八ページ。
(46)『市川年表　1893-1936』、『女性同盟』創刊号～八号（一九二一年五月）。
(47)佐藤洋子前掲『自由と自立への歩み』七六ページ。
(48)「足尾の罷業と婦人」『女性同盟』一九二一年五月号、四ページ、『市川房枝集』第1巻。
(49)「藤村男爵は本気ではあるまい」同前、八ページ、『市川房枝集』第1巻。
(50)林光『河崎なつ伝　母親がかわれば社会がかわる』草土文化、一九七四年、一〇五ページ。
(51)前掲『私の婦人運動』九二ページ。
(52)「米国より」『女性同盟』一九二二年一月、『市川房枝集』第1巻。
(53)「市川房枝氏にきく　婦選運動と私（13）」『婦人界展望』一九六〇年五月、『市川房枝集』第6巻。
(54)「市川女史　気焔控へ帳」『名古屋新聞』一九二四年二月二四日。

第三章

学習・調査・研究こそ活動の基礎

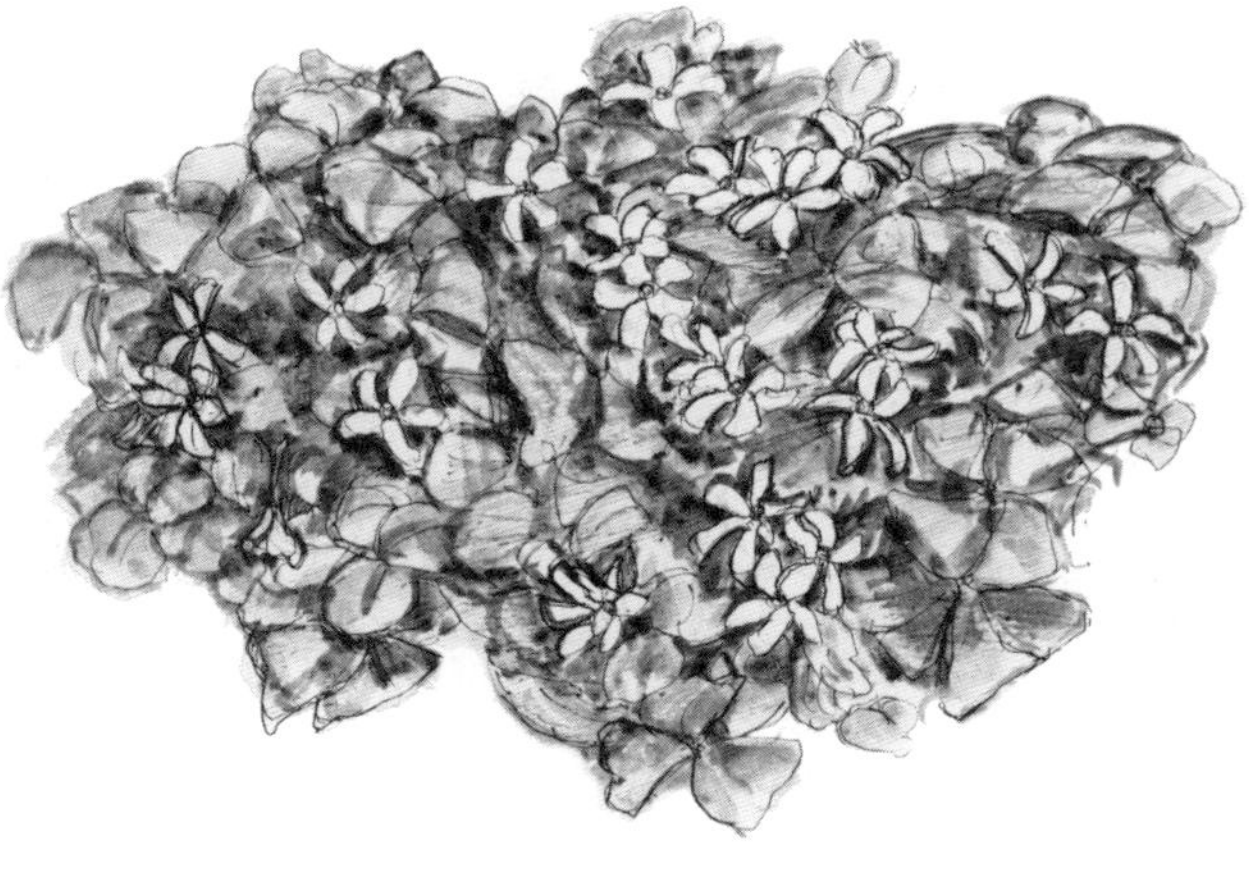

カタバミ

ＩＬＯ職員として日本女子労働問題に取り組む

一九二四（大正一三）年一月、三〇歳の市川房枝は帰国し、読売新聞記者にアメリカの婦人参政権獲得後、婦人有権者同盟と全米婦人協会がどのような活動をしているかを話し、日本では女子教育を向上させて市民精神を発展させるのがまず必要と語った。(1) 市川はすぐにＩＬＯ東京支局事務所開設に向けて庶務・会計を担当して仕事を始めた。日本でのＩＬＯの機関誌『世界の労働』発行の当初は編集にも携わった。国際機関職員なので年俸二四〇〇円、まもなく月給一二〇円とボーナスで支払われるようになった。ちなみに小学校教員初任給（一九二〇年）四〇～五五円、高等文官試験合格の高等官（一九一八年）七〇円、国会議員（一九二〇年、年額）三〇〇〇円の時代である。帰国早々婦人参政同盟から入会の勧誘があったが、新しい仕事で忙しいからと断った。東京連合婦人会で講演をしたが、すぐには運動には参加しなかった。二月には労働総同盟大会を傍聴している。

市川はアメリカなど国際情勢を見てきた人として原稿を依頼され、講演を頼まれた。見聞きしてきたこと、購入した資料で学んだことを整理し、翻訳紹介し、日本女性の政治的知見を高めるよう努力する。参政権獲得後のアメリカで、獲得運動当時の穏健派（婦人有権者同盟、婦人有権者連盟ともいう）は、選挙権の有効な行使へ進む道をとり、左派（全米婦人協会、全米婦人党ともいう）は法律上・習慣上の不平等を除こうとして宣伝・調査していた。日本では欧米は「女尊男卑」と思われているが実態は違うので、男女の権利を同等にするよう働きかけている問題などを『女性改造』に丁寧に紹介した。(2) 引き続きアメリカやイギリスの婦人問題の動向記事を書いている。婦人文化協会や大阪朝日新聞社主催の会でアメリカの婦人労働組合運動について講演し、東京連合婦人会労働部主催の婦人職業問題大講演会でも話した。

五月には第四回全国小学校女教員大会に出席し、全日本坑夫総連合会足尾支部斡旋の婦人問題大演説会でも講演した。『婦人公論』の「新内閣に対する希望」（一九二四年七月号）では「普選の即行」と書いた。こうして欧米とくにアメリカ婦人界の紹介から日本の労働問題、やがて政治問題のテーマへ、社会問題・社会運動の評論家として活躍する。

一九二四年八月、長野県別所温泉、北向観世音の本坊常楽寺で行われた第三回信州婦人夏期大学で、市川は「婦人運動の将来について」講演、児玉勝子と出会う。児玉は市川の話を聞いて「女のくせに」「女らしくない」といわれる日々に抱いていた反逆の思いの理論武装をし、のちに市川の片腕の婦選運動家になった。(3)

ＩＬＯ東京支局はＩＬＯと日本の間を結び、日本の労働事情の報告をしながらＩＬＯの宣伝や文献販売、毎年開催される国際労働会議出席代表への情報提供などを主な仕事としていた。支局長は国際労働会議で採択された条約の批准促進も仕事と考え、そのための国際労働協会を一九二五年三月に結成した。この年七月には細井和喜蔵の『女工哀史』が出版され、都会で増加する職業婦人と異なった女子労働者の実態が注目された。

市川は支局長と相談して女子労働の実態調査実施を提案、決定をみたので、一九二六年、二七年は炭鉱坑内の女子労働、紡績工場・製糸工場の深夜業調査が具体化された。最初に行った常磐炭鉱坑内には作業服を着て額にカンテラをつけて入った。寒い三月なのに坑夫は裸で鶴嘴《つるはし》を振るい、女子は石炭塊を拾い、選炭場では女子だけ働く様子を視察した。市川はその実情をラジオで語った。市川の初放送であった。放送局で最初の女性職員になった大沢豊子からようやく女性にも男性と同額の謝礼を払うことになったといわれ、職場のなかで男女平等への努力をしている女性がいることに市川は感謝している。

また『婦人』一九二六年五月号に「地の底で働く女坑夫の生活」[4]と題して、視察記を書いている。女性の坑内労働を許可しているのはインドと日本だけで、危険が多いうえ、空気が悪く日光に当たらず、不衛生なので病気になることが多い、暗い暑い環境で、ほとんど裸体で働くため男女の仲が乱れるようなので、法律で女性の坑内労働を禁止すべきと結論づけている。現場調査に参加した女性委員たちは、国際労働協会の委員会で感想を述べ、女性の坑内労働即時禁止に関する決議採択に貢献した。その付帯決議は、世論、労働組合、婦人団体、政府、議会、経営者に働きかけることを求めている。委員会では、人道的立場からは当然の要求としても、経営者、労働者への影響からすると困難と主張されたが、内務省社会局、経営者、労働組合も参加しての討論の結果、協会側が提出した「婦人の坑内労働禁止に関する決議」は可決された。

繊維産業工女救済の道を探る

市川は次いで東京・名古屋・関西の紡績工場の実地調査に入った。坑内労働禁止に続いて一九二六（大正一五）年一〇月、「婦人の紡織業における徹夜作業禁止に関する決議」が可決される。さらに山梨・長野の製糸工場の視察調査に入った。

当時長野は蚕糸王国といわれていた。細井和喜蔵の『女工哀史』が世に問われた翌年の一九二六年八月から一二月まで、『信濃毎日新聞』は二木いさを（本名林功郎）の小説「地平線以下」を連載、製糸女工の悲惨な労働生活を長野県民に訴えた。筆者は製糸工場小松組管理人で、人道主義の立場から工女教育、衛生改善に努めたが、三人の工女の諏訪湖への入水自殺などで自信を失い、製糸家の圧力に怒って管理人を辞め、製糸工場の実態を小説にしたのであった。工場監督行政は県警察部工場課が担当し、中川義次医師も工場監督官を担当したが、良心的だったので長野県を追われる結果となった。中川は監督官時代を振り返って、労働時間延長、安い賃金、賃金支払いのごまかし、犬・猫・牛馬扱いの酷使、バラックまたは豚小屋のような非衛生的な寄宿舎、粗食、工場主側の人が工女の貞操を蹂躙《じゅうりん》する等々の悲惨を記している。(5)

　市川たちが諏訪湖畔へ行くと、土地の青年から製糸工場から逃げ出して鉄道や湖水で自殺する工女がかなりいると聞かされた。また中川義次工場監督官が無記名で書かせた実態調査資料にもとづいて、一番嫌なのは「夜這《よば》い」がくること、ジャガイモの葉の味噌汁などの話を聞いた。妊娠し出産しても結婚にいたらず自殺する工女のために湖底が浅くなるという噂があり、また人知れず出産した嬰児《えいじ》を川や諏訪湖に投げこみ、その死体や自殺死体が水車にひっかかって警察が問題にするという状況だった。

　岡谷で琴の師匠をしていた高浜竹世が女性の身の上相談にのる「母之家」を開設、投身自殺の多かった諏訪湖畔に「一寸御待ち思案に余らば母之家」の杭を立てたりしたのを市川は唯一の社会事業として注目し、新妻伊都子、渡辺松子、金子しげり、永島暢子、村上秀子らと一緒に呼びかけて後援会設立相談会を開いた。吉野作造も世話人に加わって一口一円の後援会を作り、寄付を集め毎月送金して支援する。(6)

　その翌年、山一組製糸工場で争議が起き、会社は寄宿舎を閉鎖したので、泊まるところがなくなった工女二〇人余が「母之家」にきた。市川は有志の人に相談し、寄付を集め毛布を買い、婦人雑誌社から残った雑誌をもらい、「母之家」に届けた。争議が惨敗する過程で母之家を主宰していた高浜は健康を害し、施設を閉鎖せざるを得なくなった。(7)

ＩＬＯとして行った女子労働者の本格的調査、それに伴う学識経験者による学習、労働者を護ろうとする地域の人々との交流は、市川に机上の調査より実態を深く学ばせた。国際労働協会婦人部会は、その後婦人団体・労働組合の女性を招いて懇談会を開催、重ねた決議の実現方法について話し合った。以後製糸工場の工女労働改善、繊維工業の寄宿舎改善、女中問題などの調査が続けられる。女子労働者問題の背後には、農村の家父長制、女性を人間以下に扱って自分の欲望をとげる男性、それに甘んじている女性自身の無自覚を市川はみていたのであろう。改善しなければならない課題は山積みされていた。工女やその背後にある農村の貧しさは、市川たち有志の支援でどうにかできる範囲を超えていた。

市川は在米当時、社会事業について感想を聞かれ、「できものに膏薬をはるような社会事業は私はすきではない。もちろん膏薬ばりも必要だが、私はできものができないような社会をつくることに興味がある」と答えていた。(8)日本の女子労働者の悲惨を国際労働機関の職員として痛感した市川は、「できものができないような日本」はどうしたらつくれるか、考えようとしていた。

久布白落実《くぶしろおちみ》と婦人参政権獲得期成同盟会

新婦人協会は議会・議員への働きかけをねばり強く続け、一九二二(大正一一)年三月二五日、治安警察法

第五条第二項（集会権）改正に成功し、女性も政治集会を企画・参加することができるようになった。法律改正の成功、それに続く各地の政談演説会があって、議会活動・婦人参政権・職能団体・女性のよりよい生活に関心をもつさまざまな女性の活動がいっそう多様な組織をつくる時代となった。新婦人協会は平塚の意向で解散したが、残った人々は婦人連盟を結成した。

法律改正成功より前、国際的なかかわりで一九二一年七月、矯風会内に組織されたのが日本婦人参政権協会（代表　久布白落実）である。万国婦人参政権協会大会でドイツの女性が「参政権をもっていたら第一次世界大戦を防げたのではないか、世界各国女性が参政権を得て世界平和確立に尽力してほしい」と話すのを聞いた矯風会のガントレット恒子が感銘を受け、参政権獲得運動を起こそうと決心、当時、日本の婦人参政権獲得を目的として活動しているのは新婦人協会だったが、矯風会が最初に加盟を申しこんで日本の代表となった（のちに一国一団体加盟ではなくなり、複数の団体が万国婦人参政権協会に加盟）。矯風会は一九一六年大阪府知事が飛田に二万坪の遊廓を指定したのに反対運動を起こし、大阪・東京でよく闘ったが敗北した。矯風会は飛田遊廓失敗記念祈禱会を開催、そこで久布白落実は法治国で参政の権利をもたないのは武器なしで戦争をしているのと同じ、今後は婦人参政権獲得運動も会の運動の一つとして積極的に取り組もうと提案した。(9) 廃娼実現のために婦人参政権がなければ成功しないと考えたのである。

婦人参政に関心を寄せる群小団体の乱立を憂いて松本君平代議士は「大同団結」を要望して相談会を開き、矯風会を別にして一九二三年二月婦人参政同盟が創立され、女性公民権と参政権獲得へ動き出す。婦人連盟・新真婦人会・革新倶楽部・婦人禁酒会、その他個人が参加した。男子普通選挙権（以下、普選という）の実現が期待されると、そこに女性の支援が求められ、多様な運動が絡み合うようになった。(10)

アメリカから帰国した直後の市川はすぐに婦人参政権の団体に入ることはせず、女子労働者の労働条件向上を目指す実態調査の努力を重ねた。日本を留守にしていた間に変わった婦人団体の実情を見極めようとしていたのであろう。一九二六年『新愛知』に三日連載された市川「婦人労働者の保護と国際労働条約[11]」でみると、日本の女子労働者数、職場、労働条件を記し、賃金の男女格差、深夜勤務が女子労働者の体重を減らしていく事実を指摘し、男子労働者は労働組合運動・同盟罷業などで抵抗できるが、女子はそれも困難で、政府の法律の力で改善するしかないのに、「恥ずべき日本の労働法制」は、国際水準に達せず、国際労働条約を批准もしない、と詳細に論じて、国際労働機関の立場から日本の実情を問題にしている。

それ以前、関東大震災後、東京周辺の婦人団体や学校・施設はミルク配りをはじめとする緊急の仕事に協力し合い、その過程で東京連合婦人会を組織し、職業部（のち授産部と労働部）・社会事業部（のち社会部）・研究部（のち政治部）・教育部に分かれて行動する。そのなかでキリスト教関係者が進めてきた公娼廃止運動を、東京連合婦人会も積極的に行うことを決めた。日本婦人参政権協会は婦人参政権並びに対議会運動懇談会を開き、婦人団体・個人の力を集めて女性に必要な問題解決のための大同団結を目指した。東京連合婦人会政治部の金子しげり、宮川靜枝たちは「この機を逃がしちやいかん、こゝで新しい会を作らせよう」とした[12]。市川は秋ごろ東京連合婦人会の金子しげり（山高茂、政治部、『主婦の友』記者）、山田やす（労働部、協調会職員）に婦人参政権運動への参加を強力に誘われ、適当な機会に運動に参加しようと考えていたので承諾した。市川はこの懇談会に出席し、運動の準備段階から活動した。新しい団体の組織形態について、日本婦人参政権協会は団体加入の組織を考え、東京連合婦人会の人々や市川は、多様な団体に加入していても自由に参加できる個人加入の組織を主張し、激論になったが、久布白の譲歩で個人参加団体に決着した。
東京連合婦人会の協力のもとに、一九二四年一二月一三日、婦人参政権獲得期成同盟会（翌年、婦人参政権を「婦選」とし、会名を婦選獲得同盟と改称、以下、獲得同盟という）の発会式が開催された。創立総会で決定された宣言は久布白が書き、思想、職業、宗教・あらゆる小異を捨て、女性が大同団結して、女性の公民権・参政権・結社権を要求するとした。火付け役であった久布白は総務理事に推薦された。久布白は「本会の創立より大会まで」と題して、獲得同盟発足の信念を『婦選（会報）』創刊号冒頭に吐露している。

婦選が完全に獲得せらるゝまで、絶えず議会に向つて運動を継続すると同時に、全国の婦人に、政治について其知識及び理解を普及し徹底するまで継続せねばなりませぬ　職業や階級や都鄙の別なく、所謂三千萬の婦人が国政に対して我が事と云ふ自覚を得るまで、押し進められねばなりませぬ。事業は全国大にして、立つて働くものは、猶未だ寥々たるものです。私共は、第一線のみならず第二線、第三線、詰の大衆が之の運動に加へられて、我国の普選が真の普選となり、国民の政が国民によつて行はるゝまで前進する事を冀ふて止まざるものであります(13)。

久布白は獲得同盟の顔として、全国三〇〇〇万の女性の底辺にいたるまで政治的自覚をもつまで活動する、運動の推進役になった。矯風会が先頭に立ったことは、婦人参政権運動に社会的信用を与えた。矯風会員は全国で生活し、地方議員や文化人の家族も多かったから、婦人参政権運動を全国に広める素地をつくった。新婦人協会で実際に仕事を進めた市川は会務理事に推薦され、会計理事中澤美代は運動初参加だった。第一回総会前後につくられた中央委員会内規草案は市川が書いた。委員会は毎月第一金曜日の夜開催、正当な理由のない三回以上の連続欠席は委員の資格を失う、議題は会議二日前までに会務理事に提出、などの細かい規定は、本格的な組織活動を目指すものだったが、組織的活動経験の少ない女性には厳しい内容であった。市川は会報『婦選』の編集印刷兼発行人も担当した。

矯風会の高橋喜久江は、久布白は戦前戦後市川と一緒に活動し、「おるところと立場はときに異なったが、」久布白は市川を同志として頼りにしていた、市川は近しい態度で交流していたと書いている。[14] 市川は、久布白が総務理事だったが矯風会が本家で、獲得同盟の運動は実質上あまりやっていなかった、といっている。[15]

婦選運動活動家の人間模様

草創期の獲得同盟の人間模様を有給職員だった田島ひでは次のように回想した。「御大」が久布白、中堅が市川、金子、そして河崎なつ、坂本真琴、田中芳子、新妻伊都子、中澤美代、石本（加藤）静枝（シヅエ）、宮川静枝が活躍した。創立時代なので、多方面の異分子、一方の闘将が集まり、創業の苦難を味わっていた。中央委員会などでは、久布白がきょとんとした目で「さてどうしたものかな」と一同を見まわしながらの議長、多彩な意見交換に夜が更けるにしたがい市川の顔の縦じわが深刻になってゆき、夜一二時過ぎまで続いた。[16]

田島は別の場所で、獲得同盟中央委員会の会議は、肝心の運動の具体策についての論争よりも、枝葉末節の事柄や感情論でもめた、と書いている。具体的な運動進展を求める市川の思うようには議論が進んでいなかったのであろう。久布白は誠実で包容力があり、中澤美代は純粋で熱情的な婦人参政論者だった。さまざまな団体を率いてきた女性たちが中央委員になったが、普通の女性の生活からかけ離れていて、田島は実際に運動の采配を振るう金子しげりや石本静枝と対立して獲得同盟を辞任した。[17]

会議は各自が仕事をもっていたので夕刻になると集まり、会議後帰りの電車がなくなり、一台のタクシーに乗り込んで順々に各自の自宅へ送り、最後に巣鴨の市川宅には夜中の二時近くになり、そのころは高給取りの市川が八円は払ったが、問題にしなかったという。[18]

久布白は一八八二（明治一五）年生まれ、市川は一八九三年生まれ、金子は一八九九年生まれだから、一九二五年当時久布白が四〇代前半、市川が三〇代前半、金子が二〇代後半、働き盛りの活動家集団だった。金子は「口八丁手八丁、あわせて一六丁」の「やり手」と伝えられる。金子は、市川を「理詰め」「女離れ」の生き方をした人、また平熱の人と述べ、自分は感性的で女っぽい生き方をしたという。また金子は、市川が経済組織の改革だけで、婦人問題が全部解決されるか疑問をもつ、この疑問がある間は婦人運動を続けるだろうと語ったのを聞いたという。多くの人と仕事をしてきたが、市川ほど安心して一緒に仕事ができる人、つい寄りかかってしまう人はいないという。[19]

『婦人公論』が連載していた「人物評論」の三番目に取り上げたのが市川だったが、[20] 男女を問わず評者はみな市川について仕事ができる人と書いている。守屋東「市川房枝論」は市川について「日本婦人に一番下手な事務といふ才」がある、石原修「房枝さん」は市川が新婦人協会のころは男性に対する反抗の気勢を高潮させていたが、その後円熟し、熱情を奥深くひそめて冷静に確実に仕事を進めていると認めている。

市川は自分の性格を街頭で大衆運動するタイプではなく、ハッタリができないから運動の戦術を立てること、運動を大衆的に広めるのもうまくないと自任しているが、[21]「婦選の大将」[22]であった。獲得同盟機関誌で「婦選運動の陣頭に立つ人々」（のち「同志の人々」）で取り上げられたのは、一九二七（昭和二）年から翌年一〇月までの間に、坂本真琴、中澤美代、久布白落実、塩原静、竹内茂代、荻原真子、市川、秋山花子、田中芳子、山川房子、八木橋きい、高野渓子、河崎なつ、藤間あさよ、小出ちかであった。

一九二五年夏ごろ、性格が合わない夫と別居していた金子しげりは、会議後帰る途中に倒れ、市川や獲得同盟の人々の世話になる。夫は離婚裁判を請求、新聞で騒がれた。市川は金子と一緒に生活して面倒をみるが、金子は療養後獲得同盟の有給の幹事として一二月から半日勤務で復帰する。社会的に活動する女性への風当たりが厳しく、女性二人が生活を共にすることへの世間の目も興味本位の時代であった。[23]

一九二八年五月、長野県から上京し、就職を市川に依頼して獲得同盟の手伝いを始めた児玉勝子は、六月に月給三〇円の職員になった。初めて聞いた金子の演説のうまさに感心し、麗日会の資金活動の趣旨書の紙を折ったり封筒に入れたり糊づけしたりする発送事務をもっとも効率的にこなす方法を市川に教わった。[24]児玉は時間も能力も全部運動につぎ込める市川や金子を得難い人と考えているが、金子は何ごとも人より優位に立ちたがる悪い癖があり、市川は性格の厳しさはあるが運動を第一番において判断するから金子をかばい、周囲の人々の金子への反感が人間関係のもつれになり、運動のリーダーである市川への信頼も損ないかねなかったとみている。[25]

児玉は兄の影響で社会主義の本を読み始め、勉強会に参加し、児玉宛てに送られた手紙・本を取りに来た人に渡すという仕事を頼まれ、何も知らず聞かずでそれだけのことをしたが、警察に取り調べられた。二、三回警察につかまったが、市川は何もいわないでもらい下げにきてくれた。金子は、獲得同盟が左翼とみられるなどと児玉に批判的だった。そういうなかで働いたが、貧乏暮らしで身なりは粗末でも獲得同盟の使いとして行ったときは丁重に扱われたので、児玉は市川に敬服し、獲得同盟の社会的評価を認識したから、人間関係の複雑微妙な獲得同盟で仕事を続けることができたと語った。[26]

市川は数年前の新婦人協会時代と四、五年しか経過していないのに、日本の女性は格段に進歩した、新婦人協会のときはまったく運動の経験のない人が多く、政治について知識もなく、役員もみな若く、連絡も協力も不十分だった。新婦人協会の治安警察法改正要求に女性記者の力を借りたかったが、一時存在した婦人記者クラブはなくなっていて、関東大震災後に再建された。新婦人協会時代の女性の社会的活動は獲得同盟のときとは雲泥《うんでい》の差があったと述べている。先に述べた田島の回想からすれば、獲得同盟の闘将たちの水準は、確かに新婦人協会時代からは進歩していたとしても、自分の団体のトップとしてのやり方やプライドをもったまま婦人参政権獲得のために大同団結しているから、婦人参政権は必要と理解していても生活感情は微妙な違いがあったのだろう。またジャーナリズムはまったく新しい一歩を踏み出した新婦人協会時代よりも婦人参政権獲得運動時代のほうが厳しかった、と市川は感じていた。一九三五年には言論機関は婦選運動に無関心で、からかいの対象にして妨害してきたとも書いている。[27]

なぜ婦選がほしいのかについて、獲得同盟に集まった人々は、子どものために、不利な法律を変えるため、全女性の解放を求めて、女性には女性の主張があるから、女性の地位向上のため、人らしい生活をするため、人間としての幸福を地上にもたらすため、当然の一歩、と答え、大きな社会問題としてとらえている。しかし一九三九年『婦人画報』読者は「参政権を要求するか」と問われて、要求する一九、要求しない三〇、時期尚早二、であった。高齢者は「要求する」が多く、専門学校以上の学歴の人は「要求しない」が多かった。世間では婦人参政権は大衆化されていなかった。[28]

ＩＬＯ東京支局を辞任

ＩＬＯ支局長は婦人参政権運動にかかわり始めた市川の立場をよく了解し、文句をいわず激励してくれた。市川は自分の仕事はきっちり果たしたつもりでいたが、獲得同盟の仕事は相当な量になった。

一九二六（大正一五）年四月の第二回総会で、市川は中央委員に選出されたが、理事互選にあたって、市川はＩＬＯの婦人労働問題調査を始めるので理事を辞退した。会務理事には坂本真琴が選出される。しかし家庭の事情で坂本は一〇月辞任、結局市川が引き受けることになった。運動を実際に進展させる会務理事の役割を期待されるのは市川であった。坂本が創刊の準備を始めて進まなかった機関誌『婦選』の仕事も市川が引き継ぎ、疾風のような活動で刊行された。[29]

市川は働く女性の労働条件を改善するためにも女性の政治参加が必要と考え、ＩＬＯの仕事は自分でなければならない仕事ではない、自分を必要とする婦選運動に専念しようと決意し、一九二七（昭和二）年初めＩＬＯ支局の仕事を半日のパートタイマーとし、末広杉枝に仕事を引き継いで、年末に辞任した。三四歳であった。アメリカから帰国したときは、生活を確立するためにＩＬＯ支局に就職、獲得同盟の仕事に参加してからはその高給が仕事を助けたのだが、自分の全仕事力を獲得同盟の活動に向けたのである。市川は金子と自分が今までより運動に時間と精力をささげれば、もっと運動を盛んにする自信はあったと『自伝』に書いている。獲得同盟の仕事に熱心に取り組んできた市川だったが、それでも思うように進展できていないと考えていたのであろう。

　市川はＩＬＯの事務局では最初調査・編集もしていたが、後から入った人と分担の変更があり、庶務・会計・人事などの事務が主になった。事務所の仕事は仕事、自分の理想の実現の仕事すなわち自分自身をよりよく生かす仕事を使い分けることもありえたが、考えた挙句、一生の岐路に立つ問題として婦選運動専念の生活をとった。経済生活をどうするかについては、たまの原稿料・講演料を充《あ》てるつもりであったが、書くことと活動は両立が難しく、高給時代の貯金を使い、兄・姉に支援してもらう。婦選運動から生活費をもらうのは、「運動を食い物にする」ことだから感情的にできなかった。思い切りのよい決断を、市川は後悔していないといいきっている[30]。竹内茂代（医師）は吉岡弥生の名代として獲得同盟の活動に参加し、最初はおっかない会と思ったが、全日本の女性のためだと自動車を買って資金集めに役立てた。「婦選位生々と働き、何か自分の修養になつた」場はないという。そして「市川さんが労働局を辞めた時は、実にうれしかつたですよ、職業を辞めてはまりこんでくれる人が無かつたですから」と回想している[31]。

　市川は新婦人協会時代には運動の内容と道筋について方針を十分に検討せず、何も知らなかった議会請願に走り出し、当然のことながら振りまわされ、資金不足、人手不足の壁にぶつかったが、女性初めての必死の議会運動が男性の理解を呼び、時代の変化もあって治安警察法改正にこぎつけることができた。婦人参政権獲得に向かった時期には男子普選が全国的に大衆的に運動を展開したにもかかわらず、男女共通の普選を闘わない日本の家父長制の壁が重い課題となった。日本社会を全面的に検討しなければ道筋が明確にならない日本の婦人問題は、ロシア革命や労働運動の思想、やり方をそのまま受け入れられない課題を市川にぶつけてきた。

市川は、日本の女性が当面解決すべき課題は婦人参政権獲得と見定めていた。市川は、アメリカをはじめとする婦人参政権獲得運動の歴史を学習し、調査し、異なる考え方・運動方法の実態、参政権獲得後の男女平等への道筋、その社会環境となる国際情勢や労働運動、社会福祉の課題と担い手など、たくさんのことを理解したうえで日本の実情を観察し、検討し、思想・宗教・職業・生活・感情の異なる人々が共通の目的に近づく合意を築こうとする。そのためには全能力を獲得同盟にそそがなければならなかった。

注

（1）「社会的地位向上に奮闘」『読売新聞』一九二四年一月二三日、『市川房枝集』第1巻、日本図書センター、一九九四年。
（2）「絶対的男女平等?」『女性改造』一九二四年四月、『市川房枝集』第1巻。
（3）児玉勝子『信濃路の出会い　婦選運動覚え書』ドメス出版、一九八五年、四六〜四九ページ。
（4）「地の底で働く女坑夫の生活」『婦人』一九二六年五月、『市川房枝集』第1巻。
（5）青木幸寿『信州・女の昭和史〈戦前編〉』信濃毎日新聞社、一九八七年、四六〜四八ページ。
（6）神津良子『「母の家」の記録』郷土出版社、二〇〇五年、五四〜五七、二一一〜二〇九ページ。
（7）山本茂実『あゝ野麦峠—ある製糸工女哀史—』朝日新聞社、一九六八年、二四五〜二八五ページ。同『続あゝ野麦峠』角川書店、一九八〇年、三二九〜三三七ページ。
（8）『自伝』一一八ページ。

(9) 久布白落実『廃娼ひとすじ』中央公論社、一九七三年、一二〇〜一二五ページ。
(10) 松尾尊兊「大正期婦人の政治的自由獲得運動」『女性同盟解説・総目次・索引』ドメス出版、一九八五年、五〇〜五五ページ。
(11) 市川房枝「婦人労働者の保護と国際労働条約」『新愛知』一九二六年一月六〜八日。
(12) 折井美耶子「東京連合婦人会の誕生」折井美耶子・女性の歴史研究会編著『女たちが立ち上がった―関東大震災と東京連合婦人会』ドメス出版、二〇一七年。「(座談会)婦選の思ひ出を語る」(『女性展望』一九三九年一二月)での金子の発言、七ページ。
(13)『婦選(会報)』創刊号、一九二五年四月。
(14) 高橋喜久江「市川先生と矯風会」「市川房枝というひと」刊行会編『市川房枝というひと　一〇〇人の回想』新宿書房、一九八一年。
(15)「市川房枝氏に聞く　婦選運動と私　13.」『婦人界展望』一九六〇年五月、『市川房枝集』第6巻。
(16) 田島ひで「琴平町時代の思出」『婦選』一九三四年一二月。
(17) 田島ひで『ひとすじの道　婦人解放のたたかい五十年』青木書店、一九六八年、一一二〜一一三ページ。
(18)「婦選今昔物語―金子女史にきく」『婦選』一九三四年一二月、一六ページ。
(19)「山高しげりさん」中日新聞社編・刊『想う　第三集』一九七五年、二二二〜二二三ページ。金子茂「敬愛する同志市川さん」『婦人公論』一九二五年三月、一四一〜一四二ページ。
(20)「人物評論(三)　婦人参政運動の陣頭に立てる　市川房枝女史」『婦人公論』一九二五年三月。
(21) 市川房枝「私の婦人運動――戦前から戦後へ」「歴史評論」編集部編『近代日本女性史への証言』ドメス出版、一九七九年、五七ページ。
(22) 伊藤伸子(金子しげり)「婦選運動の陣頭に立つ人々　七、市川房枝女史」『婦選』一九二七年八月、七ページ。
(23)『自伝』一二九〜一三〇ページ。前掲「山高しげりさん」二一六〜二二一ページ。
(24) 児玉前掲『信濃路の出会い』六三ページ。
(25) 同前、八九ページ、九六〜九七ページ。

(26) 児玉勝子の聞き取り、伊藤康子「まえがき」『草の根の婦人参政権運動史』吉川弘文館、二〇〇八年、九～一〇ページ。
(27)「婦選達成」『婦選』一九三五年二月、『市川房枝集』第3巻。「『あの頃』を語る座談会」(『婦選』一九三一年一一月)での市川の発言、五七ページ。
(28)「若い女は婦選が嫌ひ?…」『女性展望』一九三九年五月、二〇～二一ページ。どのような読者の答が選ばれたかは不明。
(29)「後記編輯」『婦選』一九二七年一月。
(30)「婦人運動と生活と―婦選運動ひとすじに」『人物評論』一九三四年二月、『野中の一本杉』新宿書房、一九八一年。
(31) 前掲「(座談会) 婦選の思ひ出を語る」での竹内の発言、八、一二ページ。

第四章

婦人参政権獲得ひとすじ

ねぎぼうず

男子の普通選挙権実現以後

関東大震災の間に成立した山本権兵衛内閣は普選要求の世論を抑えきれないと考え、一九二三（大正一二）年一〇月、男子については選挙権の納税資格撤廃の基本方針を決定、これを受けた法制審議会も政府方針に沿った答申を行った。この審議会で女性に選挙権を与える主張はあったが支持は少なく、ジャーナリズムも婦人参政権はまだ先のこととし、世論の大勢は動かなかった。翌年の総選挙で政友会・憲政会・革新倶楽部（護憲三派）は圧勝し、六月スタートした加藤高明内閣は、一九二五年春に男子のみの普選選挙のための法律を成立させる。

この時期婦人参政権獲得のために小異を捨てて協力する機運が高まる。第三章で述べたように矯風会の日本婦人参政権協会代表久布白落実《くぶしろおちみ》・ガントレット恒子が婦人参政権並びに対議会運動懇談会を呼びかけ、婦人参政権のための女性の大同団結を進めようとした。一八回の準備委員会を経て、一九二四年一二月一三日に婦人参政権獲得期成同盟会創立総会（翌年、婦選獲得同盟と改称、以下、獲得同盟という）を開催する。総会決議は婦人公民権（地方自治体での政治的権利）、男女平等の普通選挙権、政治団体参加（結社権）の要求を掲げ、規約では政党政派に対して絶対中立、会員は女性に限定し、議会運動部・宣伝部・財務部に分けての事業を決めた。久布白は総務理事、会計理事は中澤美代、三一歳の市川は会務理事に推薦された。松尾尊兊は、獲得同盟設立の意義を、第一に婦人参政権のみを目的とする最初の婦人大衆団体であること、第二に超党派の組織であることと述べている。[1]

市川はこの準備段階から積極的に活動に参加した。創立総会以後、会務理事となった市川は、ほとんど毎日、ＩＬＯ支局の帰りに事務所に寄り、ときには夜半までいることもあった。[2]「事務局日誌」にもとづく『市川年表　１８９３―１９３６』[3]によれば、市川の創立総会後第一回中央委員会への出席は不明だが、年明け一月五日の第四回中央委員会に出席、翌日は書記になった田島ひでと買い物に行き、七日は議会運動部会、八日は宣伝部会、九日は中央委員会と財務部会に出席、来訪した愛宕（警察）署高等係に応対し、一一日には金子しげりと会務と演説会の準備にあたった。一三日には宣伝部会、一四日には議会運動部会、一六日財務部会、中央委員会に出席、一七日には獲得同盟の第一回婦選獲得演説会で「婦選運動の婦人運動における地位」と題して講演、二一日議会運動部会、二二日宣伝部会、二三日財務部会、中央委員会に出席、二四日朝日新聞竹中繁記者の取材に応対、二五日愛宕署高等係が来たのに応対、二六日獲得同盟研究会で「米国婦人党の戦略」と題して講演している。創立総会直後の熱気そのままに運動を全面展開するため、各部会議が連続して開かれ、市川の知識と経験があてにされたのであろう。新婦人協会の時期に比べると、獲得同盟の活動は組織的に組まれ、見通しをたてながら動いていた。この間、久布白ほか昼間に活動可能な中央委員は内務省や各政党をまわり、地方制度改正案に婦人公民権を追加するよう頼み、数人ずつ議会の傍聴に行った。

宣伝部は演説会のビラ撒きを一万枚、九万枚、一万枚と撒き、演説会、議会傍聴や獲得同盟の内容を知らせようとした。また宣伝部は全国新聞社一〇五社に婦選の賛否調査を実施したが、返信二六（賛成二四、反対〇、賛否なし二）であった。新聞社の返信が四分の一しかないという現実は、世論の婦人参政権への関心の薄さを示している。男子普選の社会環境との差は歴然としていた。

　また代議士へ招待会案内状に添えて婦人参政権、公民権、結社権への賛否も問い合わせた。返信の結果は婦人参政権賛成四五、反対二、時期尚早一〇。公民権賛成五〇、反対二、時期尚早四。結社権賛成四〇、反対四、時期尚早一二となった。公民権は実現の期待がもてるが、結社権については代議士の意見でも厳しい結果となった(4)。手数のかかる議員や新聞社の意見調査を繰り返し実施するのは、調査によって情勢を見定めようとする市川の方針だったと思われる。

　一九二五年二月には獲得同盟は会員に請願書を発送、六日には婦人参政同盟等との懇談会があり、市川も出席している。

市川の婦人参政権運動についての考え

　獲得同盟は婦選運動を大々的に知らせたいと、一九二五（大正一四）年一月一七日、東京神田青年会館（ＹＭＣＡ）で第一回婦選獲得演説会を開催した。市川は「婦人参政権運動の婦人運動に於ける地位」と題し、獲得同盟の要求の理由と運動の態度を全面的に話した(5)。

　当時『婦人公論』に書いた評論にもとづいて要約すると、内容は次のようであった。

　男性は生まれながらに女性の上にあり、女性を支配する、という思想は歴史的所産なので、あらゆる方面、つまり法律・宗教・伝統・習慣等に女性蔑視があり、これを覆そうとする婦人運動もすべての問題にわたっている。アメリカの婦人の権利の大会（一八四八年）の婦人運動のプログラム、ドイツの総婦人同盟の要求（一九〇五年）がそれを示している。

婦人参政権で婦人の要求のすべてが解決されるわけではないが、地方自治体・国家の政治に参加するための選挙権・被選挙権を要求するのは、自由民権思想につながる動きである。女性が直接立法機関・行政機関にかかわれば、要求の一つひとつを変えなくても目的を達することができる。

また婦人参政権要求は、すべての女性に支持される可能性がある。婦人運動は中産階級の女性から生まれたが、労働階級の女性にも支持される。また参政権運動は政治運動だから、社会や一般婦人の関心を呼び、教育し、女性全体の解放に役立つ。国際的婦人団体は国際婦人協議会が一八八八（明治二一）年組織されたが、一九〇四年その進歩的分子と各国参政権団体が参加する国際婦人参政同盟が設立され、その実勢力は前者をしのいでいる。

こうして婦人参政権運動は世界中で婦人運動の中心勢力になっていると[6]、婦人参政権獲得は国内外の人権獲得の歴史的経験であり、日本の未来像でもあると、女性解放の道への展望を示した。そして「こうすべきだ」と信じてやってきた以上やめることは私にはできないと、婦人参政権獲得ひとすじに走ることになる。保守的な男性は婦人参政権について、女はバカで男が偉いと思っているから、平等に女が一票を持つことは考えられない、また女は家庭のことだけやっていればよい、政治に口出しするなという基本的考え方をもっていると考えていた[7]。

女性の政治的権利確立が正論・正義であるとしても、衆議院・貴族院の議員は男性のみだから、この女性蔑視の壁を突破しなければならなかった。

こうして獲得同盟の運動は、議会・議員に対し、内務省に対し、会員に対し、婦人参政権に関心のある女性に対し、全国民に対し、必要な活動を進めていき、市川はそのかじ取りの役を担っていた。機関誌『婦選』も『市川房枝自伝　戦前編』も獲得同盟としての運動史を記録しているので、婦選運動はもちろん市川一人の仕事ではないが、企画・実行の先頭に立った市川の姿を読み解きたい。

木村五郎との交流

一九二五（大正一四）年一月、最初の婦選獲得演説会の聴衆のなかに彫刻家木村五郎がいた。木村がなぜ婦人参政権に関心をもったのかわからないが、市川に塑像《そぞう》のモデルになるよう頼んだ。二月、市川は兄の家で日曜日ならと承諾し、三、四カ月間応接間でスーツを着て椅子に腰かけた姿でモデルになった。木村は作っては壊し、首だけにするとしたがさらに壊し、作品は残らなかった。そして自分なら「市川房枝美人論」を書いただろうとの言葉を残した。

木村は一八九九（明治三二）年生まれであったから市川より六歳若く、二〇代半ばの青年美術家で、のちに日本美術院同人、農民美術運動の講師として活躍し、伊豆大島風俗の木彫りなどを残した。モデルになった縁で市川はのちに機関誌『婦選』のカットや表紙を木村に頼み、木村は無償で一九二九（昭和四）年から一九三四年まで六年間の表紙をデザインし、会のバッジもつくった。市川は一九三一年には仲間と大島に遊びに行き、この年制作された聖観音の浮き彫りを大切に飾っていた。一九三五年木村の訃報を受けた市川は、翌朝弔問し、哀惜の涙を流している。(8)

麗日会と財政活動

婦人参政権へ無関心どころか反対も多い時代に、獲得同盟が資金を集めるのは難しかった。婦人参政権獲得運動に共鳴し、「その精神に影の如くそつて、同会の運動を声援し、又出来るだけの具体的補助をしたい」という心で、一九二五（大正一四）年三月麗日会が誕生した。発起人は石本（加藤）静枝はじめ岡本かの子、中条（宮本）百合子、与謝野晶子ら一八人、「わが幾千の女性を光の中に導かうと第一線に立ち働く人の、重過ぎる負目を少しでも分ちたいといふ心から、私共は婦人参政権獲得期成同盟会の運動資金の調達を企て」、現代名家書画会開催のため、力の一端を貸してほしいとのお願いを出し、約八〇人から色紙、短冊、油絵、水彩画、扇子等数百点を集めることができた。与謝野晶子は短冊一二、色紙二二、扇子四、うちわ四ほかを出品している。銀座資生堂を会場に、三月二一、二二日の二日間で五〇〇〇人が来場、純益四九〇円余が獲得同盟に寄付された。(9) 麗日会はその後も講演会や色紙・短冊販売などを企画し、同盟の財政を助けた。

かつて新婦人協会の人間関係がぎくしゃくしていったのは、資金も人手も決定的に不足していたのが大きな要因といわれる。新婦人協会の評議員であり、監査を担当したこともあり、獲得同盟発足時の財務部幹事でもあった田中芳子は「お金は全く運動の原動力です」と断言、真剣に婦人運動する人々は己を捨てて参加するのだから、感情問題による仲間割れで婦人運動が短期間で衰えるということはない、女性には独立した財産権がないから婦人運動の永続が難しい、と述べている(10)。

女性が働くときは賃金が低く、結婚すれば資産も夫の管理下に置かれ、女性の社会的地位向上を支援しようと考えても、自由になるお金が少なかった。獲得同盟設立の時期には、女性作家など芸術家も育ち、男女平等を支援しようとする文化人も存在したから、色紙・短冊などを寄贈してもらって販売し、まとまった純益金を獲得同盟は受け取ることができた。麗日会の活動のなかにもあった観劇会、映画会の切符を売ることも、手数がかかるとはいえまとまった資金を得る方法であった。

市川はのちに寄付をお願いするよりも、観劇会等の切符は会社にまとめて買ってもらえるし、ただいただく寄付よりも協力してもらいやすいと考えるようになったといっている。財政活動は、獲得同盟の運動を崩壊させないための、新婦人協会活動から引き継いだ知恵であった。

竹内茂代は天竺木綿《てんじくもめん》を愛知の八木商店から仕入れて売りさばいたが、純益は少なかった。何人かで東京駒場の農科大学の運動会売店でバナナ売りをしても思うようにはもうからず、のちには印刷機をもらったので年賀状や名刺を印刷したり、赤ちゃん用品や牛乳を売ったり、知恵と労力を集める財政活動が続いた。市川は一九三六(昭和一一)年に赤字財政なら支出を切り詰めてはと考えられるけれども、「こうした運動で、消極的な方針をとり出したら、それこそ消えてなくなってしまう」と思う。「己を空しうしての努力に対しては必要なだけの金は与えられる」という「信仰」のようなものを確認している。運動をやめるのは自分の責任感からできない、運動への闘志は衰えていないし、困難への反発力もあると、利己心のない活動家の資金の悩みは堂々めぐりに近い(11)。

会計担当の職員をしていた児玉勝子は、本来は会員の会費で活動費を賄うのが理想だが不可能で、しかし婦選運動者は「まともに運動していれば金は何とかなるものだという信念」をもっていたようだと書いている。[12] 何とかなるとはいっても、一九三二年ごろ、政治的にも経済的にも活動を重ねる年であったために日曜・祭日も休めない忙しさで、資金づくりの時間がないので、市川は月末の賃金支払い日には兄や姉の生徒だった相内包子から借金して急場をしのいだこともあった。[13]

普選運動に学びつつ

社会的地位・財産・納税・教育・信仰・人種・性別などによって選挙権を制限しない普通選挙権（以下、普選という）獲得運動は、日本では衆議院議員選挙法に規定された選挙人資格中の納税要件の撤廃を目指す、男子普選獲得運動として進められた。普選運動は議会に対する請願と国民への啓蒙の段階を経て、米騒動以後全国的大衆運動の時期に入る。一九二〇（大正九）年普選運動は激化し、学生・労働組合・地域の市民政社が全国でデモ・集会を繰り返した。一九二二年には野党の統一普選案が提出され、主要全国紙九新聞社も普選要求共同宣言を出した。ロシア革命の影響下にあった日本共産党は、労働者を中心とする革命で政治体制を一変させれば、国民の政治参加をいっきょに解決できる、普選は労働者の階級意識を鈍らせ、ブルジョワ支配を安定させると考え、無産運動の主流もその影響を受けて普選運動に加わらなかった。このため運動の主導権は野党第一党の憲政会が握り、党勢を拡大した。婦選運動については、政友会・民政党は婦人公民権に賛成の態度をとるなど婦人参政権獲得へ協力姿勢を示すが、「どの程度の誠意を有しているかは甚だ疑問」と市川は書いている。(14)

一九二五年の第五〇議会に加藤高明内閣は二五歳以上の男子を有権者とする所謂《いわゆる》普選法案を、治安維持法と抱き合わせる形で提出、保守派は条件を付けようとするなど難航したが、結局その普選法は一九二五年三月二九日に成立、五月五日に公布された。有権者は三二九万人から一二四一万人へ約四倍増し、本土人口の約二〇%となったが、女性は締め出された。

男子普選による最初の総選挙は一九二八（昭和三）年二月二〇日行われたが、その前に「普選祭」などが行われた。名古屋では引き続き普選激励演説会が開催され、市川も紅一点の出演で、女性は置いてきぼりにされたが、国会で公娼廃止、姦通《かんつう》、離婚問題の法律改正要望は矯風会によって何十年も繰り返されても成果がない、普選は婦選の第一歩にすべきと演説している。(15)

先に述べたように獲得同盟の調査結果でも、新聞社の婦人参政権への関心は低く、代議士でも関心は十分とはいえなかった。獲得同盟は、議会への婦人参政権実現の請願について、かつて男子普選を市民の間に浸透させた最初の時期のように、女性へ啓蒙していくところから出発しなければならなかった。

獲得同盟組織の基礎をつくる活動と並行して、議会運動部は政府が出さない婦人参政権に関する建議案、法律案を理解ある男性議員に提出してもらうよう働きかけた。目標は、①治安警察法第五条第一項中から「五、女子」を削除し、女性も政治結社に加入できるようにする、②市制・町村制を改正して、女性が公民権をもつ、③衆議院議員選挙法を改正して、男女平等の選挙権・被選挙権をもつ、の三項目である。

議員と協議しているとき、青木精一議員が女子教育案件も含め女性に関する案をまとめて議会に出し、多数の女性が傍聴するデモンストレーションを提案し、「婦人解放デー」を実行することを決めた。傍聴券二百数十枚が用意され、議長の好意で傍聴席が四カ所用意され、多数の女性が見守るなかで建議案・法律案は衆議院を通過した。治安警察法改正案は貴族院に送られたが審議未了となった。治安警察法案に関する委員会で、婦人参政権獲得期成同盟会は政治結社で非合法ではないかという質問があったが、熊谷司法次官は「一時的の集会で結社というまではいかない」と答弁、男子普選案の審議委員会で婦人参政権が問題になり、加藤高明首相は婦人参政権反対を表明、それを内務大臣が時期尚早という意味だと訂正したと伝えられた。世界で婦人参政権が実現しつつあるなかで、日本政府は微妙な態度をみせていた。議会運動部の必死の働きかけで婦人に関する法律案・建議案を議会に上程しても、政府委員は「尚研究を要する」という答弁程度で、困難な活動は総会での坂本真琴の報告に詳述されている。

婦選獲得同盟一六年の動向

一九二五（大正一四）年三月末に終わった男子普選実現の第五〇議会後の活動発展のために、獲得同盟は中央委員会で何度も協議、四月一九日第一回総会を開き、総括をこの日に創刊した『婦選』（『婦人参政権獲得期成同盟会々報』第一号、以下、『婦選（会報）』）で伝えている。前年一二月一三日の創立総会から四カ月の間の溌剌たる勢いが、八ページの紙面に溢れている。市川は田島ひでを有給の職員としたこと、会員は二七一人、中央委員会は約二〇回開催、他の婦人参政権の団体と協議していること、第一回総会の準備その他について会務報告をした。また午後には規約改正の説明をした。坂本真琴は議会運動部報告を、金子しげりが宣伝部報告を、田中芳子が財務部報告を、中澤美代が会計報告を、石本静枝が麗日会報告を行っている。獲得同盟総会は、組織としての大きな方針を検討し、中央委員等役員を選出、決定した。加えて一二月一三日の創立日を記念する集会を開催している。

一九二五年一二月一四日の創立一周年記念会は、思い出話、懇談ののち、市川原案の余興として、アメリカの婦選運動者アリス・ポールの全米婦人協会が行った五種類の運動を演じた。紫・白・黄色の三色旗を掲げた行列、ホワイト・ハウス前の見張り、自由の焚火、ウィルソン大統領の空言の風刺、入獄の五場面で、大喝采を受けた。婦人参政権獲得運動のイメージは日本では思い描きにくいための余興であったと思われる。その他会食や講演が行われた。

獲得同盟の歴史は一六年におよび、地方選出委員も含めて中央委員の人数は八九人になる。その間ずっと中央委員だったのは市川と金子しげりの二人であった。一〇回以上選出されたのは、大橋豊喜、河崎なつ、藤田たき、前島ふく、宮川静枝、八木橋きいであった。とくに前半では辞任・交代が激しい。女性が社会活動するのはまだ困難な時期であった。中央委員経験者でこの一六年間に死去した人は五人になる。(16)『会報』第二号は会名変更に伴い『婦選獲得同盟会報』第二号となり、一七号まで月刊で発行され、以後は機関誌『婦選』に会員動向の報告なども含め、総会後に報告をまとめて冊子として出すのを「会報」とした。それらはすべて『婦選』復刻版に収録されている。

創立総会は十分な準備の期間がないまま開催されたため、規約も宣言も男子普選通過後の第一回総会でほとんど全面修正された。「宣言」は国民半数の女性が、二五歳以下の男性と、貧困のため公私の救助・扶助を受ける男性とともに政治圏外に置かれたので、「内、普選獲得の歴史に倣《なら》ひ、外、婦選獲得の実績に鑑み、一致団結の力で」参政権を実現するよう努力する、したがって感情、宗教、思想の違いを超えて、目的を参政権獲得のみのために協力する、これで婦人問題すべてが解決するわけではないが、婦選は多様な婦人問題解決の早道になる、運動のために政府・政党とかかわるが、絶対中立の立場をとる、とした。運動の方法・内容が市川色で見定められたが、それは久布白が語った婦選の枠の中身を、市川が「婦選運動の婦人運動における地位」で語った内容で充実させたものであった。感情の違いを超えてとは、当時の委員・会員の議論の内実を微妙に示していた。

規約は、永続的組織として会員・役員について定め（役員等はのち適宜変更された）、事業内容を政治教育・議会運動・調査・出版・財務・会員の六部とし、地方支部を認めて全国組織体制とし、会の名を「婦選獲得同盟」とわかりやすくした。婦人参政権獲得・行使のための政治教育運動を重視した。

市川は中央委員に選出され、中央委員会で互選の結果、久布白総務理事、中澤会計理事、市川会務理事が決定した。市川は理事辞任を申し出たが、仕事の負担を軽くすることを条件に就任を受諾した[17]。こうして市川は忙しい会議出席・仕事を続けることになる。

第二回総会は一九二六年四月開催された。市川は「第二回総会を迎へんとして」で役員だけでなく、全会員が「団体人としての意識」「婦選同盟会員としての意識」を強くするのが、会の発展の原動力と訴えている[18]。市川は中央委員に選出され、会務理事に選出されたが、ＩＬＯの婦人労働問題調査があるため理事は辞退し、坂本真琴が会務理事になった。市川は国際労働委員会一般委員会、同婦人労働委員会、婦人労働の現場調査、その報告会や獲得同盟中央委員会に追われていたが、一〇月坂本真琴が家庭の事情で会務理事を辞任、市川が全会一致で後任に選ばれ、承諾し、いっそう忙しくなった。婦選を宣伝する月刊機関誌『婦選』(一九三六年一月『女性展望』と改題)を発行する仕事も、市川と有給幹事として半日勤務することになった金子しげりが担当し、一九二七(昭和二)年一月刊行された。『婦選』第一号が納品されたのは一二月三〇日、すぐ発送準備にかかり、事務局が大みそかに発送した。市川は一九二七年元旦付で『婦選』編集印刷兼発行人、出版調査委員会委員長に就任している。

以後の獲得同盟総会は、毎年四月から六月の間に開催され、役員が選出され、一年間の仕事の総括をするとともに、方針を討論した。

第三回総会は一九二七年四月開催された。この間創立三周年記念日を迎えるにあたって、市川は三年間に「内部的には異なる分子の足並みを揃える」困難があり、外部的には婦選運動の権威を高めるため犠牲を払い、獲得同盟の基礎をかためた、無産婦人団体が輩出したのでできる限り共同活動をしたいと述べている。(19)

第四回総会は一九二八年四月開催され、①政治を清浄公正に、②国民生活の安定、③女性・子どもに不利な法律制度の改廃のために婦選実現が必要と宣言した。その草案は金子しげりが起草し、市川が筆を加えた。(20)

第五回総会は一九二九年四月開催された。

第六回総会は一九三〇年四月、第一回全日本婦選大会直後に開催された。市川は第四回総会の宣言を書き直し、①女性・子どもに不利な法律制度の改廃、②政治と台所の直結、③選挙の革正と政治の浄化、④世界平和の四項目を婦人参政権獲得の目標と見定めた。婦選実現後も、この目標を変えなかった。この年六月、久布白は総務理事を辞任、七月市川が総務理事に就任した。

第七回総会は一九三一年四月開催された。市川は治安警察法改正一〇年に際し、女性が参加する数百回の講演をし、議会運動を続けたけれども何も獲得できなかったと記した。[21]

第八回総会は一九三二年六月開催された。運動方針に初めて「婦選に関係のない他の問題の実際運動をも行ふこと」を入れた。[22] 一九三三年初頭、市川は「頂上近く、九合目頃にあった運動が、一挙にして六合目、乃至は七合目迄急転落せしめられた」と指摘する。[23] 会員数で獲得同盟の盛衰をみると、一九二五年会員数二七一、一九三〇年会員一〇一七、会友（男性）一五九、賛助員二八。一九三三年会員一五四四、会友二三〇、賛助員三二、支部は一三、支部準備会三で最高を示した。一九三四年会員一二三二、会友一九九、賛助員三四、支部に休止するところがあり、一九四〇年会員六二八、会友六二、一〇支部となった。[24]

第九回総会は一九三三年四月開催された。この総会では婦選会館建設が満場一致で可決された。婦選会館は獲得同盟の根拠地であると同時に、日本婦選運動の根拠地となるべきところであるが、獲得同盟は実行の確信のない場合は計画しない主義で、それまで具体化を控えていた。[25] 慎重な決定であったが、実現はできなかった。

市川は婦選運動退潮の兆《きざ》しがみえた一九三三年年末に「婦選魂」と題して、事大主義を排し、大衆におもねらず数歩先を進み、個人主義を捨て、同性の苦しみを自分の苦しみとしていばらの道を開くのが、自分たちの信念だと言い切った。[26] その一年後の一九三四年一二月、獲得同盟は創立一〇周年記念日を迎えた。市川は何のバックもないのに充実した一〇年を婦人運動の第一線に立って、他の婦人団体をリードしてきたと誇らしく述べた。役員に精神的にも物質的にも犠牲を強いてきたと感謝した。そして社会情勢は良いとはいえないが、一〇年は長い将来の運動からみればほんの一里塚に過ぎないから、焦らず忍耐強く熱心に運動を続ける必要があると訴えた。[27] こういう精神と歴史と見通しを共有できるのが獲得同盟員であった。

第一〇回総会は初めて代議員制度を実施、一九三四年五月開催された。獲得同盟創立一〇年の時を経て、創立当初参集した役員たちも離れて、市川と金子が維持しているようだったと田島ひでは書いている。[28]

第一一回総会は一九三五年五月、第一二回総会は一九三六年五月、第一三回総会は一九三七年六月開催された。一九三八年一月には英文ニュース『Japanese Women』を創刊、一九四〇年まで一六回発行した。

第一四回総会は一九三八年四月開催されたが、先回から四年たって市川を事務所に訪ねた田島ひでは、軍部と政府の侵略戦争に協力しないかぎり団体存続が困難になっていて、金子に「水の低きに流るるごとしよ」といわれたと記録している。[29]

第一五回総会は一九三九年五月開催された。

第一六回総会は、一九四〇年六月開催された。

九月の臨時総会で、獲得同盟の解消と一九三八年四月設立されていた婦人時局研究会への合流を決定した。『女性展望』は独立して女性展望社から発行し続けたが、用紙不足から警視庁は雑誌統合を求め、『女性展望』は一九四一年八月、一七六号で廃刊した。

獲得同盟に支部の設置を決めたのは一九二五年第一回総会での規約改正であった。一九二五年一〇月三一日、獲得同盟千葉支部が会員を三〇〇人集め、市川も参加して発会式をあげたが、官憲の圧迫でつぶれる。支部設立は、一九二七年八月結成した新潟支部、一九二九年一一月金沢支部、一九三〇年六月広島支部、七月新潟県刈羽支部、九月熊本支部、一二月秋田支部、京都支部、東京市小石川支部、一九三一年一月東京市城南支部、二月兵庫支部、群馬支部、七月松山支部、一二月秋田県横手支部、一九三五年八月愛知支部と続いた。これらの支部は必ずしも安定的ではなく、短命に終わったところもあり、獲得同盟は、婦人参政権要求が全国的であることを示したかったのだが、日本の現実は厳しかった。[30]

ＩＬＯでの女子労働者調査や婦人参政権運動で多忙だった市川は、日本全体の女性の現実を確認する必要があるとし、一九二五年一一月ごろ「婦人問題研究所」を設立したいと企画、新妻伊都子、石本静枝、河崎なつ、金子しげりと市川の五人で、巣鴨の自宅に看板を下げ、資金集めの観劇会を主催した。婦選運動は婦人運動の一部に過ぎないが、婦人問題全般の調査・研究がしたかったという。[31]『名古屋新聞』は既存の研究調査は主として男性側からみているので、女性に関するすべての社会問題と両性問題を女性の立場から十分研究したいという「東京電話」の記事を掲載している。[32] 金子しげりは市川が「実際運動ばかりじゃだめだ、調査研究がなくちゃいけない」という考え方なので、市川は労働婦人、タイピストの新妻は職業婦人、河崎は婦人の教育問題というように調査・研究をしたが、自然消滅したという。[33] 市川は獲得同盟の活動の先頭に立つ仕切り役であったが、自分自身としては、婦選運動を含めた婦人運動の基礎にある婦人問題全体を見極めたいという本音をもっていた。運動が壁につきあたった一九四〇年、婦人問題研究所は再建され、市川は生涯調査・研究の志を捨てなかった。市川にとって婦人問題の学習・調査・研究は、婦人運動に必須の条件であった。

審議未了が続く婦選三案

一九二五（大正一四）年一二月開会の第五一議会に婦選三案（参政権・公民権・結社権要求）は提出され

たが、結社権の法律案は委員会審議未了、参政権建議案は可決されたが貴族院で審議未了、公民権法律案は否決された。翌年の第五二議会で議会運動委員長になった塩原静の提案で、婦人参政同盟、婦人参政三派連合会、女子参政協会、獲得同盟の会合で婦選団体連合が成立し、共同運動を行うこととした。婦選三案は法律案として提出され、結社権は委員会で可決されたが、すべて審議未了となった。

市川は審議未了になったのは法案提出が遅れたためだが、もし早く提出されたとしても、参政権と公民権は衆議院で、結社権は貴族院で握りつぶされただろう、現段階は世論を高めることに主眼を置いている、今後は少数の宣伝を主にした運動から、実力を基礎にした大衆運動に転換すべきと方針を示した。(34) この議会が召集された翌日、天皇が死去する。一九二七年五月の第五三議会は財界安定中心の議会で、婦選案の入る隙はなかった。

一二月の第五四議会に婦選三案は提出され、数万の請願書を持ち込んだが、会期途中で衆議院は解散となった。当時個人として、婦人参政権は世界の大勢だからと認める議員は存在したが、男性のみの政党、男性だけの議会は婦人参政権を無視するに近かった。貴族院は審議未了で婦人参政権を実現させずに平然としていた。

一九二八（昭和三）年二月、男子のみの普選法による最初の総選挙が実施された。獲得同盟は対総選挙特別委員会を設置し、各政党と候補者に「婦選」をはっきりと政策に掲げるよう要求した。そして婦選を政策に掲げた候補者が要求すれば、求めに応じて応援弁士の派遣、推薦状の発送を行うと決議した。女性が演説すると、珍しいので見物人が集まるという時代だった。どういう政党の候補者でも応援するのは無節操だと酷評もされた。しかし市川たちは、知る人の少ない「婦選」を宣伝する一つの戦術として実行する。無産者

（労働者、小作農民、下男など雇われている人等）も選挙人になったので、無産政党が設立され、それぞれ婦人参政権を政策のなかに入れた。結社権のない女性は政党には入れないので、無産政党はそれぞれ傘下の婦人同盟を設立し、政党としては婦人参政権要求を掲げた。また獲得同盟は「明るく正しい選挙」の政治教育運動として、東京連合婦人会とともに普選達成婦人委員会を組織した。(35)

無産婦人団体との共同行動

獲得同盟は思想・宗教・感情を超えて婦人参政権のために協力する方針だったから、無産政党が婦人参政権を政策に掲げていることを歓迎し、共同運動を提案した。当時の新聞社はそういう提案を無産婦人団体が受け入れるとは考えていなかったが、参集した団体（労働婦人連盟、日本婦人参政権協会、関東婦人同盟、婦人参政同盟、獲得同盟、社会婦人同盟、全国婦人同盟）は協議の結果満場一致で婦選獲得共同委員会を設立した。関東婦人同盟の山内みなは、獲得同盟に対し、あんなブルジョア婦人運動なんかという声もあったが、市川を信頼して参加したという(36)。

市川は常任委員になり、情報が集まり記録する書記を担当した。婦選獲得共同委員会にはのちに全関西婦人連合会が参加し、議員・既成政党に働きかけながら婦選三案実現を目指した政党中立の婦人団体と、普選実現によって設立された無産政党傘下の婦人団体の共同運動が初めて進められて、世間から注目された。無産婦人団体最左翼とみられていた関東婦人同盟は自ら解体し、労働婦人連盟も脱退したが、婦選獲得大演説会や「婦選と政党」意見表明会を開催して、左右の活動家の交流は続いた。第五五議会には各政党別に婦選法案を提出してもらったが、結局審議未了に終わった。この議会開催中の一九二八（昭和三）年四月、獲得同盟は第四回総会を開催、既成政党も婦選の必要を認める時期になり、自分たちは一路邁進《まいしん》すると宣言した。

この総会に無産四婦人団体は祝辞を寄せ、獲得同盟のたゆみない努力に敬意を払い、同じ目的をもちながら交流してこなかった反省を述べている。(37) 無産婦人同盟員堺（近藤）真柄は、他の同盟員とともに最初の全日本婦選大会に参加し、中産階級の夫人や職業婦人に対し、無産者の意見や批判を意気高くぶつける場とした。(38) 全国婦人同盟の岩内とみゑは、市川をインテリで上品な人と思ってやじる対象と考えていた。獲得同盟の児玉勝子は、獲得同盟の人はだれだれの奥さんといわれ、無産婦人団体の女性は「われわれは」と男との討論で鍛えられた言葉づかいで、しゃきしゃきしていたと違いを表現した。(39) インテリと無産婦人の生活感情は違ったが、共同行動は始まり維持された。

一九一七（大正六）年のロシア革命の影響は女性にも響いていた。評論家石垣綾子は、婦人問題だけをとらえた運動は単純すぎて、家にがんじがらめになっている女が急に変わるとも思えず、社会全体を変えようとする社会主義のほうに希望の光があったという。(40) 社会主義運動家丹野セツは社会主義運動に比べて、婦人運動は一段地位が低いように感じたという。社会問題に関心をもつ女性が少ない当時、無産運動の女性、社会主義者と中産階級、インテリ層の女性は、参政権について同じ方向をみていても、連帯感をもちにくい時代であった。

市川は共同運動・協力関係を組織する人だった。多様な婦人団体と連携し、婦人団体ではなくても目的を同じくする団体・個人と協力し、その情報を掌握できる仕事を担当し、人脈を広げた。知識や経済力の弱い、動ける人の少ない女性は連帯することで力をつけ、力を示すしかなかった。市川は共同の仕事について「大勢いるようでも皆忙しいので、結局それに責任を感ずる極少数のものが、いつでも、縁の下の力持ちをする事になる」、獲得同盟が各方面で縁の下の力持ちをやっている、と忙しさを説明している。(41) そういうなかで各組織の舵《かじ》取りをする人には「組織にムリは禁物……だが方向は見失わずに」とささやいたと戦後の地域婦人団体連絡協議会事務局長の田中里子はいっている。(42)

婦選三案の運命

一九二八（昭和三）年一二月、政友会政務調査会、行政審議会で婦人公民権案が可決され、第五六議会に提出される見通しとなった。新聞は政友会の一時の人気取り策としたが、「普選の次は婦選」という政治課題が示されたことになる。(43) 獲得同盟は、第一に婦人公民権獲得を目指し、二万二四九六筆の請願署名を集め、婦人公民権は時期尚早と公言している内務大臣に提出した。

獲得同盟は野党議員へ働きかけを強め、一二四人の同意を得、その後与党有志一四五議員も法案を提出したので、公民権賛成者の合計人数は議員総数四六六人の半数を超えた。婦選獲得共同委員会は街頭で「婦選なくして真の普選なし」のビラを撒き、婦選三案の賛成四三二九人の署名を集めた。議会の論議は白熱し、政府は与党議員の切り崩しを進め、二〇〇人の女性は議会傍聴に行ったが、公民権案は本会議で否決された。獲得同盟は憤慨の挨拶を弔意《ちょうい》の黒枠はがきにして代議士全員に送った。これは若手活動家の発案だったが、日本の常識を逸する方法だと抗議の返信もきた。一九二九年三月五日、旧労働農民党の代議士山本宣治は宿舎で右翼の暴漢に暗殺された。一九二八年の三・一五事件、一九二九年の四・一六事件と呼ばれる共産党員への検挙があり、民主主義圧殺の暴風が吹き荒れる時代に入る。

一九二九年一二月召集された第五七議会に、獲得同盟の議会運動委員会は婦選三案提出を働きかけ、民政・政友両党から提出されたが、まもなく議会は解散され、二回目の男子普通選挙が始まったが、獲得同盟は選挙革正中心に、地方遊説を進め、二一回の講演会は盛況裡《り》に終わった。

一九三〇年四月、総選挙後に第五八議会が召集され、獲得同盟は婦人公民権案にかかわる三種（市制、町村制、北海道会法）の法律改正案を政友会、民政党から提出してもらった。議員数からすれば今回は可決されるとの期待が強かった。政府としての意見は、趣旨には賛成だがただちに賛成はできないと、斎藤政務次官が答え、以前は女性の世論は弱かったがしだいに盛んになった、と推進派の議員が述べ、委員会・本会議とも通過した。しかし貴族院では審議未了で終わった。

一九三〇年の第五九議会を前にして、政府は市町村のみ、選挙資格は男子に五歳の差をつける制限公民権案を発表した。全国町村長会は婦人公民権が国体の基礎である家族制度を動揺させる恐れがあるからと反対意見を貴衆両院議長に送付していた。獲得同盟と婦人参政同盟は制限婦人公民権案反対運動を起こし、それは貴族院で否決された。このとき市川たちは一年か二年のうちに完全な公民権を獲得できると思い、あわてて不完全な公民権をもらう必要はないと考えていた。しかしこののち満州事変が起こされ、見通しは誤っていた。だが獲得同盟が賛成していても公民権は獲得できなかった、貴族院の女性に対する保守的封建的な考え方が否決の原因と、のちの市川は認識していた(44)。

一九三一年の第六〇議会のさなか、無産婦人同盟から対議会共同運動について提言があり、獲得同盟・日本基督教婦人参政権協会・婦人参政同盟・無産婦人同盟・婦人同志会が集まり、翌年一月に議会が解散された後、婦選団体連合委員会を組織した。まず民政党・政友会総裁の意見を聞き懇談した。しかし婦選実現への確約は取れなかった。全国で「与へよ一票婦人にも」の婦選要求のビラを貼ったり配布したりした。市川は児玉勝子、宮川静枝と東京・京橋から銀座にかけて電信柱にビラを糊で張っているところを警官にとがめられ、警察署の地下の留置場に連れていかれたが、始末書をとられて放免された。市川は運動の企画を立てるだけでなく、このような活動にも率先して参加した。(45)

このころ高等女学校の必須科目として「公民科」が設置された。獲得同盟総会や婦選大会の決議として、河崎なつらを中心に何度も文部省当局に建議してきたが、ようやく実現したのであった。女性が順法の精神をもち公共のために奉仕し、善良な立憲政治の民になるようにというのである。(46)市川たちは婦人公民権実現への期待を抱いたと思われる。

他方「×と□との対話」で市川は、政友会や民政党の議員は、平議員の時代には婦選に理解がある態度でも、政党幹部になると婦人の問題に「眼をくれなくなるのが例」と愚痴のような嫌みのような観察を漏らしている。(47)

一九三二年三月、総選挙で政友会が圧倒的多数を占めた第六一議会が開かれた。その五月、犬養首相が官邸で軍人に襲われ、「問答無用」と射殺された（五・一五事件）。前年、軍部は満州事変を起こし、この年日本の傀儡《かいらい》政権「満州国」が建国された。政治家・民衆の言論を軍が圧殺する時代に入っていく。

一九三二年五月、第六二議会が召集され、六月衆議院に婦人参政権案が提出され、委員会付託となったが、議会が閉会され、審議未了で終わった。東京都制に性差別撤廃を入れさせようと婦選団体連合委員会は働きかけたが、実らなかった。引き続く次期議会への運動で市川は「今年の夏は息をつく間もない程」忙しく、友誼《ゆうぎ》団体諸氏も「健康を害する程度に迄」努力し、この熱意努力こそが不可能を可能にすると喜ぶが、結果を出せなかった。(48)

一九三二年八月召集された第六三議会に前議会と同じ婦人参政権案を提出したが、審議未了に終わった。また第三回婦選大会の後援団体と懇談して婦選後援団体連合会を結成し、ここには東京基督教女子青年会、女医会その他が参加して、請願運動などに加わった。

同年一二月に召集された第六四議会には、衆議院は法律案、貴族院には請願で働きかけたが、成功しなかった。

一九三三年第六五議会への婦選案は、衆議院には東京市の増税反対運動に時間をとられ提出できず、貴族院では参政権・公民権・結社権の三請願を提出したが審議未了に終わった。

一九三六年第七〇議会には婦人参政同盟から婦人参政権に関する請願が提出され、採択された。それ以後、帝国議会で婦選案は扱われていない。(49)

より多くの女性の意思を示すために新しい団体を加えた組織をつくり、婦人参政権実現のための請願・建議案・法律案を次々に提出し、政党や議員候補者の人気取りの姿勢は姿勢として女性の念願を通すため、市川は先頭に立った。議会で法律が変更されなければ、婦人参政権・公民権・結社権は実現しないからである。しかし貴族院や町村長会など家父長制によって女性を支配しようとする壁は厚かった。貴族院は終始一貫婦選握りつぶしを続けた。多様なグループがあっても、貴族院議員は「一番封建的な思想を持っている」(50)と市川は考えていた。衆議院議員や政党は世界の潮流を理解すれば婦選に理解をもたざるを得なかったが、政府となると貴族院や町村長会への忖度《そんたく》で腰砕けになった。普選運動のような学生や市民政治団体などのデモ・活動は女性の場合には期待できず、応援する新聞社もないわけではなかったが関心は弱かった。そういう社会環境にもめげず、途中で投げ出さず、ねばり強く可能性を探った活動には驚嘆するほかない。

汎太平洋婦人会議に参加

一九二八（昭和三）年七月、市川は獲得同盟を代表して汎太平洋婦人会議（ホノルル）に出席した。主催者の汎太平洋同盟は、ホノルル通過の知名人と交流して太平洋の平和を増進しようという団体で、会議費・滞在費は主催者負担、保健衛生・教育・労働婦人及び職業婦人問題・婦人と政治・社会事業に分かれて協議するというのである。獲得同盟でも政治が議題の一つになっているから誰か派遣しようということになった。市川はアメリカ本土で大統領選挙もみたい、アメリカの公民教育についても調べたいとの希望を出し、派遣が決定された。市川は日米両国の間に戦争の影があるこの時期に、参加者が平和に貢献する熱意と覚悟をもって実現に努力すべきと考えていた[51]。

日本からは日本女子大学校井上秀子学長を団長に二五人が参加した。市川は日本婦人の政治的地位を示す図表など資料を作成、長い報告書はコピーし、短いアピールを読む形で訴えたが、参加者は政治についての関心は薄かった。ＹＷＣＡ代表として参加した女子英学塾（現 津田塾大学）藤田たきに初めて会い、若手の二人で行動を共にした。藤田は「毎日のように婦選の話を聞かされ[52]」、この会議で市川の婦選獲得運動への情熱に接して、日本の将来のため果たすべき役割が自分にもあるのではないかと考えた。藤田は一九二九年から一九四〇年まで、獲得同盟の中央委員や会務理事に就任、ビラ撒きやデモには参加しなかったが、講演や機関誌『婦選』に欧米の婦選運動紹介などの抄訳を執筆し、不遇な時期も市川を支え、第二代労働省婦人少年局長になり、生涯の友人となった。藤田は会員の敬愛の的であり、火のような運動への情熱をひそめもつ市川、火を吐くような気概を『婦選』に書いた市川に敬意をもち続けた。藤田が留学していたブリンマー大学は、創始者のミス・トマスが教会の朝の礼拝で女性の権利を説くようなところだった、藤田は津田では若手の教師で、生徒は藤田の導きで市川のところへ来たという[53]。

会議後、市川はサンフランシスコに移動し、講演や獲得同盟会員募集もしながら、シカゴ・ワシントン・ニューヨーク・フィラデルフィア、シアトル、ロサンゼルスなど、一四都市をまわり、獲得同盟の会員・機関誌読者を七八人獲得し、与謝野晶子の短冊を売り、あわせて①大統領選挙と女性、②女性への政治教育、③公務に携わる女性の状況を調査するため、選挙事務所、婦人有権者同盟、教育当局や学校を訪問した。子どもたちが民主党・共和党に分かれて行う討論や、女性巡査が働く現場が興味深かった。自分の関心から国際婦人平和協会、婦人労働組合、教員組合、産児制限の団体、国際連盟協会，ＹＷＣＡその他婦人団体も訪問した。こうして四カ月半日本を離れ、充電し、婦選実現後の女性と政治について知見を深め、資料を抱えて帰国し、獲得同盟創立四周年記念会で報告、帰国歓迎晩さん会に迎えられた[54]。

帰国後、市川は平っぺ（平田のぶ？）になぜ汎太平洋婦人会議に「あんな人達」と一緒に行く気になったのか問い詰められ、そうしたくなくて直接ハワイの会へ申し込んだのだが、日本の選考会を無視しては困るといわれ、辛い思いをして代表団に加わった、と答えた。著名女性と新時代の女性の間に挟まれ、どっちつかずの態度をとるのは市川の賢さと心弱さの結果ではないかと書かれている。市川は汎太平洋婦人会議に参加したい、あわせてアメリカの婦人運動を視察したいという自分の意思を貫いたが、自分の立ち位置の微妙さも理解していた[55]。

こうして自ら忙しさを加えていく市川は、出版調査委員会委員長として、会報だった『婦選』を一九二七年一月から一二ページの機関誌に格上げした。『婦選』は獲得同盟の機関誌だが、一般女性の政治教育を目的とした「月刊婦人政治雑誌」なので、会員はもちろん広く世の女性に読んでほしいと訴えている[56]。一九二九年一一月からは約五〇ページの普通雑誌型になり、内容が多彩になった。一九三六年一月、『婦選』はより広い女性に読んでほしいと、『女性展望』と改題した。

全日本婦選大会で示す意志

一九三〇（昭和五）年、民政党内閣によって金解禁が断行され、二月に二回目の男子普通選挙が行われた。婦人参政権賛成を表明している議員数からすれば婦人公民権案が衆議院では可決されるはずだから、議会・議員へ圧力をかけるために、全国の婦選への意思を目に見える形で示そうと、前々から希望されていた全日本婦選大会決行に火がつけられた。

久布白は、第五七議会で当時の望月内務大臣は時期尚早、女性の声がどこにあるかという「口実」で婦人公民権を否定したから、全国の女性の声を明瞭に的確に有力にあげなければならない、と訴えた。(57) 四月二七日の第一回全日本婦選大会は、獲得同盟はじめ諸婦人団体の政治的権利を要求する示威行動であった。最初の試みなので獲得同盟が単独で責任をもって主催団体になり、友好団体の日本婦人参政権協会、全関西婦人連合会、無産婦人同盟、仏教女子青年会、基督教女子青年会日本同盟、全国小学校連合女教員会が後援を引き受けた。市川は、新婦人協会時代に、広島支部が議会への請願も政治運動だからと問題にされ、退会者が続出、支部がつぶされた苦い経験があっただけに、女教員会の参加を喜んだ。

この大会でぜひ「婦選の歌」を発表したいと、与謝野晶子と深尾須磨子に作詞を依頼し、作曲はガントレット恒子の弟である山田耕筰に依頼、「お礼はいらない」といってもらって、お願いに行った久布白がほっとしたのだった。発表後与謝野晶子作詞の「婦選の歌」は獲得同盟とそれを記念する集会で歌い継がれた。

市川は第一回全日本婦選大会の冒頭、「婦選の現状並に大会開催迄」と題し、世界の趨勢《すうせい》から日本の婦選も現実性を増しているが、政権を代わる代わる担ってきた政友会、民政党の婦人参政権への態度は不明瞭で、よい情報が出てもぬか喜びをするべきでない、日本で公民権さえ認められていないのは力の問題なので、今日は力ある意思表示の大示威運動の会と話した。その後荻野綾子の「婦選の歌」独唱があった。

文部大臣祝辞は、男子同様の条件で市町村公民権を与えるべきと考えて「近く実現の手段をとるつもり」と述べた（代読）。政府与党の民政党は今議会で多少の反対はあってもまず婦人公民権を認め、「遠からず婦人参政権も認められるだろう」と激励した。野党政友会は「婦選なくして完全な普選はない」と断言した。無産政党の社会民衆党、日本大衆党、労働農民党は婦人公民権だけでなく「徹底婦選を要求すべきだ」と強調した。

これらの祝辞からすれば、少なくとも婦人公民権が認められて不思議はない。[58] しかし第五八議会でも婦人公民権案は衆議院を通過したが、貴族院で審議未了となった。

後援団体は祝辞を述べた。無産婦人同盟代表岩内とみゑは、婦人参政権は当然の権利だが、無産婦人解放の最後の目標ではない、革命後のロシアでは参政権はもとより、教育・職業の機会均等、不平等法律の撤廃、母子保護などあらゆる面で女性を解放している、参政権獲得運動の勇敢な諸姉が支配階級に対し徹底的抗戦をされるようにと要望、無産婦人の立場だけを正論とする公式的批判の祝辞を述べた。こういう姿勢はのちの協議の場でも強く主張され、左右入り混じっての論戦が交わされた。

協議は①婦選獲得促進の方法について、②政治教育普及の方法について、③獲得後の行使について、行われたが、①については政府に対し婦人参政権・婦人公民権・結社権を全日本婦人にいっきょに与えよと要求、②については小中学校・社会教育で政治教育の徹底を要望、③は意見が分かれていたので研究課題とすることになった。さらに毎年婦選大会を開催してほしいと提案があり、申し合わせとした。『婦選』の「大会余録」は、この大会に無産婦人の人々が十二分に意見を展開できるような場を作った苦労をひそやかに記している。[59]

全日本婦選大会に無産婦人団体の立場で参加した近藤（堺）真柄は、「年一回の大会での準備や討論や各団体の決議に対する思惑は、いろいろなしくずしはあっても、婦選獲得同盟（市川先生等）中心であった。中軸であった。」自分たちは元気で無鉄砲だったけれど、と振り返る。「本当に婦人運動を育てられた人としての婦人運動家を同時代に知り得たことは幸せであった」、が近藤真柄のいいたいことであった。[60]

大会出席者は四八二人、東京四三三人、神奈川一〇人、愛知七人、四人参加は新潟、石川、三人参加は京都、大阪、広島、二人は秋田、群馬、福井、一人は北海道、宮城、千葉、埼玉、富山、徳島、兵庫、静岡、満州であった。九州の参加者はなく、都道府県数からすれば半分以下だが、全国的集会、全国的運動であることは確かだった。

一九三一年一月一四日の『知多新聞』（愛知県）は、婦人参政権運動が各地に起こり、参加する女子青年がいるが、女子青年団は修養団体なので、選挙その他の政治に関する実際運動に携わるのは慎むべきだから、調査せよとの連絡があったと報じている。[61] 全日本婦選大会開催は、行政の警戒心を掻き立てていた。

婦選獲得同盟の総務理事に就任

一九三〇（昭和五）年第五八議会で婦人公民権案が衆議院だけではあったが可決されたので、関心が弱かった女性にも刺激を与え、自分たちの団体も婦人公民権獲得に貢献して名を残したいという動きが出てきた。一九三〇年五月、嘉悦孝子、吉岡弥生、山脇房子ら女子教育家を主体とする婦人同志会が設立された。支援するのは、桜楓会（日本女子大学校同窓会）、桜蔭会（東京女子高等師範学校同窓会）、至誠会（女子医学専門学校同窓会）、東京連合婦人会であり、「穏健着実」な婦人団体との協力をうたった。市川は「婦選運動の大衆化」という観点からすれば喜ばしいともいえるが、保守的な人が多く、獲得同盟がとってきた方針を阻害しかねない、政府・既成政党に利用される恐れもあると、警戒している。[62]

またそれまで独自の運動をほとんどしてこなかった日本婦人参政権協会は、キリスト教の立場での婦選運動を行いたいから、久布白獲得同盟総務理事を解任し、矯風会に返してほしいと申し入れをしてきた。何度話し合いをしても矯風会の態度は変わらず、久布白は矯風会の幹事長として生活を保障されていたので、矯風会の決定には従わざるを得ないのであった。久布白の明朗寛潤《かんじゅ》な性格は、多様な獲得同盟の人々を統率し、創立以来の役員は久布白のもとで喜んで働いたと、『婦選』は改めて回想している。(63)

獲得同盟は総務理事の補充のため中央委員会を開催し、選挙の結果総務理事市川、会務理事河崎なつと決定した。市川は「これではじめて名実ともに獲得同盟の代表者になった」と書いているので、それまでも実質的に代表者同様に活動してきたと考えていたのであろう。それは市川が獲得同盟では無給で全時間と全精力を捧げて方針を立て、折衝し、宣伝し、行動してきたからであった。しかし総務理事選挙の票は、最初河崎なつと市川は同数であった。市川はどうして総務理事として自分が不適任と考える人が半数いたのか釈然とせず、愉快でなかった。おうような久布白に比べ自分が仕事に厳しく、徹底して仕事するよう「はげしかった」せいか、金子しげりと同居し重用していたのが反感を買ったのかと自伝に書いている。(64) 児玉も「後味の悪さ」を記している。(65)

市川死去後児玉勝子は、この選挙の選挙管理委員は市川が落選すれば大変なことになると、河崎の名を故意に「市川」と読み違えたという真偽不明の記録を残している。(66) 婦選獲得のために自他ともに認める活動をしてきた獲得同盟であったが、活動する人のなかには複雑微妙な人間関係がなかったわけではない。そこを乗り越え踏み越えてきた人々の柔軟な協力があり、釈然としない思いがあっても飲み込みながら活動した市川は、婦人参政権獲得という大義のために自分の感情を棚に上げて活動を続けていたといえるのであろう。

久布白と市川がどう違うかについてみると、一九二九年七月に民政党の浜口雄幸内閣が誕生したとき、政策の中心を緊縮政策・金解禁に置き、女性に協力を求めて首相官邸で首相・蔵相・内相が初めてそろって各婦人団体幹部と懇談した。久布白は、国の財政について相談されても、自分の財布しか考えられない女性には困難なので、せめて市町村財政に女性がかかわれたら（公民権が実現していたら）、役に立っただろうと話した。しかし市川たちはじんわりと問題を外側から指摘する久布白のいい方ではものたりず、翌々日に内務大臣を訪問し、女性に協力を求めるなら、同時に権利が必要、婦人公民権を与える公約をしてほしい、と申し入れた。市川は核心に攻め込む女性活動家であった(67)。

市川は総務理事になって、財政上の責任をとる立場になり、久布白が努力した維持会員の会費や寄付が獲得同盟の活動資金として続けられるよう、暑い七、八月を坂本真琴会計理事、河崎なつ会務理事とともに各地をまわった。竹内茂代が中央委員全員の体力測定をして、市川の肺活量が三四〇〇（普通は二〇〇〇ぐらい）と群を抜いていたので、声の出し方さえ会得すれば、何万の聴衆にも演説できると激励された。幹部も互いに励ましあって運動していた(68)。獲得同盟の組織も充実し、会員は一五一一人に（前年度より三三五人増）、支部は九支部増加した。市川は機関誌『婦選』に毎号政治・経済問題を、実名・匿名・仮名で書くので忙しかった。

一九三一年の初め、市川たちはレコードを作った。まだラジオ放送も普及していない時代、全国どこにでも婦人参政権について生の声を届けようとしたのである。「市川房枝女史の婦選の話」オデオンレコード、一枚一円五〇銭であった。婦人参政権とはどういうことか説明し、一般の女性にとっては選挙のとき一票を投票するだけ、たった一票といっても一人前の国民として認められること、この一票を自分に投票してもらいたいために、政府・政党・議員は女性の望む政策を取り上げる、婦選運動をしている団体はたくさんあるが、もっとも有力な団体は獲得同盟であると結んでいる。(69) 市川はこのレコードを貴族院公正会で婦選について理解してもらうために持参するなどして活用した。

戦後、一番ケ瀬康子は『日本婦人問題資料集成』出版のため資料を調べていたとき、市川に婦人参政権運動は久布白落実と市川のどちらが先だったかと尋ねた。市川は「言い出したのは久布白さんだけれど、実践したのは私だ」と答えた。(70) こう言い切れる実績と誇りが市川の強さであった。

満州事変と婦選運動

日本軍部は一九三一(昭和六)年九月一八日、満州事変を起こし、政府や民政党、政友会は婦人参政権などにかまっていられなくなった。第六一議会で満州事変・上海事変の軍事費が追加予算として承認されたが、無産政党の議員も賛成してしまった。

一九七九年になって、「女たちの現在《いま》を問う会」は、当時満州事変がどうみられていたか資料を検討した。一般の新聞・雑誌は満州事変を「中国側の計画的犯行」「満州は日本の生命線」と、軍部の発表をそのまま報道した。社会主義者山川菊栄、アナーキスト八木秋子は反対、吉岡弥生は挙国一致であたるべきと賛成を表明した。高良《こうら》とみ、平塚らいてう、高群逸枝、与謝野晶子らの「態度はあいまいであり、論旨も明解とはいいがたい」(岩崎紫子)。市川は「今度の事件は誠に遺憾です。私の平生の考からいひますと、国際的紛争は、武力でなく、平和的手段で解決したいと思ひますが現在の様になつてしまつて、これ以上に拡大しないで解決することが急務」、国と国は敵対関係でも、犠牲になるのは「母」の子、両国の女性が手を握って助け合う道をつけることが急務と述べた[71]。

その当時市川の同様の主張が重ねて書かれた。市川は「全体からいえば婦人は武力を用いる事に反対です、……戦争は自分の可愛い子供を殺すのですから、反対なのは無理もありません。その反対な婦人が政治に参加すればたしかに軍部をおさえる事が出来ます。私共が参政権を得ようとする目的の最も大きなものの一つ」と原則と方針を示した[72]。また翌月の「国際平和と婦選」でも同じ趣旨の主張を展開、「今こそ私共は、婦選を主張し、これが獲得のために全力を尽すべきである」と記した[73]。翌年の総選挙を前に「最もよき政治とは、国民の各家庭の台所にある米櫃の中に食べるだけの米がいつでも満たされているようにすることである。然して夫婦子供等が和楽して各々の職務にいそしむことが出来るようにすること」だから、一日も早く婦人参政権を獲得することが国民のための政治実現に必要、「婦人の要求さえ深ければ、貴族院は勿論、ファッショといえどもこれを拒むことは出来ない」と結んだ[74]。

獲得同盟は世界平和を目標の一つにしていたので、注意深く戦争反対の意見を展開した。中国国民と理解しあうことが大切と考えたので、中国国民と交流していた朝日新聞竹中繁記者や日華学会の服部升子を中心に一土会を設け、話し合いをもった。市川たちは国際連盟のリットン卿が紛争調査のため来日したので訪問し、満州事変は遺憾なことだから、事実の正確な調査を期待していると話し合った。そういう行動のためだったのか、二日後、『婦選』一九三二年三月号が発禁となり、残部が押収されたので、市川は内務省に行き、当局の忌諱《きい》にふれた場所を聞き、そこを削除して発売したいと願い出た。問題とされたのは、市川が無署名で書いた「×と□との対話―最近の政界を語る―」だった。軍部が議会・政党を引っ張り込んで軍事費で経済が破綻しかねない、議会否認の傾向がみえる、ファッシズムの特徴や民間団体について説明し、上海事変で日本軍が中国の女子どもを殺したという海外の新聞記事などが伏字（明記することを避けて×などの記号を入れること）を入れてではあるが記事にされていた。市川は右翼や軍を刺激することは書かないようにしたと自伝に書いているが[75]、軍も政府も十分に刺激される内容であった。

一九三二年の日本は満州事変に続き重大な年だっただけに、日曜も祝日も働きづめ、獲得同盟幹部の金子も宮川静枝も過労のなかで病気になり、市川は一〇年遠ざかっていた機関誌編集に職員を総動員して追われた。誰かが倒れても代わって仕事ができるのは市川、獲得同盟で万能選手は市川であった。議会への運動、東京支部結成、婦選大会準備、東京中央卸売市場問題もあった。日中は事務所、夜は会合、帰って朝の三時、四時まで原稿を書いたり編集したりしても倒れることはなかった[76]。

一九三三年『婦人の友』のアンケート「世界からなくしたいもの」に対し、市川は「何より戦争をなくしたいと思ひます。如何なる美名をくつつけやうともそれは百害あつて一利もないものです」と答えた[77]。戦争全面否定を書ける最後の時期であった。そういう市川も一九三四年六月には、運動の先のわからないいばらの道に直面し、何一つまとまった勉強も研究もできず、運動を続け育てなければならない責任を思い、結局現状を続けていくよりほかに道がないと思うと淋しくなると本音を書いてしまった[78]。

「十五年戦争」（満州事変からアジア太平洋戦争敗戦まで、足掛け一五年を大日本帝国が続けた侵略戦争とする）という考え方は戦後になって出てきたので、満州事変からずっと戦争状態が続いているとは、当時市川は考えていなかった。市川は、一九三一年から言論や集会の自由もある程度制限され、『婦選』の発売禁止もあったが、全日本婦選大会を堂々と開いて、婦選即時実施、ファッシズム断固反対、軍事予算反対等の決議もした。しかし一九三七年七月の支那事変からは国民精神総動員の名のもとに、全日本婦選大会も開けなくなったので、実際の戦争、本当の戦争は一九三七年の支那事変から始まったと思っていた。[79]

満州事変前後、一般会計と臨時軍事費の合計に対し直接軍事費の比重は、一九二六年二七・七％が一九三〇年まで二〇％台、一九三一年満州事変の年に三一・二％で三〇％台に上がり、じわじわと増えて、一九三七年支那事変の年にはいっきょに六九・〇％に上がる。これ以降極端な軍事費最優先国家となったのは事実だが、それ以前も軍事費が少ない予算だったわけではない。[80]

軍部は一九三一年八月から帝国在郷軍人会の組織を動員して国防思想普及運動を推進し、講演会にも将校を講師として派遣し、軍部の主張を宣伝した。新聞・ラジオは軍の発表を報道し正当化し、日本は正義、中国・国際連盟は不当と国民に認識させた。学校も児童・生徒を戦争協力に動員する場となった。排外熱・軍国熱に浮かされた民衆の軍国主義的組織化が進められ、一九三二年、大阪の主婦による大阪国防婦人会は、陸軍の支援で大日本国防婦人会に発展し、歴史の古い上流の女性の多い愛国婦人会をしのぐ庶民的な女性動員組織として急成長した。[81]戦争が国民の生活すべてを囲い込む事態になるのは、一九三七年以降としても、国民が戦争熱に誘導され浮かされるのはもっと早く、一九三〇年代にはさまざまな手が打たれ、全国民のマインド・コントロールが浸透していく。

市川は『婦選』に毎号のように政財界の解説を書いた。「×と□との対話」などと題して、無署名の解説が多く、一九三一年四月からほとんど毎号続いた。一九三一年は満州事変勃発の年、軍部とくに陸軍が強硬で外務省管轄に属する満州問題を師団長会議で訓示したりしていると軍部の強腰を批判している。[82]軍部が政府を引きずる危険な政治傾向を市川は察知し、警鐘を鳴らしていた。政府は対外問題については臆病にも軍部に気兼ねし「挙国一致」という美名で軍部に追従するとみている。しかしまた「軍部全部がまさか世界を相手として戦う自信はないでしょう」とも書いた(83)。満州事変を起こすと国際連盟脱退、世界から孤立に進む、戦争への危険が増大するということになっていたといえばいえるとも認識している(84)。

だが一方で、一九三〇年前後は、婦選運動は高揚期であり、獲得同盟は婦選三案実現の可能性を追求し続けていた。無産婦人団体が輩出して、新しい連携を築いていた時期でもあった。そういう時期に運動を縮小する、あるいは撤退するという考え方は出てきにくい。それまで通り現状を検討して婦人参政権に近づける道を探し、女性共同の力を示し、政府の隙《すき》を突き、遠まわりでも婦人参政権の可能性を求める以外の道は考えられなかっただろう。日本の近代はアジアに対する戦争の危険性をずっとはらんでおり、つながっていると十分認識されなかったとしても中国を主戦場にして時に暴発したのは確かである。市川が「結局軍部の独裁政治が確立される」と予想したのは一九三二年六月であった(85)。

敗戦直後、市川は婦人参政権運動の歴史を振り返りながら「昭和六年秋の満州事変を契機として台頭した反動思想は、議会政治の凋落を促し、婦選運動を根底から覆し」「参政権を口にする事は即ち、赤化思想のあらわれとまで見られるようになり、他の数々の自由主義運動と共に、姿を消さざるを得なく」なったと書いている(86)。市川自身は満州事変前後はまだ、婦人公民権の実現に期待をもち、全日本婦選大会を中心に、女性の政治的権利のために方針を探っていたが、期待を裏切られてしまったのちには、満州事変が日本の転換点と認めざるを得なかったのだろうか。

第二〜第七回の全日本婦選大会が記録したこと

一九三〇（昭和五）年の最初の全日本婦選大会での要望を受け、その年の一一月の金沢市での北陸婦選大会をはさんで、一九三一年二月には第二回全日本婦選大会が、主催団体に日本基督教婦人参政権協会、婦人参政同盟を加えて開催された。後援団体は一〇団体に増えていた。総務理事が久布白から市川に替わった直後だったからか議題はとくに決めず、出席者の意見を十分に聞く形で展開された。開会あいさつをする市川に、右翼建国会の赤尾敏が「婦人参政権反対」と叫んで演壇に駆け上がってとびかかり、引きずりおろそうとした。演壇には警官がいたのですぐ赤尾を取り押さえ、市川はセーターの襟元が破られたが、開会の辞を続けた。周囲の人には泰然自若《たいぜんじじゃく》としていたようにみえたというが、ラジオで放送され、お見舞いがきた。右翼と全国町村長会は強力な婦選反対勢力であった。夜の晩さん会に獲得同盟は金子しげり作「婦選は鍵なり」の舞台劇をやり、市川は安達内相という男役を演じて、みな相当の出来栄えだったという。

一九三二年四月には、東北婦選大会が秋田市で開催された。

第三回全日本婦選大会は一九三二年五月、満州国が建国され、五・一五事件直後に、無産婦人同盟を主催団体に加え、基督教各派連合婦人会はじめ職業婦人団体、労働組合、宗教団体、婦人同志会や婦人平和協会も含め一六団体の後援で開催された。第三議題「時局諸問題の解決と婦人参政権の関係如何」に対して、「我々は婦人の立場より目下台頭しつつあるファッシズムに対し断固として反対する」と決議した。この年陸海軍を後ろ盾に大日本国防婦人会が設立された。市川はキリスト者が中心になって犬養首相にあてた「平和請願書」に署名している。[87]

第四回全日本婦選大会は一九三三年二月六団体主催、一六団体後援で開催された。この年ヒトラーがドイツ首相になり、日本は三月に国際連盟を脱退した。大会は窮迫した国情を打開するのは婦人の政治参与であると決議し、第三議題「昭和八年度国家予算の検討」に対しては、「世界各国が軍備の拡張にかたむきつつある時、膨大なる軍備費を含む我が国の昭和八年度の予算は、更に重大なる事態の発生を予想せしむることを遺憾とし、世界平和のために速やかに国際協調による軍縮の実現のために努力せんことを政府当局に要望す」と決議し、婦選は世界平和を重視していることを示した。市川は予算の検討は政治への具体的な意思表示として、婦選運動、婦人運動の一大躍進と評価している。[88] 大会を準備した人々は、「国家予算の検討」が議題になったので、主催団体の担当者は毎日のように獲得同盟に集まり、膨大な数字の勉強をして決議にいたったのであった。[89]

第五回全日本婦選大会は一九三四年二月、前年と同じ六主催団体、一六後援団体で開催された。「婦人の政治的社会的参与のみが内外逼迫せる今日の日本を危険より救う唯一の途である」とし、「国家経済を無視せる膨大なる軍事費反対」その他、平和と女性保護要請の決議を行った。大会開会前に警察官から「戦争反対」という言葉を使ってはならないと注意されていたが、「戦争反対平和愛好の思想を国民の間に普及する事」という項目を朗読してもなにもいわれなかった。[90]

一九三四年五月、名古屋市で第一四回全国小学校女教員大会が開催され、獲得同盟員内田あぐりは「婦人参政実施の建議」の緊急動議を提出したが、八割の反対で惨敗した。獲得同盟が期待を寄せていた女教員も戦争拡大へ順応する空気が大勢を占めていた。それまで何度も婦人参政権要望は可決されていたので、全国小学校連合女教員会幹事にも市川にもショックであった。[91]

第六回全日本婦選大会は、一九三五年二月、四団体主催、一九団体後援で開催された。市川は初めて議長役を務めた。婦選獲得のための示威運動以上に、女性議会の実質を備えようとした。[92] そして「婦選獲得の急務を痛感する」「我等は女性を無視したる国家政策を断乎として退ける」と決議した。[93] この二月、貴族院議員の美濃部達吉の天皇機関説が攻撃され、美濃部議員は辞任した。

一九三六年は二・二六事件の戒厳令のため大会を開催できず、婦人団体協議会として会合を開き討論は活発だった。市川は二・二六事件後軍政府が樹立されないか心配した。広田弘毅内閣が成立してほっとしたが、「事実的には軍政府と大して遠くない」「軍の賛成なしには、何事も出来ない実情」と指摘している。[94] 政治の世界は軍部の暴風に揺さぶられるようになっていた。

第七回全日本婦選大会（最終大会）は、一九三七年一月、四主催団体、二三後援団体で開催された。「我等は国内諸物価の高騰による大衆生活の極度の窮迫に直面して、ここに俸給並びに賃金の引上げ断行を要求す」を緊急決議とした。軍事費等にふれることさえできない時代になっていた。また政府当局、それと主張を同じくする団体（国防婦人会など）と協力する場合は自立的立場をとり、利用に甘んじないよう、婦選運動へ協力するよう申し合わせている。弁士中止にならないぎりぎりの表現に留意し、できるだけ多数の女性が協力できる決議をして、獲得同盟と国民女性を守ろうとした足跡をみることができる。

戦争にまきこまれていく

一九三七（昭和一二）年七月、軍部は盧溝橋《ろこうきょう》事件を支那事変に拡大、日中戦争が本格化した。それまで市川は、政治には意見の相違があることは当然であり、政府と意見の異なる女性施策の充実・変更を要求し、男性同等の権利を要求し、軍事予算の減額を要求してきた。しかし意見の異なる相手に武力暴力で屈従を迫る軍部には慎重に対応している。市川は軍部が婦人参政権運動を問題にしていなかった、軍部からの圧力はなかったという（右翼からは石を投げられたり、演壇から引きずりおろそうとされた）。けれども獲得同盟が「軍に反対ということは禁句」で、「戦争の問題を別にすれば政府に反対することはかまわない」と考えていた。

しかし一九三七年戦争拡大に進むなかで、市川は「深い憂鬱」にとらわれた。①正面から戦争に反対して監獄へ行くか（日本共産党員その他逮捕され、暴力で死に追い込まれた人がおり、政治犯で監獄へ行くことは死ぬ可能性があった）、②運動から撤退するか（婦人参政権獲得運動の休止、婦人の社会的地位向上要求の休止）、③現状を肯定してある程度戦争に協力するか、どの道を選ぶか考えて憂鬱になるしかなかった。

この前後獲得同盟は運動のピーク時から後退してはいたが、婦人参政権・公民権・結社権要求の旗を降ろすことなく、男性議員の理解者を増やす努力を重ねながら、近未来に期待を寄せる活動をしてきた。全日本婦選大会を堂々と開いて、ファッシズム反対、軍事予算増加反対と決議した。道は閉ざされていなかった。

つまり現実に、①「正面からの反対」の道を表現のしかたを工夫し可能な限り取りつつ、②「運動撤退」の道をとらないような運動のスタイルを工夫した。結果的には、③「現状肯定と協力の罠《わな》にはまる可能性のある」女性の政治活動を提案、実施する道を探り続ける葛藤の道である。市川個人は運動から撤退するか、戦争反対で監獄へ行き命の危険を問題にしないかを考えたが、[95] すでにそう単純に動ける時期ではなかった。

丸岡秀子は、一九三七年『日本農村婦人問題』[96] を出版したが、「少しでも、体制批判につながるような疑いを持たれれば一巻の終り」、あれ以上書いたら、発売禁止になるんじゃないか、「言いたいこと、言わなければいけないこと、それを芯にしてオブラートに包み、提起するというのは、ずいぶん難かしいことでしたね。しかし、そういう苦労をしてでも、言うべきことは言わなければならないということは、いっそう切ない実践」と証言している。[97] 市川が獲得同盟機関誌に書き続けた社会時評も、丸岡秀子と共通する危ない橋を切ない実践として渡っていたのであろう。

一九三八年八月中旬、愛知県の母のもとへ帰った市川は、母が国防婦人会のエプロンとたすきを役場の吏員から買わされたのを発見してびっくりする。そのうえ、翌朝まだ寝ている時間に、役場から朝八時半までに学校へ集まるよう「ふれ」がまわってきた。戸数一〇〇〇戸の農村でおよそ七、八〇〇人が集まったというから、外出できる人はほぼ全員きたのであろう。一〇時に連隊区司令官、在郷軍人会、村長以下村の幹部がきて、在郷軍人が仕切り、経過報告、規約宣言、役員選挙、祝辞、講演と進んだ。末端の国防婦人会とは行政と在郷軍人会が全戸加入させて組織しようとした生活+精神総動員組織であった。国防婦人会員が発足の翌年から激増し、一九三六年には愛国婦人会会員を超えたのは、軍部と行政が一体となって、村レベルでも支部組織を組み立てたから可能だった。[98] 獲得同盟員は精鋭だったとしても、数からすれば問題にならない少数である。獲得同盟が目指した「詰めの大衆」まで婦選の理解を届かせようという方針は、行政や軍部が総がかりで軍事動員しようとするときに可能であり、現実に国防婦人会が末端まで組織されたのだった。

市川は発会式をそっとのぞきに行ったのだが、発見されて祝辞を述べさせられた。市川の選択肢には「②運動から撤退する」があったが、撤退しようとしても引っ張り出される可能性が強い。市川は行動計画を立て、実行する能力が抜群に高く、女性へ話すときの内容は万能選手なので、日本にいる限り行政は「撤退」させせない。市川は政府にとって利用価値の高い女性だったのである。

鹿野政直は市川が「苦渋の決断を重ねつつも、国策協力に、政治面への婦人の進出の第一歩をみいだそうとした」、「社会運動において、加担の論理と拒否の論理は、じつに微妙な関係で並存している。一定の加担なくして実益の獲得はむずかしく、それだけに前者を欠く後者は、運動を栄光の孤立へみちびきやすい。その一方、後者を欠く前者は、体制への無限の接近をもたらすことをさけがたい」と、社会運動が受け継ぐべき問題としてこの過程を考察している(99)。

戦後、市川はイタリアやフランスの地下抵抗運動、ベトナムの抵抗運動に敬意を表しながら、日本ではできないと発言している。実際に戦争中、軍の嘱託として南方で協力せざるをえなかった三木清を例に挙げ、男性文化人の経験も語っている。日本では「戦争反対を民間として起しえなかった」ことを市川は反省し、明治生まれで戦争を体験した自分としては、この次そういう場合になったら、「一生懸命反対しよう」と考えていた。

だから第二次世界大戦後の日米安保条約については、日本はアメリカと一緒に戦争をすることになるので、日本としては対立する国に戦争をさせないようにするのが日本の政策であるべきだと、一九七八年に語っている。[100]
これが市川の次世代に残した遺言である。国民が、政治を国民のために動かすというのが、市川生涯の活動方針であり、結論でもあった。

注

(1) 松尾尊兊「大正期婦人の政治的自由獲得運動」『女性同盟解説・総目次・索引』ドメス出版、一九八五年、七六ページ。
(2) 「婦選運動と私(6)」『婦人界展望』一九五九年七月、『市川房枝集』第5巻、日本図書センター、一九九四年。
(3) 『市川年表　1893-1936』一九二四年一二月一三日～一九二五年一月二六日。
(4) 金子茂「宣伝部報告」『婦選（会報）』一九二五年四月。
(5) 「同盟会日誌抄」『婦選（会報）』一九二五年四月。
(6) 「婦人参政権運動の婦人運動に於ける地位」『婦人公論』一九二五年三月、『市川房枝集』第1巻。
(7) 「市川房枝さん」中日新聞社編『想う』第三集、中日新聞東京本社東京新聞出版局、一九七五年、六四ページ。
(8) 「木村五郎」小澤武信・伊藤康子編『市川房枝と歩んだ「婦人参政権運動」の人びと』市川房枝記念会女性と政治センター、二〇一五年。
(9) 石本静枝「麗日会報告」『婦選（会報）』一九二五年四月。児玉勝子『婦人参政権運動小史』ドメス出版、一九八一年、一五二～一五三ページ。
(10) 加瀬厚子「活動の原動力としての財政問題」折井美耶子・女性の歴史研究会編著『新婦人協会の研究』ドメス出版、二〇〇六年。
(11) 「私の頁」『女性展望』一九三六年五月、『市川房枝集』第3巻。
(12) 児玉勝子『十六年の春秋―婦選獲得同盟の歩み』ドメス出版、一九九〇年、四〇ページ。

(13)『自伝』二九八ページ。
(14)「婦人参政権運動」『婦人公論大学』婦人問題篇、中央公論社、一九三二年、『市川房枝集』第2巻。
(15)「聖戦を祝福する民衆政治への行進曲」『名古屋新聞』一九二八年二月五日。
(16)獲得同盟一六年の概観は「婦選獲得同盟創立総会と年次総会」児玉前掲『十六年の春秋』にある。八木博子がまとめた獲得同盟組織図と役員名簿は『市川年表　1893-1936』三一九～三二三ページ。
(17)『市川年表　1893-1936』一九二五年四月二一日。
(18)「第二回総会を迎へんとして」『婦選（会報）』一九二六年三月。
(19)「主張　創立三周年記念日を迎うるに際して」『婦選』一九二七年一二月、『市川房枝集』第1巻。
(20)『自伝』一八三ページ。
(21)「主張　治警改正十年」『婦選』一九三二年四月、『市川房枝集』第2巻。
(22)「婦選獲得同盟だより」『婦選』一九三二年七月、七二ページ。
(23)「主張　昭和八年を迎えて」『婦選』一九三三年一月、『市川房枝集』第3巻。この頂上は女性公民権獲得を意味している。
(24)伊藤康子「第1表　婦選獲得同盟の組織活動の推移」『草の根の婦人参政権運動史』吉川弘文館、二〇〇八年、一三ページ。
(25)「主張　婦選会館の建設」『婦選』一九三三年五月、『市川房枝集』第3巻。
(26)「婦選魂」『婦選』一九三四年一月、『市川房枝集』第3巻。
(27)「主張　創立十周年記念日を迎えて」『婦選』一九三四年一二月、『市川房枝集』第3巻。
(28)田島ひで『ひとすじの道　婦人解放のたたかい五十年』青木書店、一九六八年、一一五ページ。
(29)同前。
(30)「婦選獲得同盟の地域活動」伊藤前掲『草の根の婦人参政権運動史』。
(31)『自伝』一三〇ページ。
(32)「男女両性の研究を主眼に」『名古屋新聞』一九二五年一〇月二四日。

(33) 林光『河崎なつ伝　母親がかわれば社会がかわる』草土文化、一九七四年、一二二ページ。
(34)「第五十二議会を送りて」『婦選』一九二七年四月、『市川房枝集』第1巻。婦選三案の動向は、児玉前掲『十六年の春秋』八六〜一三一ページ。
(35)『自伝』一六九〜一七一ページ。
(36) 佐藤洋子『自由と自立への歩み―女が生きた20世紀』朝日新聞社、一九八四年、一一四〜一一八ページ。
(37)『自伝』一八四ページ。
(38) 堺真柄「私のみた大会」『婦選』一九三〇年六月。
(39) 佐藤前掲『自由と自立への歩み』一一七ページ。
(40) 同前、七八ページ。
(41)「私の頁」『女性展望』一九三七年三月、『市川房枝集』第3巻。
(42) 田中里子「私のなかの『おふくろ』」「市川房枝というひと」刊行会編『市川房枝というひと　一〇〇人の回想』新宿書房、一九八二年。
(43)『自伝』一八五ページ。「街頭に署名を求む婦選請願デー」『婦選』一九二九年二月。帝国議会での審議状況は松尾尊兊「解説　帝国議会における婦選法案の推移」『「婦選」解説・総目次・索引』不二出版、一九九四年。
(44) 市川房枝「私の婦人運動―戦前から戦後へ」「歴史評論」編集部編『近代日本女性史への証言』ドメス出版、一九七九年、六一〜六二ページ。
(45)『自伝』二七六〜二七七ページ。
(46) 同前、二七八ページ。
(47)「×と□との対話」『婦選』一九三一年五月、『市川房枝集』第2巻。
(48)「婦選後援団体連合会の組織を喜ぶ」『婦選』一九三二年九月、『市川房枝集』第2巻。
(49) 児玉前掲『十六年の春秋』一三〇〜一三一ページ。
(50)「×と□の《ママ》対話」『婦選』一九三二年一〇月、『市川房枝集』第3巻。
(51)「主張　汎太平洋婦人会議に対する日本の態度」『婦選』一九三三年一二月、『市川房枝集』第3巻。

(52) 佐藤前掲『自由と自立への歩み』一一八ページ。
(53) 藤田たき『わが道　こころの出会い』ドメス出版、一九七九年、六三ページ。
(54)『自伝』一九二～二〇〇ページ。
(55) 平っぺ「流石に市川房枝だ」『かがやき』一九二八年六月。
(56)「愛宕山下より」『婦選』一九二七年一月。児玉前掲『十六年の春秋』、三六～三九ページ。
(57) 久布白落実「全日本婦選大会を成功せしめよ」『婦選』一九三〇年四月。全日本婦選大会全七回については、児玉前掲『十六年の春秋』、六三～八五ページ。
(58) 文部大臣田中隆三「全日本婦選大会を祝す」ほか各団体祝辞は、『婦選』一九三〇年六月。
(59)「大会余録 (一)」『婦選』一九三〇年六月。
(60) 近藤真柄「市川房枝先生を懐う」前掲『一〇〇人の回想』。
(61)『愛知県史　資料編33　社会・社会運動2　近代2』二〇〇七年、六四九ページ。
(62)「婦選運動の近状を論ず」『婦選』一九三〇年七月、『市川房枝集』第2巻。
(63)（久布白退任声明の解説）『婦選』一九三〇年七月、九ページ。
(64)『自伝』二三九～二四〇ページ。
(65) 児玉前掲『十六年の春秋』二五～二七ページ。
(66) 児玉勝子『信濃路の出会い　婦選運動覚え書』ドメス出版、一九八五年、八六～八九ページ。
(67)『自伝』二二一ページ。
(68) 同前、二四六ページ。
(69)「市川房枝女史の『婦選の話』（レコードから）」前掲『市川房枝と歩んだ「婦人参政権運動」の人びと』資料編。
(70)「一番ケ瀬康子さんに聞く」『女性展望』二〇〇八年一一・一二月。
(71) 構成＝岩崎紫子「資料　事変をこうみる」『銃後史ノート　第3号』一九七九年、『銃後史ノート合本』女たちの現在を問う会、一九八〇年復刻、市川「婦人の本性に立場を置いて」『東京朝日』一九三一年一一月一八日。
(72)「×と□との対話」『婦選』一九三一年一〇月、『市川房枝集』第2巻。

(73)「国際平和と婦選」『婦選』一九三一年一一月、『市川房枝集』第2巻。
(74)「総選挙と婦人」『婦選』一九三二年二月、『市川房枝集』第2巻。
(75)『自伝』二七九～二八〇ページ。
(76)同前、二九九ページ。
(77)「アンケート　世界からなくしたいもの」『婦人の友』一九三三年一月、『市川年表　1893-1936』一九三三年一月一日。
(78)「私の頁」『婦選』一九三四年六月、『市川房枝集』第3巻。
(79)前掲『近代日本女性史への証言』六四～六五ページ。
(80)遠山茂樹・今井清一・藤原彰『昭和史』岩波新書、一九五九年、二四二ページ。
(81)江口圭一『十五年戦争小史』青木書店、一九八六年、五〇～五二ページ。
(82)「×と□との対話」『婦選』一九三一年九月、『市川房枝集』第2巻。
(83)「×と□の《ママ》対話」『婦選』一九三二年五月、『市川房枝集』第2巻。
(84)「政界の近況を語る」『婦選』一九三三年三月、『市川房枝集』第3巻。
(85)「×と□の《ママ》対話」『婦選』一九三二年六月、『市川房枝集』第2巻。
(86)『新しき政治と婦人の課題』公民叢書1，社会教育連合会、一九四六年四月、『市川房枝集』第4巻。
(87)『市川年表　1893-1936』二四ページ。
(88)「主張　第四回全日本婦選大会と其の議題」『婦選』一九三三年二月、『市川房枝集』第3巻。
(89)児玉前掲『信濃路の出会い』一〇六ページ。
(90)『自伝』三三七ページ。
(91)「地域の婦人参政権確立運動―内田あぐりを中心に」伊藤前掲『草の根の婦人参政権運動史』。「婦選達成」『婦選』一九三五年五月、『市川房枝集』第3巻。
(92)『自伝』三五九ページ。
(93)同前、三六二ページ。

(94)「私の頁」『女性展望』一九三六年四月、『市川房枝集』第3巻。
(95)『自伝』四三三ページ、前掲『近代日本女性史への証言』六三～六五ページ。
(96)丸岡秀子『日本農村婦人問題―主婦・母性篇』高陽書院、一九三七年、ドメス出版、一九八〇年復刻。
(97)丸岡秀子「私における婦人問題の展開」前掲『近代日本女性史への証言』一四七～一四八ページ。
(98)藤井忠俊『国防婦人会』岩波新書、一九八五年、九五ページ。
(99)鹿野政直「『婦選』の二字を掲げつづけた意味―市川房枝の生と死」前掲『一〇〇人の回想』。
(100)前掲『近代日本女性史への証言』六八～七〇ページ。

第五章

侵略戦争拡大の日々に

にがうり

自治体選挙と生活問題

市川房枝がアメリカに行った後の一九二八（昭和三）年八月、東京市議会に疑獄事件が発生し、引き続き京成電車問題、市場問題などあって、多数の市会議員・衆議院議員が検挙された。議員定数八八人中拘留中二五人、欠員六人にもなり、市民の信頼を失ったという理由で、一二月に内務大臣は東京市議会解散を命令した。女性の公民権実現が期待されており、獲得同盟は選挙・政治が金で動かされることには反対していたので、市議会浄化のため、①次の東京市議会には前市会議員を選出しない、②贈収賄・瀆職罪《とくしょくざい》で刑にふれた人、その被疑者も選出しない、③貸座敷業者・芸者屋・待合料理屋等の業者を選出しない、と声明書を発表し、①を除き、市政問題対策協議会と連携することができた。

そののち東京市内の会員と対市議選挙婦人委員会を設け、演説会を開き、具体策を協議、選挙法の励行、棄権防止運動を婦人団体に、立会演説会開催を有権者団体に勧めるよう全市一三〇〇町内会に求めた。二四〇人余の市議候補者には、「東京市政の浄化はどうしたら達成できましょうか」と呼びかける質問状を送った。政見調査から理想に近い候補者八人を選び、推薦・応援演説をしてまわった。

市川はアメリカから帰国後、獲得同盟の会議出席、婦選請願署名集め、議会傍聴、公民権獲得に関する講演に加えて、馬島僩《ゆたか》、三輪田元道、岡田和一郎、嶋中雄三らの推薦演説を獲得同盟の仲間と行い、市政浄化のビラ撒き、デモに参加するなど多忙な日を送った。投票前日には「市政浄化デー」の白たすきをかけ、投票権のない女性市民から男性有権者に訴えるチラシを配った。選挙の結果推薦者八人中六人が当選した。

その後、対市議選挙婦人委員会を女性に限らない東京市会委員会と改称して存続させ、東京市政を勉強し市会を監視する場とした。女性の社会的地位向上を直接求める活動ではないが、市民が求める生活を自治体政治を通じて実現させるという活動を通じて、学習する場が拡大した。婦人公民権実現を目指す獲得同盟がやらなければならない仕事は増えたが、市政浄化運動最中に衆議院は婦人公民権案を否決した。

二回目の新市議会で、ガス料金値下げ等が満場一致で可決され、会社に申し入れた。ところが独占企業の東京ガス会社は、値下げ決議を無視し、増資の承認を市へ求めた。東京市会委員会は、家庭の消費経済を預かる女性として、婦人公民権を要求する立場からも、ガス料金五〇銭値下げ、増資反対などを声明、運動に着手した。婦人市政研究会、社会民衆婦人同盟、婦人参政同盟も動き始めたので、婦人団体ガス問題協議会を開き、陳情や演説会を行い、東京無産市議団、社会民衆婦人同盟、ガス料金値下げ期成同盟、ガス料金値下げ要求同盟などと市民運動としてのガス料金供託運動に進んだ。獲得同盟も市川の自宅もガスを止められ、この消費者運動は約半年でガス会社の増資をやめさせたが、料金値下げはできなかった。

獲得同盟が無産婦人団体との共同行動に動いたのち、無産団体との接点ができ、生活の権利を政治問題として取り組み始めた成果だった。関東消費組合連盟の勝目テルは、ガス値下げ運動で遠慮なく意見を出すと、吉岡弥生には「理屈はいらない」とはねかえされたが、司会の市川が「勝目さんの話は参考になるから、ききましょ」と助け舟を出してくれてほっとしたと、共闘の実態を記録している(1)。共同行動は、生活・意見の違う団体・人の間を結びつける人と信念がなければ成り立たず、市川はその要となって共闘を持続させた。

婦人公民権実現要求は、女性の枠を超え、市民運動共闘の姿を示すようになった。衆議院・国会議員・婦人参政権実現などという相手や内容は、普通の生活者である主婦や勤労者には理解の届きにくいことだった。

しかしガス料金五〇銭値下げといえば、都会では身近な生活問題である。そしてそれは政治問題でもあり、議会の権限でもあった。市民運動も政治教育の意味をもっていた。

汚職議員・分別しないごみ・勤労市民税追放に取り組む

一九三三（昭和八）年二月の第四回全日本婦選大会は、参加者の総意として地方自治政に女性の意志を反映させることを申し合わせた。この大会は、六主催団体、一六後援団体で開催されており、キリスト教関係団体、各職業婦人の団体、労働組合など、多様な女性がかかわっていた。東京は「大東京」として市の区域を広げ、一九三三年三月に選挙が行われることになったが、市議会は議長選挙疑獄、墓地疑獄、市長選挙疑獄、社会局疑獄、財務局疑獄と、利権にまみれた状態であった。市政浄化は、獲得同盟一九三〇年総会で決めた「宣言」の婦人参政権実現目的の第三項「選挙を革正し、政治を清浄、公正なる国民の政治となさんが為に」の課題でもあった。

こうして獲得同盟東京支部、日本基督教婦人参政権協会、婦人参政同盟、社会大衆婦人同盟、子どもの村お母様学校、国民婦人会の六団体が東京婦人市政浄化連盟に集まり、三月四日「市民は選ぶな醜類を　築け男女で大東京を」のスローガンを決定、本部になった獲得同盟事務所は投票日までの一〇日間各団体の人が出入りし、活動した。都制案に婦人公民権案を盛り込むねらいもあった。市会議長選挙疑獄連座者四人には立候補絶対反対の勧告状を手渡した。その他七人には書留便で立候補辞退の勧告状を送り、このうち一人は本部事務所に怒鳴り込んできたが、かえって婦人団体の結束は強まった。さらにビラを撒き、演説会を開催、疑獄事件関係者は全部落選した。大喜びして該当区に感謝のビラを新聞折り込みで届けた。

金子（山高）しげりはこのころ山の手の子どもの間で「疑獄ごっこ」という遊びがはやったことを紹介している。疑獄に連座した議員たちが検挙された新聞記事に刺激され、力の強い子が巡査役、おとなしい子はじゅずつなぎにされ、新聞紙を折った編笠代わりのかぶりものをかぶせられ、「早くあるけっ、シィッシィッ」と刑務所におくりこまれる役にさせられていたという。あるいは級長選挙に友だちに鉛筆を配って買収し、当選した子がいた事件もあったという。(2)

市会選挙後、東京婦人市政浄化連盟は市長に、市会議員のいわゆる大名旅行を禁止する、女性方面委員・女性吏員の増加、塵芥《じんかい》処理問題解決に女性を参加協力させることなどを申し入れた。当時東京の旧市内から出るごみは一日約一一三万キロといわれ、三分の二は深川区（現 江東区）内の処理工場で焼却するが、残りは野天で焼き、煙や悪臭をまき散らしていた。

市川ら婦人団体代表は早速深川区内の塵芥処理工場や野天焼却場の視察に行き、ごみを減らすこと、台所から出る「生ごみ」と燃えやすい一般ごみを分けて処理する運動を市内全主婦層に広げることにした。チラシ二万枚を印刷し、講演会を開いてまわったが、それでは面白くもないしわかりにくいので、小学校校庭で金子しげり作「お春さんの夢」のしろうと芝居をしてまわり、評判になった。芝居の内容は、面倒だから一緒くたにごみを捨てる女中（お手伝いさん）のお春に、ごみ箱のなかの生野菜、魚の骨、空き缶、石ころたちが暴れだして押し寄せるという筋で、市川は青いバケツを運ぶ労働者と、石の二役を演じ、セリフを忘れて石そのものになったこともあった。この間本郷元町屎尿《しにょう》取扱所、綾瀬の屎尿浄化所も視察している。(3)

また東京市保健局清掃課は連盟員の修正意見を取り入れて、ごみ処理の教育宣伝映画「塵も積れば」を製作し、山田わかの台所を借用し、「ウジ虫」も飼育して出演させたという。市川は「婦選運動」と「生活上の困難解決」を、一つひとつ取り上げて、根本の参政権獲得へ進む帰納的方法と、婦人参政権を獲得して具体的課題を解決する演繹《えんえきてき》的方法は盾の両面であるとしつつ、運動としては未開拓な方面に進んだが、他の婦人団体が生活問題をやってくれればいいのにと思うことがあると、何でもやらなければならない獲得同盟の苦労を語っている。(4) 市川は参政権要求を継続するが、具体的な日常生活問題を取り上げ、女性の政治的関心を呼び覚まし、女性の実力で解決できることを社会に示すことが必要と、「今後の婦選運動の目標」で書いていた。(5)

東京市は一九三四年度の予算編成の際、三六〇〇万円の赤字を増税で補う計画を立てた。東京婦人市政浄化連盟は緊急協議の結果、市民の生活の脅威になる傭人《ようにん》税（女中税）と特別所得税（小市民税）反対を決議、陳情した。そして一六団体で女中税・小市民税に反対する協議会を組織、労働組合などと協議して、一二団体参加の勤労市民税反対協議会に改組、獲得同盟事務所を拠点に運動を拡大した。市長、財務局長、東京府知事、内務省当局、市議会議長、市予算委員長に連日反対陳情を重ねた結果、市議にも反対者が増え、市民側の意見を入れた修正案が議会で可決され、要求貫徹とまではいかなかったが、新増税反対運動は予想以上に広がり成果を収めた。

消費者は魚市場独占を許さない

一九三三（昭和八）年ごろ、東京市は築地海岸に東洋一を誇る東京中央卸売市場を建築し、魚・野菜・果物市場をまとめて収容する予定で、問屋を複数にするか単独にするか卸売権をめぐって意見が分かれていた。農林省、東京市当局、卸売問屋の大部分は単一会社を主張、買い出し人の小売商や一部の市会議員は複数問屋制を主張していた。生産者または出荷組合―卸売問屋―仲買人―小売商（買い出し人）―消費者と品物が動く間には手数料がかかり、問屋が単独だと高値を勝手につけられるので、消費者に適切な生鮮食料品の値段のためのしくみが必要だった。

市川は消費者としてこの問題をどう考えるか、社会大衆党の市会議員馬島僴と塩沢達三魚小売商組合理事長に意見を求められた。市川は早速数名で早朝の魚市場を視察し、発起人となって消費組合関係者や婦人団体、無産婦人団体等に呼びかけ協議会を開いた。女性が深くかかわる社会問題について男性が女性の意見を求めるとき、市川は頼りにされる人だった。

消費者の利益第一に問題解決をと申し合わせ、市側の意見・説明を聞き、協議を重ね、参加団体も増えて、東京中央卸売市場問題婦人団体協議会と団体名を改称した。男性と懇談し、市への請願・陳情が重ねられた。一年余を闘って、東京中央卸売市場の卸売員数は複数、セリ参加自由と消費者側の勝利となり、市場問題婦人委員会として監視を続けることとして、協議会は解散したのだった。市川はそれまでの社会運動を男性が先導してきたのに対し、東京中央卸売市場問題は、女性が主導的立場をとったことに注目、消費者として自覚し、男性との共同運動に進もうとする新傾向を発展させるべきだとした。(6) その後の市川は相手が政府・行政であれ、民間であれ、女性の立場を貫ける組織をつくり、その上に女性を軽視する行政や男性と協力する運動を築いていこうとする。

また、市川は東京市に対して、①ゴミ、②中央卸売市場、③税金の問題で市当局の人と交渉したとき、「何だ、女が――」という態度が多い、市会議員と交渉しても名刺を出した面前で「おれは女なんかに用はない、女なんかから選挙されとらんからな」といわれ、しみじみと選挙権があったらと思ったと感想を漏らしている。(7)

婦選実現でつくりたかった母性保護法

一九三四（昭和九）年前後、全国的に生活難から母子心中が増え、東北地方では娘を風俗業や農商業の下働きに子どもを売る事態となった。第五回全日本婦選大会では、緊急課題として「母子扶助法制定」が決議された。続いて開かれた獲得同盟総会でも、その年の運動方針に、対議会運動の一つとして、母子扶助法制定に努力しようと決議された。こうして婦選団体連合委員会で協議し、母子扶助法に関する懇談会が呼びかけられ、三十余団体と個人が集まり、親子心中の現状や一九二〇年代の母子扶助法要求運動の経験などを学習したのち、満場一致で法律制定運動開始を申し合わせ、実行方法は婦選団体連合委員会に一任された。

一九三四年九月、母性保護法制定促進婦人連盟（山田わか委員長、一九三六年五月現在二四団体参加、翌年母性保護連盟と改称）が発足、市川は常任委員となり、法案制定のための議会運動部の責任者となった。団体の事務所を獲得同盟に置き、獲得同盟の負担は重くなったが、生みの親の獲得同盟としてはやむを得なかった。母子扶助法に加えて家事調停法（戦死者の遺族扶助料をめぐる家族内の争いを解決するための法律）制定が望まれ、母子ホームや家事調停裁判所設置の具体化も議会に働きかけた。

中国での戦争が遺族を増やす可能性が強まるなか、「母子保護法」は一九三七年三月成立、翌年施行の運びとなった。「人事調停法」（家事調停法）は一九三九年三月成立、七月施行と順調な経過をたどった。政府は裁判ではなく調停で紛争解決するのは日本の醇風《じゅんぷう》美俗・家族制度を生かす道と説明しているが、女性の願いは戦争で生活困難になる遺族、家父長制度のもとで泣く嫁の立場を守ることであった。参政権があれば議会で女性の生活を守る法律を制定できるが、婦人参政権がなくても女性の生活・権利を守るようにするのが市川たちのやり方であった。

冷害や戦争遺族の救済という切羽詰まった環境があったとはいえ、もともと満州事変後の反動時代に際して、婦選運動の一つとして、婦人公民権がなくても自治体の政治に協力する内容、婦選実現の暁につくりたい法律として母性保護法制定運動を続けたのだったが、この本質はうっかりすると忘れられ、社会事業の性格だけが重視されがちなのを、市川は警戒していたという。(8) 女性の法律的社会的地位が不安定なために母性保護法が必要なのだから、民法・刑法などの法律改正、ひいては女性が政治に参与しなければ、女性の地位を向上できないと市川は念を押している。(9)

経済問題に強い女性を育てる研究会

一九三四（昭和九）年、市川は自分も含め女性は経済問題に弱いことを痛感し、経済の実態をとらえている雑誌『東洋経済』の石橋湛山に有志で勉強したいと相談した。石橋の賛成を得て、講師も会場も事務もいっさい無料で第一回婦人経済研究会は一一月一〇日開催された。[10] 熱心な出席者は、勝目テル（関東消費組合）、加藤タカ（ＹＷＣＡ）、前島ふく（獲得同盟）だったという。一九三九年八月ごろまで事務を任された東洋経済新報社の石原（西）清子の記憶では、そのほか金子しげり、奥むめお、河崎なつ、丸岡秀子、帯刀貞代、近藤真柄、平田のぶ、今井邦子、平井恒、神近市子、千本木道子、押川美加、竹中繁、竹内茂代、大竹せいがメンバーであった。苅田《かんだ》アサノとともに東洋経済新報社で働いていた松島治重によれば、井上房枝、高良とみもいた。[11] 獲得同盟の運動、敗戦直後に活動した評論家・婦人活動家が多数含まれている。

市川は余計なおしゃべりはしないで、「ご苦労さん」「ありがとう」「よろしくね」などという短い言葉を残しては帰っていった。石原清子は研究会事務を進めるなかで、婦人運動というものに興味をもつようになった。それまで「階級的解放がなければ女性の解放はあり得ない」という観念的マルクス主義理論にとらわれていた石原は、現実の婦人運動の戦闘的な信念に満ちた姿に目を開かれたという。[12]

婦人経済研究会は翌年一月には兜町株取引所見学に重ねて行った。市川は上京した当初、蠣殻町《かきがらちょう》（東京都中央区）にあった小さな株屋の事務員を三カ月ほどしていて多少なじみがあった。市川は「松野よし子」

の名で、「政治と株と取引所―新聞経済面の読み方　一」「取引所と新東と国債―新聞経済面の読み方　二」[13]の記事を書いたが、第六回全日本婦選大会その他の繁忙にまぎれたのか、記事は継続されていない。研究会は毎月一回の予定、「終戦近くまで」勉強したというが、事務局日記には断続的にしか記載されていない。市川は一九四三年には一月二一日、二月二五日、三月一八日に、斎藤きえと出席している。

選挙の浄化を願った選挙粛正運動

選挙粛正運動は政府・官僚の選挙干渉、選挙・政治を金で動かす腐敗した議員・政党に対する国民の不満への対応として、一九三五（昭和一〇）年内務省を中心に進められ、六月選挙粛正中央連盟が結成された。獲得同盟は一九二八年いわゆる普通選挙法による初の総選挙が行われた際、各政党に婦選を公約することを要求し、選挙権のない女性には選挙の監視と有権者の理想的権利行使の応援を求め、選挙革正を呼びかけた。一九三〇年二回目の普通総選挙で、全国組織の一五団体に招待状を出し、うち五団体出席という消極的状態であったが、選挙革正婦人団体懇談会をもち、協力して地方遊説を実行した。全国の女性を動かして、買収根絶、棄権防止など教育運動を進め、女性の政治意識を高めて婦選実現の機運促進を願ったのである。地方遊説は一九三〇年二月に二一回、聴衆総数一万四〇四〇人、獲得同盟支部等だけでなく愛国婦人会、連合婦人会、新聞社等が主催していた。講演者は八人、延べ四四人、市川は名古屋、金沢、新潟、長岡、柏崎、前橋で講演した。一九三〇年獲得同盟総会の宣言第三項に「選挙を革正し、政治を清浄、公正なる国民の政治となさんが為に」があり、政治は金で動かされるべきでないという主張は一貫していた。

市川は選挙粛正中央連盟結成以前に女性を参加させるよう進言し、婦選団体連合委員会を推薦したが、加盟一一団体のなかには婦人関係としては唯一大日本連合婦人会が加えられた（国防婦人会は参加を断り、愛国婦人会はのちに参加）。選挙粛正中央連盟評議員には、吉岡弥生、守屋東、山脇房子、島津治子、市川房枝も任命されたが、市川は評議員が名目的で、いわばば刺身のツマ程度だがこれも婦選の進出と考え、「私としてはやるだけのことはやらねばと、必要と思へば自分から割り込んで」ゆくつもりだった。選挙粛正運動に参加することは、政治教育に役立つから、さらに公民権・参政権の獲得を望み、せめて地方自治体の政治への参与を求めてだったが、本当に選挙を粛正したいのなら婦人参政権を即日実行すればよいというのが、女性の清潔さ潔癖性を信じている市川の本音であった。(14)

市川は獲得同盟が以前から選挙革正運動をしてきたので、政府自身がこの運動を始めたことは喜んでよく、この運動にこそ全力をあげて協力すべきであると考えていた。(15) 政府が決めればどんな形でも選挙権のない女性に協力を求めることはできるはずだから、婦人団体は喜んでその利用に甘んずるとまで明言した。(16) 政府の手のひらに乗ってもよいという市川たちの強い意志を政府は利用する。

獲得同盟は婦選後援団体連合会の参加団体に呼びかけ、選挙粛正懇談会を開き、市川が今回の選挙粛正運動を説明、方針を協議、共同運動で選挙粛正活動を進めることを決めた。こうして一九三五年八月、選挙粛正婦人連合会が設立された。参加団体は一二月には四四団体になり、委員長は吉岡弥生、市川は書記になって、諸方面との連絡・折衝をして運動全体を仕切ることになる。選挙粛正婦人連合会は、次の府県会議員選挙と衆議院議員選挙について、共同にできる運動を全国婦人団体に一斉に印刷物を配布して行うと規約で決めた。そして選挙粛正中央連盟に参加を申し込み、運動のなかで婦人参政権の要求をしないように釘を刺されつつ参加が承認された。市川は婦人の政治参加が政治を浄化すると考え、政府の政治団体である選挙粛正中央連盟への参加を広い意味で婦選の実現とみなし、選挙粛正運動に突き進んでいった。本音では保守的な人と一緒になるのは面倒だけれども、婦人参政権につながる運動だからしかたないと自分を納得させて活動したのだった。(17)

一九三五年一一月の選挙粛正中央連盟調査では、婦人選挙粛正委員は七六六人、もっとも多いのは福岡県一七六人、一〇〇人を超えたのは富山県、島根県、山形県であった。女性を委員に委嘱した府県は一九県、主なところは婦人会会長一三三人、婦女会会長一〇四人、女子青年団団長六四人、小学校教員六一人、予想以上の女性登用であった。(18)一九三六年選挙粛正の第二次運動は、一月二一日衆議院が解散したので、選挙運動と紛らわしいので男性の運動は打ち切りになった。婦人団体は、愛国婦人会と連合婦人会が中心だったが、矯風会も獲得同盟も協力し、祈願祭、講演会、街頭でのビラ配布等を行った。選挙粛正婦人連合会を実際に仕切った市川は「婦人の粛正運動の心棒の地位に座り盛んに提灯を持ってゐる」と自任し、政府の運動のなかに入って利用する活動と、独自の活動を合わせてやろうと思っていたが、忙しくて独自の活動には手がまわらなかった。市川は地方への選挙粛正の講演と候補者への応援演説にも出かけた。この選挙で「一票があったら誰に投票するか」を『女性展望』で問い合わせて記事にしたが、市川は東京五区の加藤勘十が十余年節をまげずに、虐げられた人々の代表として闘ってきたからと名前をあげている。(19)

獲得同盟事務所も事実上の本陣となり繁忙をきわめた。選挙粛正中央連盟は一般大衆の興味に焦点をあて、川柳、漫画、標語の懸賞募集、アドバルーン等で選挙粛正の徹底を図ろうとした。大衆への選挙粛正徹底のゆきつくところは部落懇談会（地域の全世帯の住民を集める会議）であった。その開き方が例示され、「丸く座る」「君が代合唱」に始まって、違反者は村八分にすると宣誓文には指示されていた。違反者が政府方針に反対する「非国民」として粛正される可能性が示された。

本来汚職選挙・政治をただすはずであった選挙粛正は、政府主導・上意下達の運動として、政府・官僚の責任を問わず、既成政党・議員を警察が取り締まり、普通選挙実施後の選挙民の選挙意識を天皇翼賛に導く教化運動に姿を変えた。

獲得同盟が求めていたのは、選挙革正（『広辞苑』によれば、あらためただすこと）であって、選挙粛正（同、厳重に取り締まって不正をなくすこと）ではなかったはずだが、粛正を通して選挙革正を期待したのであろう。選挙粛正運動は民主主義への期待と愛国心強化の逆流の渦を併せもっていた。その渦に婦人参政権接近の夢を描いて、獲得同盟は選挙粛正婦人連合会結成に努力し、女性の全国組織・東京の婦人団体をまきこもうとしたのである。市川と獲得同盟の婦選実現への期待が強ければ強いほど、政府の大きな網は見えにくくなる。

戦後一九七八年に、婦人参政権を主張するなという政府の方針に足かせをかけられているのに、政府に協力するのは義務ばかりで権利はなく、損ではなかったかとの市川房枝への聞き取りでの質問には、当時は参政権要求といっても議会も新聞も取り上げないので、その情勢のなかで女性の地位を向上させる、女性が具体的に政治に参加するにはどうしたらよいか考え、はじめから損得勘定ぬき、損をしてでも女性の地位を少しでも上げようとしたのだと市川は答えた。[20] 参政権要求を議会も新聞も取り上げない社会情勢が壁になり、そこを突破しようとする市川たちは、政府への協力を入り口にするほか方法がなかった。これが当時の市川の活動姿勢であり、のちの国策協力に共通する矛盾の共通点であった。

一九三六年三月ごろの市川は、上からの動員命令で女性は動いたのだが、選挙粛正に町村の隅々の女性を引き出し、努力させたのは成功だった、日本の女性は権利として自発的に要求はしないが、義務として責任を負わされれば真面目にやると結論している。市川が注目していたのは町村の女性大衆への政治教育だった。第七回全日本婦選大会で選挙粛正運動を報告した際も「自発的でなかった婦人たちも政治の何物かを知り、自然に婦選を要求する気持ちになってきたと思われる」と自分の期待で想像をふくらませている。[21] 市川は婦人参政権の夢に女性の政治団体への登用を重ね、政治教育の場として現実の活動をみていた。しかし婦人運動検討座談会では「政治運動に引張り込まうとしたんですが、どうも他動的」と、思うように進まない現実を感じていた。[22]

獲得同盟は率直な意見の交換をつねに行い、公開していた。新代議士に粛正運動の評価と婦人参政権への賛否を尋ねた。社会運動にかかわる女性の多様な意見も聞き、機関誌に載せた。粛正運動は官吏のやっているどんちゃん騒ぎ、運動の手先に使われている女性というような言葉が残っている。努力しても婦人参政権に近づける提案はなく、政治教育の発展が公民権獲得にいたる見通しもなかった。女性を行政関連の委員に登用する流れはできたのだが、公民権・婦人参政権実現を婦人団体が提言しても実らない。獲得同盟が求める地点のはるか手前で、選挙粛正運動は国民精神総動員運動の露払い的役割を果たさせられたのである。

市川は選挙粛正中央連盟では一評議員に過ぎなかったが、職員の一人でもあるかのように、婦人団体と府・市との連絡調整、要望された婦人講師の選定・交渉までさせられた。その報酬はなかったが、地方講演に行けば旅費と謝礼が出たので、経済生活はいくらか安定してきた。[23] 総選挙後、東京に約一〇〇人参集して選挙粛正自治振興婦人協議会を開催したが、出席者の大半は獲得同盟内外の、市川にとっては顔見知りの人々であった。行政が旗を振っていることはわかっていても、市川が具体的に仕事を仕切っていれば、政治に関心のある女性が積極的に参集するという実態があった。

市川は一九三七年二月、陸軍大将だった林銑十郎内閣が成立した際、軍部が日本の政権を掌握した、日本はファッショになりドイツ・イタリアとともに戦争に歩みだしたと考えた(24)。その四カ月後、一九三七年六月三日付で「戦争でも始まったら何もかもおしまいだからな」と書いた(25)その三四日後の七月七日、軍部は支那事変展開に踏み切った。市川は今後の方向を悩みぬいた末、決心するよう追い込まれる(26)。

日本婦人団体連盟の社会改善活動

一九三七(昭和一二)年七月、カナダで第四回汎太平洋婦人会議が開かれ、市川は代表選出の責任がある国際連絡婦人委員会の書記として忙しかった。八月末には民間の自主的な全国組織の婦人団体の幹部と個別に話し合い、九月に基督教女子青年会日本同盟、全国友の会、日本基督教婦人矯風会、日本女医会、日本消費組合婦人協会、婦人同志会、婦人平和協会、獲得同盟の八団体で日本婦人団体連盟を設立した。社会改善または婦人の地位向上を目的にもつ婦人団体の協力組織である。もう戦争を抑える力はないけれど、女性が戦争から受ける被害をいくらかでも少なくしよう、大衆婦人と共に歩むべきだと決心した結果の組織であった(27)。市川は可能な限り協力組織を設立する人だった(28)。

力の弱い女性が協力しなければ、知恵も行動力も集めることはできず、戦時下の女性を守ることもできない。会長はガントレット恒子、市川は書記になり、情報を集め検討し、行動を提案する立場にすわった。ここには常設研究委員会として、精神作興、生活改善、児童問題、保健衛生、消費節約、婦人労働を設け、特別研究委員会として、託児所問題、廃品厚生、体育問題、学校・女子青年、社会事業、映画を検討することとし、実行委員会として白米廃止、性病予防の二つを置いて、女性が社会・家庭で蓄積してきた経験や知識を行動に変えて、戦時の女性生活を支援しようとした。事務所は東京駿河台の佐藤新興生活館（のち山の上ホテル）の二階を借り、市川は毎日のように通って事務連絡、進行調整をした。

当時日本の婦人全国組織は官製の愛国婦人会（内務省系）、大日本連合婦人会（文部省系）、大日本国防婦人会（陸海軍系）があり、大組織として全関西婦人連合会、東京連合婦人会があったが、戦争が激化するなかで自主的に行政・社会に問題提起しなければならない課題が続出すると考えられた。

まず取り上げたのは主食改善運動であった。白米食をやめ、胚芽米を食べよう、おかずは肉か魚1、豆1、野菜4を推奨した。

一九三八年一月、厚生省が新設され、労働・健康問題を担当した。石炭連合会は労働力不足を理由に女子の入坑禁止緩和を要請していた。日本婦人団体連盟は母性保護、女子の入坑労働を許可しているのはインドと日本のみという国際水準の視点等から反対したが、入坑禁止が緩和された。

一九三八年三月、日本婦人団体連盟主催の時局婦人大会が開催された。①消費生活での問題、②子女の教育問題、③保健衛生問題、④出征兵士とその遺家族の問題、について協議し、買い溜めを戒め、価格の公正を求める申し合わせをした。衆議院第七三議会に出生率低下、乳幼児死亡率上昇の原因の一つに花柳病（性病）があるので、性病が広がらないよう対策を求め、公娼制度の廃止を求め、請願は採択された。次の議会にも同様の請願を行ったが、「公娼廃止」の項目のために採択にならなかった。結局日本の議会は売春を容認していた。

消費節約が強化されるにつれて、都市でとくに綿製品の買い溜め（代替え商品が良質でないため、すぐ必要なもの以上に買い置きする）問題が起こった。商工省は小売業者に一度にたくさん売るなと命令したが、現実には徹底できなかった。日本婦人団体連盟は東京連合婦人会等と共同して買溜防止協議会を開き、従来主婦に国の経済政策を理解させてこなかった問題点を指摘し、政府や報道機関に消費問題対策を慎重にと要望した。

一九三八年八月、保育施設がないまま工場で働く母親が増え、子どもは放置される。一つの試みとして、東京市公園課の後援のもとに、日本婦人団体連盟では子どもの村保育園の平田のぶを指導者に、女子大生、女学生延べ四二六人を保母役に、天幕託児所を開設した。二週間で子どもが延べ八七五〇人集まった。

一九三八年九月、友の会の提案で、日本婦人団体連盟は消費節約・死蔵品活用・貯蓄奨励を掲げて不用品交換会を三日間東京府商工奨励館で開催した。市川は事務長を担当した。三万点以上の「不用品」が「必要品」として買われた会場は、二〇人の警官が整理にきても大混雑であった。

この間日本婦人団体連盟を結成した直後、東京市会選挙ののち解散した東京愛市連盟婦人部を東京婦人愛市協会として再建、東京市政へ協力しようとした。市川は理事長となり、吉岡弥生を会長に推戴《すいたい》した。こうして市川は東京市の計量検査に立ち会ったり、計量講演会に出たり、白米食廃止運動や消費節約研究、東京市の国民精神総動員運動等々にかかわった。獲得同盟事務局が市川の忙しい行動日誌を残している。

国策を片目でにらみ、自主的な婦人団体の知恵と力を両手で動員して、男性がいやおうなしに戦場に赴いた銃後の女性を護ろうとした日本婦人団体連盟は、一九四〇年一二月幕を閉じた。(29)

国民精神総動員運動と国策委員就任

一九三七(昭和一二)年八月、戦争に国民を総動員するため、近衛文麿内閣は国民精神総動員実施要綱を決定し、九月「挙国一致・尽忠報国・堅忍持久」のスローガンのもとに官製運動が開始された。一〇月、運動の推進団体として国民精神総動員中央連盟が結成され、愛国婦人会、大日本国防婦人会、大日本連合婦人会、大日本連合女子青年団が参加していたが、中央連盟の役員に女性は入っていなかった。東京府は選挙粛正運動のときのように女性を委員に委嘱《いしょく》し、東京婦人愛市協会の市川も実行委員に加えた。一一月、国民精神総動員婦人大講演会が開催され、仲が悪いと伝えられている愛国婦人会と国防婦人会会員が多数参加して盛会だった。打ち合わせ会のとき、国防婦人会と愛国婦人会の幹部が競い合わずに参加しようといいあったので、市川が取りまとめたと思った吉岡弥生が、市川に礼をいって驚かせた一幕もあった。この運動は天皇・神社崇拝、興亜奉公日その他多くの精神教化運動を全国的に展開しようとしたが、上から掛け声が降ってくるばかりだった。

選挙粛正運動後、政府は女性の活用・利用に取り組み、諸団体幹部、評論家、文化人らを公共の委員に任命していく。市川もその網を逃れることはできなかった。市川は無産政党議員・無産婦人団体との交流はあったが、社会主義者ではなかった。農村育ちで女性の実態を知り、教師として子どもの生活や感じ方・希望を知り、新聞記者として都会の女性の動きや団体の内実にかかわり、東京やアメリカの文化の是非を考える婦人運動の活動家・指導者であった市川は、日本の都会しか知らない多くの女性文化人・評論家に比べて、政府のいうことをきいてくれるのであれば、利用価値の高い女性であった。選挙粛正運動で「婦選を語るな」と政府が命じれば市川はまずは律義に受け入れ、しかし聴衆に問いかけられて婦選を語るようにしていたから、市川は行政に協力して行政を利用しようとし、大きくは利用された。

こうして市川は国策委員に任命・委嘱されていく。評論家として講演料・原稿料を生活費にしていた市川は、すべてを断って引退すれば生活費を得ることができなかった。

・一九三七年一二月　国民精神総動員中央連盟家庭実践に関する調査委員
・一九三八年三月　国民精神総動員中央連盟「実践網委員会」委員
・同年六月　国民精神総動員中央連盟「非常時国民生活様式委員会」委員
・同年　国民精神総動員中央連盟「服装に関する委員会」委員
・一九三九年三月　国民精神総動員委員会幹事
・同年三月　大蔵省貯蓄奨励婦人講師
・同年一二月　商工省繊維局ステープルファイバー（スフ）・絹織維単純化委員会委員
・一九四〇年四月　国民精神総動員本部参与
・一九四二年一二月　大日本言論報国会理事
・一九四三年六月　大日本言論報国会「思想戦対策委員会」委員

このほか、一九四二年一月には大日本婦人会審議員に指名された。

市川は、国民精神総動員（以下、精動という）中央連盟の委員になると、一九三七年明治節（一一月三日）の街頭行進に参加し、一九三八年には東京市主催の各区役所、小学校で開催される講演会講師を務め、県外にも講演に行き、一九三九年大蔵省の貯蓄奨励婦人講師に委嘱されれば、貯金を奨励してまわり、何でも屋を自任せざるを得ない。女の人が出す意見は常識以上にならない、女性の専門家がいないので困ると市川はぼやいていた(30)。女性の生活を守るための仕事は広範になってきたし、精動路線に女性は協力したけれども、実情に沿っていたか問題にされている。

ところで内閣情報局は一九四一年七月ごろ、全国的女性雑誌の掲載記事を詳細に調査、雑誌社にも意見を求め、作家・評論家の思想傾向を検討している(31)。市川については、社会民主主義的色彩をもち闘争的指導原理に立っていたという意味で警戒し、指導力を認め、獲得同盟は解消していたから「旧時代の人」と見、時局認識が敏感だからうまく利用すればよいと考えている。

執筆者中もっとも警戒されたのは宮本百合子、帯刀貞代らであった。小説家野上弥生子は一九四二年一〇月、大日本婦人会から生活文化委員になれといわれ、さらに『日本婦人』創刊号（一九四二年一一月）に「婦道」を執筆した。野上は「良心に照らして許せる範囲」については「なんでもオーライにしておかう」と引き受けざるをえなかった。一九四三年版『言論統制文献資料』によれば、統制委員中雑誌委員として「大日本婦人会審議員・小説家野上弥生子」の名がある。それでも湯浅芳子との個人的対話で、日本が負けたらアメリカは皇室をどうするかの問いに、千代田公爵家というふうなものでもこしらえるかと答えた事実を追及されるなど、牽制《けんせい》もされている(32)。当局の意向は「なんでもオーライ」にしなければ生きるのが難しい時代であった。

大日本言論報国会理事に就任した市川は、新聞に出ていないニュースが聞ける理事会になるべく出席、だまって聞いていた[33]。この言論報国会は評論家たちへの監視と統制を強める原則で貫かれている組織であった。市川は自分を情報収集に熱心、言論報国には熱心でない理事と思っていたが、総会と理事会の議事録が存在する二〇回の会議中、事務理事・常務理事は一六回以上出席、平理事中市川の出席は一四回で四番目になる。客観的には熱心な理事と思われる位置にいた[34]。

武田清子は、当時の市川が時局の進展に深い警戒心を抱いていなかった、他の国策委員より重要な言論報国会への警戒心が弱かったのではないかという。それとも「すべてオーライ」で通過したのか不明だが、いずれにしても市川は多様な国策委員を引き受け、「ある程度戦争に協力したことは事実」と戦後反省する[35]ことになる。しかし武田は、市川が執筆した当時の文章に、当局が歓迎する語句を並べたことについては、「当時は皆そう言わなければならないような風潮だったから」「無意味な枕詞」と考えている[36]。

一九三九年九月、ドイツがポーランドに侵攻して第二次世界大戦が始まり、一九四〇年九月には日本軍が北部仏印（現ベトナム）に進駐した。市川はこの時期内閣情報部、大蔵省、拓務省などを頻繁に訪れ、官主催の講演会講師を務めた。竹内茂代が国民精神総動員委員になったので、女性に関する建議案（①婦人団体の競合を統制する、②官庁の女性への働きかけを統一する、③運動方法の研究立案）を市川がまとめ、竹内が加筆して提出した。このような公職就任・提案は婦人の行政への参加として利用すべきというのが市川の意見であった[37]。軍国主義強化のための女性利用と、行政にかかわる女性の実力増進・発揮というきわどい関係が、行政優位で続いた。

原田清子は市川がかかわった運動の内容を見ると、必ず女性や子どもの生活擁護を求め、例えば買い溜めを慎んで品質の改善、価格の公正を求めよう、託児所・共同炊事その他生活の合理化を進め母性保護実現を望もうなど、国民生活の被害防止のための政策要求をしているといっている。[38] 市川は新聞に書く機会、話す機会を得ると、働く女性は増加し、能力があっても責任ある地位につく道は開けていない[39]、衣料切符の点数引き上げは良いが、農村・工場で働く女性の働き着と子どもの服・靴下を丈夫にしてほしい[40]、勤労報国隊員は女子に対する工場施設の改善、食事保温と丈夫な作業衣の供給を望んでいる[41]、両親は職場の環境と設備に不安をもっているので、女性が喜んで働く場を与えてほしい[42]など、男女格差を縮め、女性が生活しやすくなるような一言を添えていた。

一九四三年高松での大日本言論報国会の講演で、市川は「皇国の家と主婦」と題して、日本の家庭の機能を、①国民精神の錬成場、②生活の場、③子どもを産み育て、老弱者を保護する場、④心身の安息所とし、これらは家長だけでなく主婦の自覚と協力で実現する、女が犠牲になっていてはこの次は男に生まれたいと考えるから、女性を必要以上にいやしめる習慣を改める必要があると、主婦の働きの評価を求めている。[43]

西清子は『市川房枝自伝　戦前編』の第二次世界大戦最後の章を読むと、国民精神総動員運動への協力、言論報国会の理事、大日本婦人会とのかかわりなど、ハラハラするようなエスカレートを隠すことなく記録し、戦争を止めることができず、消極的にしろ協力した責任を痛感すると書いた市川は「結局、先生はやさしかったの」だ、戦後の不正、人権、平和に対し最後まで強い姿勢で向き合ったのは、その「にがい戦争体験から噴き出した」のだろうと書いている。[44]「やさしかった」とは、女性に迫る生活困難を共に味わい、逃げずに生活苦を減らす模索を続けた市川の姿勢を表現している。

市川は「戦時中、私どもはその時どきの問題をとらえて、いろんな婦人団体と協力してやってきましたが……しかし、つらかった」と一九七五年に語っている。(45)

婦人時局研究会設立、初期の学習

市川は『婦選』に一九三一（昭和六）年四月から「×と□との対話」を書き始め、一九三三年一月には「政界の近況を語る」と題を変え、一九三五年からは併せて「婦選達成」を、一九三七年には経済をうまくやることが政治の一番の重大な務めになってきたと「政治経済界の近況を語る」の題にし、一九三九年には「時局政治経済問答」として、一人で社会時評を書き続けた。日本の重要な社会潮流を、新聞・雑誌、講演・集会、記者の話などからまとめるのは、運動に必要だったとはいえ、大変な仕事である。当初は政治家に婦選三案の理解を広める検討など議会運動に必要な情報が中心だったが、戦争拡大で婦選が問題にされなくなると、同盟国・政治家・軍部・経済界の絡みあう社会全般の話になり、情報は統制管理されるなかで、可能な限り国民が知るべき事実を書いた。

一九三八年暮れから市川は、指導的立場にある女性の時局認識が不十分であるとして、女性の評論家、芸術家、教育家、社会運動家、社会事業家等専門的指導的立場をもつ人一〇〇人を限度とする婦人時局研究会を、内閣情報部、企画院、各省と連絡をとって組織する。設立の目的は正しい時局認識を得ることと、女性に関連の深い問題についての研究立案に置いた。(46) 一九三九年二月の発会懇談会では横溝光暉内閣情報部長の話を聞く。発起人には吉岡弥生、井上秀子、長谷川時雨ら婦人界のトップクラスが名を連ねたが、実際は幹事長市川や丸岡秀子ら幹事が中心となって運営し、[47]事務所は獲得同盟兼市川の自宅に置いた。月一回の定例会のほか、消費経済グループ、銃後後援グループ、精神総動員グループなどに分かれて会合、研究を進めることとした。首都圏にいる人はグループに所属し、地方にいる人は各地に地域の名を冠した時局研究会を組織するよう期待された。こうして市川は運動方針の基礎となる学習・調査・情報収集の場を、当局の理解のもとにつくったのだった。

婦人時局研究会の講演は、三島美貞（企画院調査官陸軍砲兵中佐）「物資動員計画とは?」（『女性展望』一九三九年五月）、岡村武（企画院調査官）「生産力拡充計画について」（同六月）、大森洪太（司法省民事局長）「人事調停と婦人」（同七月）、武藤富男（満州国弘報処長）「最近の満州国の事情」（同七月）と重ねられ、さらに第一回婦選時局講座が一九三九年八月の六日連続で開催され、続く田中豊（大蔵省主税局国税課長）「税制改革案について」（同九月）、青木大吾（軍事保護院事務官）「軍事保護事業の概況」（同一〇月）、阿部英明（企画院調査官）「物価賃金引上禁止令について」（同一一月）、三木清「協同主義の理論と実践」（同一二月）の内容は『女性展望』一九三九年五月〜一二月号に順次掲載された。『女性展望』は、変化する法制・方針・情勢等の広報機関のようであった。代表的女性文化人が参加したが、市川は周辺の若い人々の学習機会とするように心がけた。当初の会員は七四人であった。[48]

これらが奥むめおの「婦人による傍系の国策宣伝係に転化」した獲得同盟という批判[49]のもとになったのであろうが、時局研究会幹事の市川や丸岡秀子は、激変する事実と背景を見極めつつ、女性にとって必要な情報を知り検討すると同時に、時局研究会の存在を当局に認めさせたのであろう。市川は奥むめおの意見を

「心外な批判」と苦々しく切り捨てている。のちの時局研究会の動向からすると、市川はかなり先の婦人運動のあり方を考えて、時局研究会の初期の学習内容を組み、戦争の勝敗にかかわらず女性の社会的地位向上ができるよう模索を始めたといえるのではなかろうか。

中国占領地・台湾訪問

一九三九（昭和一四）年九月、ドイツがポーランドに進撃、英仏がドイツに宣戦布告し、第二次世界大戦が始まった。市川は一九三九年一〇月ごろ、東京ＹＷＣＡエマ・カフマン総幹事に誘われ、箱根に一泊した。日中戦争の見通しについて話し合った際、カフマンは中国にいる友人の宣教師から実情報告を受けているらしく、「日本が中国に勝利することはむずかしいと思う」といった。市川は正直にいえば勝つ自信はなかったが、勝たねばならぬと精一杯努力していたから、カフマンの言葉を否定した。(50)日本の研究会で情勢を聞くとき、勝つ方向でしか話はない。市川は負けるのは嫌だった。だが戦争の見通しを改めて厳しく考えねばならなかったと思われる。

たまたまその年石原莞爾《かんじ》中将を中心とする東亜連盟協会が結成され、その幹部に市川旧知の淡谷悠蔵がいて、市川に中国を見てくるよう勧めた。市川は朝日新聞記者竹中繁と二人で約五〇日間中国中部の占領地を旅しようと決め、一九四〇年二月、神戸から出港の前日、当時京都の師団長だった石原莞爾に会い、中国問題についての意見を聞いた。市川は「初めて話をした偉い軍人さんであったが、普通人と全く同じ態度で、好感」をもった。(51) 市川が東条英機ら当時の指導的軍人に反感をもっていた裏返しの感情と思われる。

　中国では軍部直属の諜報《ちょうほう》機関を通じて汪兆銘《ワンチャオミン》夫妻に会い、上海・蘇州・南京・漢口などを旅する。政治家や商人、男性に会うだけでなく、日本と中国の女性が連帯するきっかけや情報を模索していた。南京では日本軍が中国女性を暴行・虐殺した南京事件を書いた外人宣教師のパンフレットの翻訳をもらい、話も聞いた。市川は日中友好の確立は容易でないことを深く感じた。(52) 政治家や軍人が語る「東亜新秩序」「支那の伝統・習俗の尊重」のような常用句は頼りになるのか、東条英機を批判する石原莞爾に好感をもったとしても日本の将来を見通せるのかなど、大日本帝国の潮流が正義か、中国国民の目が正義か、自身の立ち位置を探していたようである。しかし中国の戦争の実態、とくに南京事件の悲惨は市川に深い傷を残した。

　一九四〇年東京女子大学校に入学した田中未来は「ほんとうの話を聞きたい人は集まりなさい。いいかげんの気持ちの人は来なくてよろしい」という妙な連絡を口伝えにきいて、安井てつ学長のはからいで行われた「密室の講演会」へ参加する。話したのは中国から帰ったばかりの市川、「南京攻略の時の日本軍の所業はひどいもの」、婦女子や非戦闘員がどんなふうに殺されたか、「今の戦争は『聖戦』であるどころか、泥沼に踏みこんでゆくような、救いのない戦い」、その真実を若い人に知ってもらいたいという衝撃的な話であった。この事実は、田中未来によって、『生きること育てること』(53) に記録されている。田中未来は市川の講演、安井学長の平和の祈りを聞き、今はどうにもならなくても、戦争とその非人間性に妥協してはならないと決意を新たにしたという。

　他方市川は、石原莞爾の人柄・考え方に関心をもち、接近し、積極的に東亜連盟協会に参加し、一九四一年には中央参与会員にもなっている。東亜連盟に婦人部を設け、委員はすべて女性とするなど、それまで行政等が関与した諸運動ではかなえられなかった女性のための機関も実現した。[54] 一九四三年には若い仲間と石原莞爾研究会も作った。その縁と実感を戦時中のまま引きずったのか、市川は『石原莞爾全集』(石原莞爾全集刊行会編・刊、一九七六年)に「(石原の)人柄と、中国に対してのお考えに敬服し、氏を中心とした東亜連盟にも一時参加したことがあります。私は百姓の娘でしたので偉い軍人には全く知人はなく、婦人に無理解で戦争の好きな軍人―軍部にずっと反感を持っていました。しかし石原中将は軍人でも違う、いままでにない偉い軍人だと思います」という推薦文を書き、評論家佐高信に戦後になっても満州事変を主導した石原莞爾を偉い軍人というのは、歴史認識がないと批判された。佐高信は「軍人が一見クリーン」だから市川の目がくらんだのだろうという。[55]

石原莞爾の「世界最終戦」には、戦争の戦略について、未来には「男女平等」の全国民が参加する方法に進むという論があり、市川はこの「男女平等」に魅力を感じたのかもしれない。しかし市川が反対する戦争のごく一部に「平等」があるとしても、戦争の指導的軍人を人柄への実感だけで評価するのは批判されてしかるべきであろう。市川は、自分の眼と感性で戦争の実態と見通しを見極めようとしたのであろうが、国際平和を信念とする市川自身の矛盾ある判断であった。人柄や状況を自分の好みで評価し、その実感をのちのちまで引きずるのは、市川が抱える矛盾だった。それほどに当時の政治環境は、女性を利用しながら「男女平等」に否定的だった。男性の支配下に女性を置くために、女性独自の部門を設けさせさえしなかった当時の、市川の実感主義、自己肯定感の矛盾であろう。

同行した朝日新聞記者竹中繁は、新婦人協会発会式を取材に来た古くからの記者で、日中友好に心を寄せ、市川とは戦後も親しく交流していた。その仲間は社会活動をしながら身寄りのない人々が老後を安らかに暮らせる施設をつくりたいと話し合っていたが、具体化しないうちに竹中は死去、その遺産に加え、平林たい子の遺志の寄付もあり、町田市の清風園の軽費老人ホーム建設費用に活用し、青林ハイツの幾部屋かが確保され、婦選会館に老婦人福祉会計が新設された。市川は、友人との付き合いを大事にして、竹中をはじめ友人が亡くなったときの葬儀委員長を数えきれないほど務めている。

市川が帰国したのち、現地の日本の軍部から市川の中国での行動について情報を友人に求めてきたという。軍は市川に危険人物の可能性をみていたと思われる。(56)市川は中国を見てから獲得同盟を継続することへの疑問をもち始めた。「勝たねばならぬと努力し」「負けるのは嫌」という実感で、日中関係、戦争の行く末に抱いていた期待を断ち切り、婦選三案実現を棚上げし、獲得同盟という世界に示してきた責任をたたんで、戦時下の女性の実力で可能な運動の展開、戦争終了後に可能な運動のありようを考え始めたと思われる。(57)

こののち一九四二年一一月から一カ月半、市川は台湾の皇民奉公会(日本内地の国民精神総動員運動に似ている団体)に招かれ、約四〇回の講演会・座談会に出席した。市川は大政翼賛会推薦講師、聴衆は大日本婦人会会員、女子青年団員などで、内容は戦時生活指導であった。旧来の消費生活を捨て、無駄の多い日常生活を反省して、女性の決戦体制を確立しようというのである。(58)この強行軍の講演日程の間に、市川は愛知県立女子師範学校の下級生で文通を続けていた内空閑《うちくが》(北村)鈴重を訪問、霧社《むしゃ》事件(霧社の先住民族が、日本の植民地政策・圧政に対し起こした武装蜂起事件)の現地へ案内してもらう。一九三〇年一〇月、台湾台中州能高郡霧社の先住少数民族が抗日武装蜂起した前年度まで霧社小学校に勤務していた北村は、転勤したため霧社事件に遭わなかったが、市川にその状態を書いて送るよう勧められ、事件の状況を『婦選』に掲載していた。事件の記録とともに、遺家族に贈与される手当金をねらって、日本の遺族の戸主が画策してい

る事実を告発している。(59)

一九三〇年当時の新聞は霧社事件を大きく報道していたが、それから一〇年以上たって、抗日武装蜂起の現場を市川は訪ねたのである。台湾住民が大日本帝国をどのように迎え入れ抵抗したのか、市川は実感しようとしたのだろう。

再建された婦人問題研究所

獲得同盟創立一五周年記念として、市川たちは一九三九（昭和一四）年一二月、婦人問題研究所再建（一九二五年一一月創立したが中断）を決めた。獲得同盟と別個という建前の事業であった。婦人問題・婦人運動・女性と子ども、家庭の問題、婦人団体について、図書・資料の収集、調査研究を内容とし、獲得同盟保存の図書資料と市川所有図書の整理から始めることにした。(60)社会がどう動こうとも存続できる組織の発足であった。運動をしなくても存在意義のあるのが婦人問題研究所であった。

一九四〇年六月市川を所長とし、主事藤田たき、幹事斎藤きえ、辻泰子で婦人問題研究所は発足した。会館建設資金をまわした分も含め、寄付は二〇〇〇円を超え、八月には三〇〇〇円を超えた。研究員は常任に帯刀貞代、その他金子しげり、八田篤子に委嘱され、若いボランティアも数人仕事を支えた。研究所設立予算は、建物、図書購入費で五万円、一年間の経費は約三〇〇〇円と見積もられた。(61)「家事労働の共同化」「ドイツとイタリアの婦人組織」「女子労務動員に関する諸問題」等の資料が集められた。また各種婦人団体へ資料寄贈の依頼状を出し、新聞切り抜き実行と図書の整理に着手した。[62]

現実には市川が忙しくなれば、あるいは台湾旅行に行けば休止状態になったようで、当初は一九三九年一一月にパンフレット第一号徳沢献子『伊太利の婦人組織』(イタリアの婦人ファシスト団の活動展開)を発行した程度にとどまった。

婦選獲得同盟の解消

すでに述べたように一九三四(昭和九)年第一〇回総会以後、獲得同盟は市川と金子しげりがようやく維持している状態で、独自の活動は細くなっていた。一九三九年第一五回総会は出席者二八人、一九四〇年第一六回総会は出席者三三人、それぞれ役員選出は行われたが、その後は改組の会議に進んだ。獲得同盟解消を決めた一九四〇年九月二一日の臨時総会には四七人出席、一〇月二四日解消挨拶状等を発送したのは、東京市内二九七通、地方二八三通、計五八〇通であった。[63]

獲得同盟解消に際し、会員には婦人時局研究会へ参加するよう要請、残務整理として、加盟していた団体から退会、市川から二五五六円九二銭、金子から七二四円四二銭、竹内茂代から五円、某氏から五〇円の借金を、獲得同盟電話を市川所有とし、全部棒引きとするなど決定して、会を閉じた。市川の貸金は、無給だが活動費として月三〇円の予算を未払いだった合計であった。『女性展望』の発行名義人は市川で、その責任はしばらく続いた。提携して婦選運動をすすめた婦人参政同盟は九月一二日に解散していた。一九三六年の第七〇議会に婦人参政同盟から婦人参政権に関する請願が提出され、衆議院請願委員会で採択されたのを最後に、帝国議会では婦選案を扱っていないが、それから数年たっていた。婦選実現にリーダーシップをとり続けた獲得同盟の責任と、戦時下の現実の懸隔が強いてきた市川の重荷は、とりあえず降ろすことができたのであった。

市川は「過去をふり返って感傷にひたる心の余裕はなく、実体のない看板をかついでいた重荷から解放された」と書いているが、(64)獲得同盟の実体がなくなったのはいつだったのだろうか。獲得同盟の目的は婦選三案の実現だったから、貴衆両院へ請願・建議案・法律案で働きかけ、貴族院の徹底した握り潰しにもめげず、衆議院議員・政党の動揺にもたじろがず活動したのは一九三〇年代半ばまでであった。獲得同盟が四主催団体の一つとして、最後の全日本婦選大会（第七回）を開催したのは一九三七年一月のことであった。婦人参政権獲得目的とされた四項目（女性・子どもに不利な法制の改廃、政治と台所の直結、選挙・政治の革正、世界平和）を実質的に目指した市民運動は、ほぼ一九二八年以降のことで、自治体の政治に向けられていたが、「社会改善、女性の地位向上」を目的とする全国的・自主的女性団体をまとめた日本婦人団体連盟（一九三七年九月〜一九四〇年一二月）の活動で収束していた。

鹿野政直は獲得同盟一六年間の運動を四期に分けて特徴を示した。①一九二四〜一九二八年、婦選運動が自立した時期。②一九二八〜一九三〇年、婦選運動型の社会運動とかかわりを深めた時期。一九三〇〜一九三一年は婦選運動の転換点。③一九三一〜一九三六年、婦選の要求を貫きにくくなり、自治運動へと転化を遂げていった時期。④一九三六〜一九四〇年、総力戦体制下で戦争協力の一環を担うにいたった時期。(65)

児玉勝子は、一九二九〜一九三一年をピークに、日本のファッショ化のため婦選運動は力を失い、大政翼賛運動で議会制度は形骸化するなかで、獲得同盟は解消したと書いた。[66] 市川は一六年間多忙のなかにあったが、実体がないと無念の覚悟をしたのは一九三七年ごろだったのであろうか。

一九四〇年一〇月一二日には大政翼賛会が発会、総裁内閣総理大臣近衛文麿以下局長部長副部長すべて男性、組織局に青年部はあるが婦人部はなかった。大政翼賛会最初の臨時中央協力会議には高良とみが各界代表として出席、婦人局設置を提案したが否決された。市川は東京市大政翼賛会協力会議員の一人になったが、会議についてては記憶がないという。

一九四一年一二月八日東条英機内閣のもと、軍部はハワイ真珠湾奇襲攻撃、マレー半島上陸を決行した。市川は大蔵省の貯蓄奨励の講演で鹿児島県をまわっている途中であった。この年、愛国婦人会、大日本連合婦人会、大日本国防婦人会の統合がようやく進められる運びとなり、時局研究会は団体構成の意見をまとめたがもちろん問題にされず、地方の監督は地方長官と決定していたのに軍が割り込み、ともかく大日本婦人会は一九四二年二月二日結成された。陸軍側は婦選運動の山高しげり（離婚してもしばらく結婚後の姓金子を名乗っていたが、役所は戸籍通りを求め、本姓使用に変更した）と市川が大日本婦人会関係の役職に就任するのに拒否反応を示したが、厚生当局が努力し、だから断られては困ると連絡してきたので、山高は理事、市川は審議員になった。

大日本婦人会の目的は「皇国伝統の婦道に則り修身、斉家《せいか》、奉公の実」を挙げること、そのため「国体観念の涵養、婦徳修練」に始まる国防、軍事援護事業をすることであった。事務局幹部は官僚と軍人の古手ばかりで、女性課長は文化部生活課と貯蓄部母子課の二人だけであった。軍と政府の二重構造があらわになった政局のため、大日本婦人会の支部づくりは難航し、選挙は翼賛選挙になり、賃金格差を固定したまま女子の勤労動員は強化された。

大日本婦人会発会式の一五日後に、富山から満一六歳の真下ミサオ（のち市川の養女）がお手伝いとしてきて、食事の世話をしてくれるようになり、市川はいくらか人間らしい生活ができるようになった。

注

（1）勝目テル「五十年のおつきあい」「市川房枝というひと」刊行会編『市川房枝というひと　一〇〇人の回想』新宿書房、一九八二年。

（2）山高しげり著、全国婦人会館女性史研究会編『わが幸はわが手で』ドメス出版、一九八二年、一五五～一五六ページ。

（3）『市川年表　1893-1936』一九三三年六月一五日。

（4）「座談会　第六十五議会に臨む」『婦選』一九三四年一月での市川の発言。「市場の問題などは他の婦人団体でやつてくれて私の方なんかは婦選の法律改正運動だけやつてゐられゝばいゝと思ふ事があります。余り戦線が広くなると手のまはりかねる憾《うら》みがある」一九ページ。

（5）「主張　今後の婦選運動の目標」『婦選』一九三三年九月、『市川房枝集』第3巻、日本図書センター、一九九四年。

（6）「主張　婦人運動の一新傾向」『婦選』一九三三年一一月、『市川房枝集』第3巻。

（7）市川房枝「最近の婦選運動を語る」『婦人新報』一九三四年四月。

（8）『自伝』四二四ページ。

（9）「主張　婦選と母性保護法制定運動」『婦選』一九三四年八月、『市川房枝集』第3巻。

（10）『自伝』三五二～三五三ページ、『市川年表　1893-1936』一九三四年一一月一〇日。

（11）松島治重「東洋経済のころの苅田さん」刊行委員会編『苅田アサノ人と想い出』堀江邑一、一九七六年、一六四ページ。

(12) 西清子『追憶』ドメス出版、一九八八年、八四〜八六ページ。
(13)『婦選』一九三五年一月、二月。「新東」＝「東京株式取引所の新株」。
(14)「婦人の政治的自覚からさらに婦選の獲得へ」『名古屋新聞』一九三五年七月二九日。「地方婦人の方が熱心な粛正運動」『婦女新聞』同年八月四日。選挙粛正運動については、伊藤康子「選挙粛正運動と女性」『草の根の婦人参政権運動史』吉川弘文館、二〇〇八年。
(15)『自伝』三七一ページ。
(16)「婦選達成　選挙の粛正は婦人から」『婦選』一九三五年六月、『市川房枝集』第3巻。
(17)『自伝』三七三ページ。
(18)『婦人年鑑』昭和一一年版、東京連合婦人会、一九三五年、四三ページ。
(19)『自伝』三八五〜三八六ページ。
(20) 市川房枝「私の婦人運動——戦前から戦後へ」「歴史評論」編集部編『近代日本女性史への証言』ドメス出版、一九七九年、六四ページ。
(21)『自伝』四〇九ページ。
(22)「婦人運動検討座談会」での市川の発言、『女性展望』一九三七年一月、二七ページ。
(23)『自伝』四二六ページ。
(24) 同前、四〇七ページ。
(25)「政界の近況を語る」『女性展望』一九三七年六月、『市川房枝集』第3巻。
(26)『自伝』四三三ページ。
(27)「市川房枝、ウーマン・リブを語る」『月刊日本』一九七九年三月、『市川房枝集』第8巻。
(28) 一九二八年三月婦選獲得共同委員会以後、一九三七年九月の日本婦人団体連盟にいたる共同行動組織は、伊藤前掲『草の根の婦人参政権運動史』六六〜六八ページ、最多数団体結集は一九三五年母性保護連盟の四四団体。
(29) 児玉勝子『十六年の春秋—婦選獲得同盟の歩み』ドメス出版、一九九〇年、一六九〜一七七ページ。
(30)「女性の社会時評座談会」での市川の発言、『女性展望』一九三八年一一月、六ページ。

(31)（内閣）情報局第一部「最近に於ける婦人執筆者に関する調査」部外秘の輿論指導参考資料、一九四一年七月、五七、六一ページ。山口美代子「近代女性史料探訪―国立国会図書館所蔵憲政資料の中から―」『参考書誌研究』第四〇号、一九九一年一一月。

(32) 山田よし恵「戦時下の知識人・野上弥生子」近代女性文化史研究会『戦争と女性雑誌―一九三一年～一九四五年―』ドメス出版、二〇〇一年、二八九～二九一ページ。古庄ゆき子編『野上彌生子』第三章、ドメス出版、二〇一一年。

(33)『自伝』五六六ページ。

(34) 赤澤史朗「大日本言論報国会」赤澤史朗・北河賢三編『文化とファシズム　戦時期日本における文化の光芒』日本経済評論社、一九九三年、一七五ページ。

(35) 前掲『近代日本女性史への証言』六八ページ。

(36) 武田清子「市川房枝の人と思想」『市川房枝集』別巻、三一ページ。「武田清子さんに聞く」『女性展望』二〇〇九年九月。

(37)『自伝』四七五～四七七ページ。

(38) 原田清子「戦時下の市川房枝―婦選獲得同盟の解散と婦人時局研究会」『銃後史ノート』復刊五号、一九八三年、二八一ページ。

(39)「戦争下働く婦人に責任ある地位を与へよ」『読売報知』一九四三年一月一五日。

(40)「けふの買漁りは〝敵〟だ」『朝日新聞』一九四三年一月一八日。

(41)「女の胸にも輝く国のため働く誇り」『毎日新聞』一九四三年一月二一日。

(42)「家庭に遊休女性　無自覚な母の責任」『毎日新聞』一九四三年五月四日。「けふから男子に代つて力一ぱいに働かう」『読売報知』一九四四年一月一五日。

(43) 市川房枝「皇国の家と主婦」大日本言論報国会編『世界観の戦ひ』同盟通信社出版部、一九四三年。

(44) 西清子「ある心のうずき」前掲『一〇〇人の回想』。

(45) 中日新聞社編「市川房枝さん」（インタビュー）『想う』第三集、中日新聞東京本社東京新聞出版局、一九七五年、四一ページ。
(46)「会員の方々への御願い」『女性展望』一九四一年八月、『市川房枝集』第4巻。
(47) 児玉勝子『婦人参政権運動小史』ドメス出版、一九八一年、二八七ページ。
(48)『自伝』四九九ページ。児玉前掲『十六年の春秋』一九六ページ。「婦人時局研究会報告」「婦人時局研究会々報」『女性展望』一九四〇年一〇月以降各号。
(49)『自伝』五一四～五一五ページ。
(50) 同前、四八六ページ。
(51) 同前、四九二～四九三ページ。
(52) 同前、四九六ページ。
(53) 田中未来『生きること育てること』福村出版、一九八七年、一〇二ページ。
(54) 進藤久美子『市川房枝と「大東亜戦争」―フェミニストは戦争をどう生きたか』法政大学出版局、二〇一四年、三九六ページ。『市川年表　1937-1950』一九ページ。
(55) 佐高信『小泉純一郎の思想』岩波ブックレット、二〇〇一年、一六～一七ページ。
(56)『自伝』四九七～四九八ページ。
(57) 同前、五〇一ページ。
(58) 菅原和子「戦時体制下の市川房枝―植民地台湾における皇民奉公（皇民化）運動をめぐって」『法学新報』二〇一〇年。
(59) 北村スヾエ「霧社のことども」『婦選』一九三一年一月。内空閑鈴重「台湾での思い出」前掲『一〇〇人の回想』。
(60)『自伝』四八七～四八九ページ。
(61)「婦人問題研究所開く」『週刊婦女新聞』一九四〇年六月二三日。
(62)「婦人問題研究所通信」『女性展望』一九四〇年六月以降各号。
(63)『婦選獲得同盟十六年小史』（婦人展望臨時増刊）婦選会館出版部、一九七四年、三〇ページ。
(64)『自伝』五一三ページ。

(65) 鹿野政直「婦選獲得同盟の成立と展開」『日本歴史』一九七四年一二月。同「ファシズム下の婦人運動」家永三郎教授東京教育大学退官記念論集刊行委員会編『近代日本の国家と思想』三省堂、一九七九年。

(66) 児玉前掲『十六年の春秋』一九一〜一九六ページ。

第六章

婦人問題研究所を根拠地として

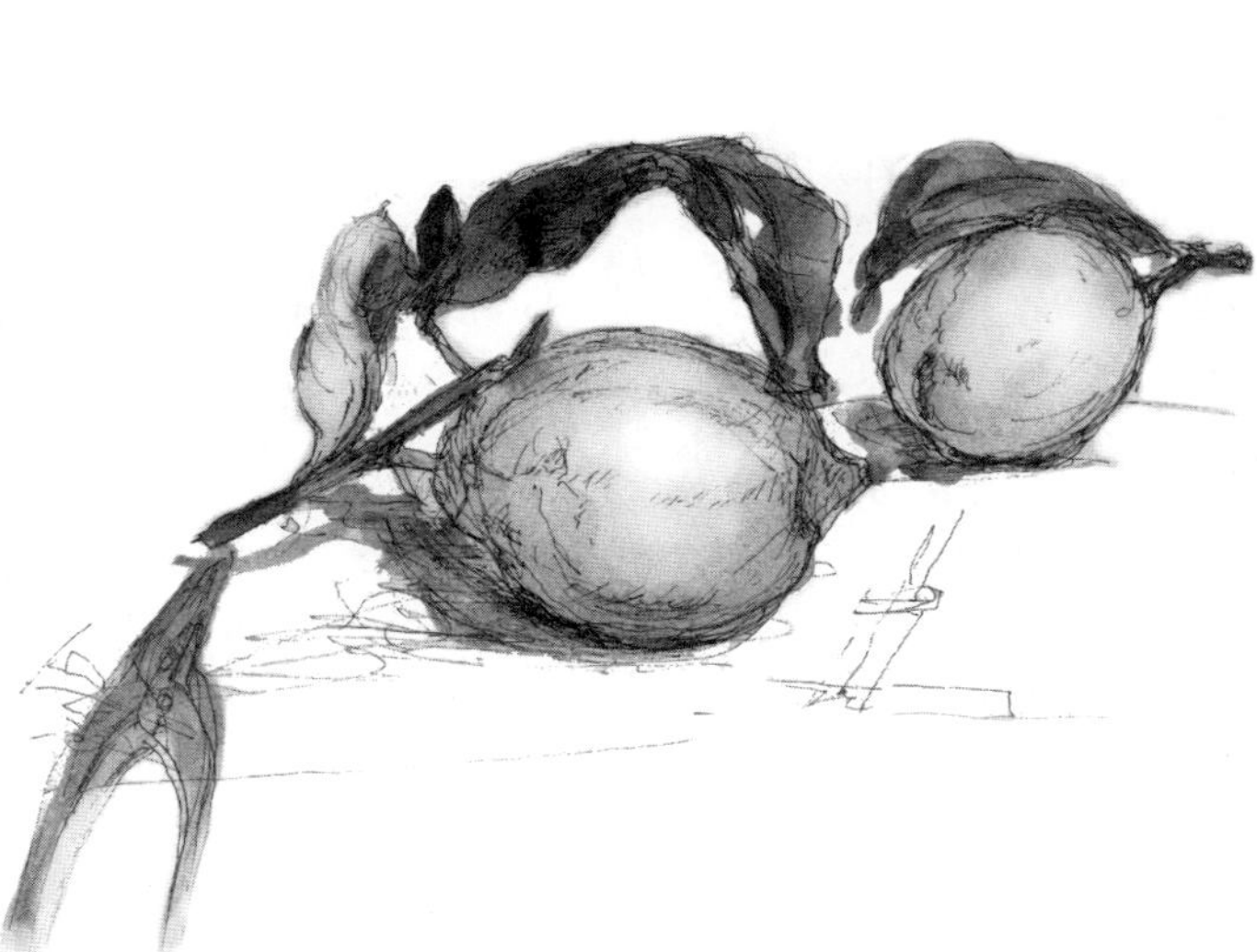

レモン

婦選獲得同盟解消後の体制

一九四〇（昭和一五）年九月獲得同盟は解消し、その会員・精神は婦人時局研究会（以下、時局研究会という）に参加することになる。藤田たきが「婦選解消の臨時総会の記(1)」に記したように、「市川さんの一顰《いっぴん》一笑《いっしょう》に一憂一喜する会員」は市川が「なすべき義務を果した」と安心の笑顔でいるので大安心、出席者全員が起立して一六年間の役員たちへの感謝を表し、八木橋きいは「我々はどこ迄も無条件について行く」といって全員心から賛成したという臨時総会になった。市川たち中心になった役員の献身的活動に会員たちが理性も感情も含め心服し、全面的に肯定していたことがわかる。

一九四〇年八月、時局研究会は「国民組織としての婦人組織大綱試案」を、女性を①主婦、②労働婦人・職業婦人、③文化関係婦人、④女子青年に分け、現存婦人団体はこの組織に解消、小婦人団体は自主性に任せ、労働関係は男子と合同または連携させるという提案を発表するなど、活動を続けていた(2)。

獲得同盟員が合流した時局研究会は、一九四〇年一〇月一九日の定例研究会で市川房枝を幹事長とする新役員を決め、会員・会費・方針等を決定した。一九三九年二月に発会した第一段階の会は内閣情報部、企画院、各省と連絡をとって女性の不十分な時局認識を深めるための会であった。一九四〇年一〇月以降の第二段階の会は当局との協力を方針の第一項に掲げているが、第二項「中央地方を通じて婦人指導者及将来指導者たらんとする婦人を糾合する(3)」が本当の方針だったと思われる。自分たちの現実と要求に沿って時代と将来像を見通し、改善提案し、解決する人材育成のための組織であった。その意味で、第二次世界大戦終結後の日本の女性施策を検討するための研究会を志していたといえる。

時局研究会は青年部、文化部、生活指導部、主婦部に組織替えし、今度こそうやむやなものにならないように期待された。(4) また大阪、横浜市鶴見区、函館にも地方の時局研究会を設け、婦人団体一元化（愛国婦人会・連合婦人会・国防婦人会の統合）、役員は全部女性にするなども建議した。

獲得同盟解消の直前に再建を決めた婦人問題研究所は、一九四〇年二月から資料収集を始め、六月に市川を所長とする理事・職員を決定した。七月には八田篤子、金子しげり、帯刀貞代を研究員に委嘱、佐野智慧子、竹村とし子、盛タミ子、川崎七瀬など若い人がボランティアとして手伝いたいと申し入れてきた。(5) こうして時局研究会の基礎となる独自の調査研究体制も見通すことができた。獲得同盟の殻を脱ぎ捨てた新しい時局研究会は、保守的な吉岡弥生、井上秀子らの名前を隠れ蓑《みの》にすることなく、一年以上当局と連携して時局の情報を学んだ実績のうえに、より若い層を含めた情報学習、討論の場として活動を開始した。

金子しげりは、獲得同盟一六年の歴史を振り返り、創立の精神は婦選団体一元化、大同団結であった、婦選を求める女性は誰でも参加できる発会式は新興の気が満ちていた、この婦選の精神は時局研究会に流れており、婦人指導者の養成を志している、『女性展望』は啓蒙に働き、婦人問題研究所はそれらの背後に根を下ろす、全体を婦選発展の姿と描いていた。(6)

『女性展望』は独立採算の女性展望社発行となり、市川は発行名義人、金子しげりが編集責任者、ほかに渡部（原田）清子も編集にかかわり、時局研究会、婦人問題研究所の情報を掲載した。しかし一九四一年、雑誌の統制問題のため『女性展望』は廃刊せざるを得なかった。一九四一年一二月には「婦人問題研究所所報」が発刊され、隔月刊で一九四五年二月、一四号まで続いた。

こうして市川は、獲得同盟解消後の体制を整え、婦人問題に関心がある女性が能力を伸ばす場所を可能な限り確保した。帯刀貞代は、一九二七年全国婦人同盟結成、一九二九年無産婦人同盟結成に参加し、一九三一年共産青年同盟に加入、翌年検挙されるが、河崎なつらの援助を受け、女性史に関心をもち、婦人問題研究所の設立を知って、私に何ができるかわからないけれど市川さんの研究所で働かしてもらえないかと思い、頼んでスタッフとして就職した。(7) 名古屋ＹＷＣＡ職員だった長瀬タキヱは、ＹＷＣＡに集まる若い女性の間に非公然の読書グループを組織して、一九三四年二月検挙され（不起訴）、横浜ＹＷＣＡに勤務したが、婦人問題にかかわるなら市川のもとでと、獲得同盟に参加した。(8) 市川の身近にいた市川ミサオは、市川の人間関係について「去る者は追わず、来る者は拒まず」の自主的姿勢が基本だったと証言している。(9)

市川周辺の財政状況

獲得同盟が最盛期にあった一九三〇（昭和五）年度（一九三〇年四月～一九三一年三月）の本部収支は、入金合計八九九五円余、出金合計八九七六円余であった。入金中、会費四六九七円余、借入金一八四四円余、寄付金一六八六円余、出金中の返済金二二七三円余、運動費二二一三円余、俸給二一六七円が大きいところであった。財政はつねに自転車操業だったと会計担当の児玉勝子は証言していたが、最大の貸し手は市川（一九三一年度への繰越し借入金三七〇円）、次に竹内茂代、田中芳子、河崎なつ、金子しげりで、いわば

内輪の貸し手であり、獲得同盟が活動経費などとして支払わなければならないお金を帳簿上借金にしたと思われる。(10)

一九三二年、婦選運動一三年を振り返って市川は、運動の悩みを、第一に第一線で働く人が少ないこと、次に資金がないこと、お金があるのは男性だが、婦選運動は男に反対する運動だと誤解している人が多く、金持ちの奥様は婦選運動に理解がない、観劇の切符を売って資金を得ようとしても、同じ値段でも婦選運動のためなら嫌という人がいると嘆いた。獲得同盟では、議会運動、地方遊説、『婦選』発刊など、研究会や婦人団体としての活動費用と事務所費、電話費等で月七〇〇円はかかるという。活動に骨の折れるのは当然だが、市川は、ただ私心なく、誠心誠意自分の信ずるところを行えばよい、いつかはわかるという信条で生きている、そして私自身のあるだけの時と力と金とを婦選運動に捧げていると結んでいる。(11)

一九三九年度の入金合計は四七五〇円余、会費一三七八円余、寄付金二二一〇円余、借入金四五〇円、出金合計は四七四四円余、事務所費一〇五七円余、俸給手当七四六円、『女性展望』誌代・補助計一四一五円余が大きいところで、運動費は八六円余で激減しており、一九三〇年に比べれば活動は縮小しているが、組織維持にはそれなりの経費がかかり、帳尻を合わせるには借入金が必要だった。この年、会員数は合計六九〇人（うち正会員五五六人）、『女性展望』購読者数は六九八人であった。(12)

時局研究会の財政（一九四〇年四月～一九四一年三月）は、入金合計一七〇七円余、内会費九八一円余、入会金一四二円、合計一一二三円余、入金の六五・八％になる。会費一人六円だから会員は一六四人、獲得同盟員だった人は入会金二円が不要なので、新会員が七一人いたことになる。(13)獲得同盟会員は時局研究会に参加するようお願いしていたが、会員は減っていた。支出金合計一四八八円余、帳簿上赤字でないのは繰越金五三〇円余のおかげであった。時局研究会一九四三年度会計報告によれば、入金一四二八円余、支出一〇二〇円余で、会員数は一三九人となっている。

婦人問題研究所は、一九四三年二月現在、特別維持会員（年額一〇〇円、市川を含む）一〇人、維持会員（年額二〇円）三四人、賛助員（年額三円）等の援助で支えられた。一九四三年度会計報告によれば、入金五一六一円余、出金四七〇九円余、差引残高四五二円余、内寄付金が一一五一円余あったが、最高の五〇〇円は、生命保険満期金による市川の寄付であった。(14)

市川は時局研究会幹事長、婦人問題研究所所長であったから、経営責任者でもあったが、これらの「会計報告」は「至極順調」としている。

市川は「運動で食っている」といわれたくないと、獲得同盟から俸給をもらわなかった。では市川個人の家計はどうだったのか。一九四二年一二月と推測されるメモ書き収支によれば、収入計四六四・五二円、支出四三一・三一円、差引残高三三・二一円、別に大蔵省貯金局から五〇円の債券等がある。収入は商工省一八九円を筆頭に、大日本婦人会本部、東京の四区役所のおそらく講演料と、東洋経済新報社等のおそらく原稿料が主である。支出中生活費は、食費生活雑費としてミサオに渡される賄費《まかないひ》三五円、家賃二カ月分七〇円、ミサオ一二月給料二〇円。そのうえに戦時下の特別出金として隣組債券、貯金、大東亜出版の一〇株二七四・三六円となっている。衣料費、保健衛生費等の消費はない。国策に協力する講演料による収入、隣組債券等の半強制的戦時貯金の支出という不安定で先の見えない家計である。(15)

『市川年表　1937-1950』の記録では、一九四〇年四月三〇日内閣官房から一〇〇円、同一二月一八日大蔵大臣から貯蓄奨励協力に五〇円、一九四三年一月台湾皇民奉公会から五〇円、同八月三〇日大蔵省から四五〇円、同一二月一八日にも三一〇円が市川に届いている。講演料は複数回の合計としても少ない金額であった。ちなみに巡査の初任給（一九四四年）四五円、小学校教員の初任給（一九四一年）五〇～六〇円、白米一〇キロ（一九三九年）三円二五銭という時代であった。

児玉勝子は自分の俸給を三〇円、上がっても四〇円にはならなかったといっていたが、市川ミサオの俸給も、食住保障とはいえ安い印象である。ミサオは若いからおなかが空いて、いろいろ食べているうちに給料はすぐなくなった、服は藤田たきたちの服をもらって直して着たといっているので、獲得同盟の内外はつつましい相互支援を前提にした財政であった。

婦人時局研究会青年部（のち水曜会）

一九四〇（昭和一五）年一〇月以降の時局研究会には、三五歳以下の会員による青年部（当初青年グループ、のち水曜会）が置かれ、一〇月二二日初の懇談会の討議は「新体制は吾等が負はんの熱意に溢れる」意気込みをもっていた[16]。ここには四七歳の市川のほか、渡部清子、斎藤きえ、辻泰子らが参加していた。一一月一六日幹事会で「若い会員有志の要望」で青年部設置を決め、資格は年齢満三五歳以下の有志、部長は八田篤子だったが八田はまもなく辞任した。時局研究会青年部は、土屋喬雄『続日本経済史概要』をテキストに二六人が共同研究を始め、続いて経済問題・時事問題の研究会をしばしば開いた[17]。一二月には第一回女子青年講座（五回）、翌年には主婦講座も開催された。鶴見、大阪の時局研究会も発足し、一九四一年四月には社会政策研究会、主婦部会、金曜午餐会も動き出し、青年部は研究発表会（盛タミ子「女子青年学校生と職業婦人に関する思想調査について」）を行うなど、時局研究会は幹事会、定例研究会以外にも一九四一年前半までは活動していた。しかし八月『女性展望』廃刊、人員整理、市川の母たつの死去等があり、会合をあまり開いていない。一九四二年には農繁期託児所の実際的指導（報告者鈴木とく、塩谷アイ）、市場見学等多様な課題も扱われるようになった。四三年、四四年には理事会、幹事会、青年部、懇談会を含め年間三〇回前後集まるなか、函館時局研究会も発足した。

しかしそれ以後戦時下の自主的会合はもちにくくなり、一九四四年四月七日時局研究会と婦人問題研究所の合同理事会（市川、山高しげり、竹内茂代、千本木道子、河崎なつ、原田清子、加藤清子、八田篤子、斎藤きえ出席）は、時局研究会を婦人問題研究所の一事業とすることを決定（別会計）した。空襲が日常化したため会開催が困難になり、一九四四年一二月、例会・研究会中止を決定、時局研究会は事実上解散した[18]。それまでの主要な検討テーマは、婦人団体組織の原則（主婦、職業婦人と労働婦人、文化関係婦人、女子青年にグループ分けする、大日本婦人会は部落常会＝隣組と重複するので不要ではないかなど）であったが、当局に取り入れられることはなかった。

水曜会メンバーは、原田（渡部）清子によれば、市川、原田、斎藤きえ、大月照江、吉岡万里子、生田八重子、西谷和子、虎谷喜恵子、田中きねよ、佐野智慧子、大坪英子であった。原田によれば、戦争中の空気のなかでは具体的に規定しなかったが、水曜会の若い人々は「反軍国主義＝反独裁、早期戦争終結で一致していた」という[19]。

唯物論者であった原田は、市川と思想的には違っていたが、自由な言論・行動が封殺されていた戦時下に、市川が公言できることだけをいい、女性の権利の後退と戦争の被害を防ぐためできるだけのことはする責任感と行動について、息詰まる現実を生き抜こうともがく女性にしかわからない共感をもっていたと、市川死去後に書いている。[20]

婦人問題研究所の活動

職員が図書・資料の整理、女性関係新聞記事の切り抜きを続けていた婦人問題研究所は、斎藤きえが主事に専念することになり、『婦人問題研究所所報』を一九四二（昭和一七）年一二月創刊、「高い、広い立場から婦人の進むべき道を探求し、これを正しき方向に導くための調査、研究を行う」と方針を決めた。[21]市川は『女性展望』時代のように「研究所便り」「身辺雑記」に周辺の動向を記録している。

所報創刊以前に徳沢献子『伊太利の婦人組織』（三二ページのパンフレット）を発行した。『婦人問題研究所所報』三号によれば、当面の仕事として、台湾の皇民奉公会に依頼された結婚問題の資料収集を斎藤きえがまとめ、書店から依頼された「婦人年報」編集、結婚の実情・対策調査に着手している。

さらに市川は『戦時婦人読本』を編集し、勝利へ向かう戦時の女性の生き方、家庭のあり方を示した。市川は総論というべき「婦人と国家」を、一、婦人は民族の母、二、国の礎をなす家と主婦、三、国家経済と家庭経済、四、生産者としての婦人、五、婦人の自己錬成、の内容で書いた。男女は生理的違いがあり、民族を発展させるためには男女の活動が要求されるので、男女の価値は同等である、出産・育児は国の公事になり、家と主婦は国の礎だから「しゃもじ」と財布を握って家を守るべきである、その家庭経済だけでなく国家経済を理解し、近隣の家族が励ましあい、隣組や婦人会の一員である自覚が必要となる。家庭と職業を両立させ、直接生産者としても立派に役立ちたい、その重大な使命のために自己錬成が大切で、まず健康、次に子どもを立派に育てる、さらに皇国の女性として教養を積み人格をみがくことを心がけたいという内容である。(22)

一九四四年七月には市川は、「婦人年報」として婦人問題研究所関係者がほとんどを執筆した『婦人界の動向』(23)を出版した。津久井龍雄が最初にこの戦争の世界史的意義のため最後の勝利を収め、新東亜の建設を成就しなければならないと記した。そのあとを受けて市川は、「婦人界一般情勢」として、女性は戦争勝利のために生産力増強、人口政策等に協力してきたが、政府も旧婦人団体も女性の希望を取り入れて立案し実践させるのが必要なのに、女性の職業教育も指導も不十分、女性組織は二重三重になり、世帯主の地域住民団体の実働人員としても組織され、女性は別組織に同じような仕事を課されて疲れる。女性の良い指導者が必要だが、男性が指導者の場をほとんど独占し、女性の自発的な行動を妨げる。封建時代の道徳観を強調するが空疎で、女性を混乱させるだけだから、女性に対する新しい指導理念を確立することが急務であると、自分の信念を吐露《とろ》している。こうして各論で、生活の協同化、生活の刷新、生活文化等の諸問題を展開、付録の団体名簿には、時局研究会を「学術及び研究団体」、婦人問題研究所を「婦人を対象とする団体」としている。この本の原稿料は二四〇〇円であった。婦人問題研究所としては、毎年「婦人年報」として出版したい意向であったが、戦争激化によって紙の需要が逼迫《ひっぱく》し、見通せなくなった。

婦人問題研究所が主体になれる本づくりは、市川の持論を展開できる場になり、また軌道にのれば原稿料も調査研究等の経費にできる可能性がある。婦人問題研究所再建の意味は、この期待の結果であったと思われるが、情勢はまもなくもっと厳しくなっていた。

当時討議された内容や婦人界の動向を伝えるのは『婦人問題研究所所報』の「研究所便り」「身辺雑記」等であった。『婦人問題研究所所報』四号（一九四三年六月）は、町会の婦人部総代兼婦人会班長の経験と婦人会組織運営について、五号（一九四三年八月）は富山県農村の「全村運動」と男女の水泳競技運営の協力、六号（一九四三年一〇月）は配給と女子の勤労強化、ほとんどすべての男性の女性観は封建時代の思想から一歩も出ていないことへの批判と八木橋きい死去の知らせ、七号（一九四三年一二月）は岩手県翼賛壮年団・大日本婦人会県本部の講演と研究所編『婦人界の動向』について、八号（一九四四年二月）は大日本婦人会審議員を退任する事情、九号（一九四四年四月）は研究所の書籍資料疎開先を八王子在の川口村に決定した報告、一〇号（一九四四年六月）は生活の本拠を川口村に移し晴耕雨読の生活、一一号（一九四四年八月）は函館婦人時局研究会の講演会に行った際の大日本婦人会支部の非協力について、一二号（一九四四年一〇月）は谷野節子が厚生省労務官に任官したこと、大日本婦人会への批判、一三号（一九四四年一二月）は田沢義鋪《よしはる》と永井柳太郎の訃報、川口村部落常会の話題、供出は平等にするが、たばこ・酒の配給は女性に不利の実態、一四号（一九四五年二月）は「大日本婦人会を解消し町内会部落会に一元化せよ」の組織変更提案であった。(24)

町内会の婦人部長もさせられた市川は、玄米食の奨励運動のため、一抱えもありそうな大きなお釜を買い、事務所から出る紙くずと公園に落ちている木の枝で炊き、ふーっと煮立ってきたら火を止めて余熱で炊き上げるので、燃料が少なくて済む、と宣伝した。ミサオは玄米食がおいしくないのでやめたかったが、律義な

市川は一生懸命、おむすびをつくってみんなで試食したという。(25)

一九四二年七月、市川は故郷朝日村に帰って村の大日本婦人会支部結成式に参加し、「日本婦人として国家に尽くさねばならない」と挨拶していたが、(26)そのような努力があっても一九四四年一月、大日本婦人会審議員の改選で再選から外される。大日本婦人会ににらまれると講演機会が減り、収入に響くので、市川にとっては「重大問題」であった。アジア太平洋戦争下、書くとき話すときに市川は婦人大衆のために代弁して自分の意見を述べていたが、当局に異論をもつことだけでも問題とされた。大日本婦人会の主導権は軍部がとろうとしていたが、軍部はもともと平和を求め軍事予算拡大に異を唱える獲得同盟を喜ぶはずはなかった。こうして獲得同盟の後継根拠地の転換を順調に進めることができたようにみえて、それも苦難の連続の道であったと思われる。

八王子郊外への疎開・敗戦

一九四三(昭和一八)年一二月、市川は八王子市郊外の川口村に講演に行った縁で、村長に依頼し、「お大尽」といわれていた出征軍人の蔵のある離れに東京空襲を避けて疎開することを決めた。野菜づくりの畑も借りた。

一九四四年六月婦人問題研究所の図書資料と市川、ミサオは生活の場を移し、東京の事務所は斎藤きえ、武石まさ子が仕事をした。田舎に「偉い先生」が来たと駐在所の巡査にいわれ、市川は村の仲間入りをして、部落常会に出席し、畑を開墾しサツマイモや菜っ葉をつくり、青年団の人と話したり本を貸したりした。蔵の一部に本や資料を収め、市川は本を読み、書き物をした。床の間も本が占領し、服は茶箱に入れ、配給以外のヤミを買わず、たばこの配給は男には一〇本、女には五~七本の割り当てだったが、女衆も市川も不満だった。市川はバスと電車で東京の事務所や講演に出かけた。三月一〇日の東京大空襲のあと、友人の大竹せい夫妻が疎開してきて、鶏を手に入れお裾分けしてくれた。市川は金もなく「ヤミは絶対にしないと誓っていた」ので買えなかった。ミサオは市川が不正を本当に嫌っていたから戦争中はもちろん、戦後もヤミはできなかったといっている。ミサオが徴用で働きに行った会社へのお弁当に、畑で枯れた菜っ葉の煮つけをもって行って、可哀想に思った同僚がおかずを分けてくれた。

市川は川岸を散歩し、一一歳若い大家の母親と縁側で話し、おおらかな家族とこの家を気に入っていた。敗戦の翌年まで住んでいたこの家は、市川が生涯に住んだ一番良い家だったと、ミサオはいっている。

一九四五年七月終わりか八月初めのある日、川口村で麦まきの用意をしていた市川は、P51米軍機から撒かれたチラシ（伝単）を拾った。書かれていたのは日本語訳のポツダム宣言だった。市川は戦争に負けるのが嫌で、民主主義進展に向かう内容までしっかり把握できなかった。

八月一五日、東京で焼け残った部屋を貸してもらう交渉をしていた作家長田幹彦宅で、天皇の放送を聞いた。戦争に敗れた悔しさで、涙が頬を伝って流れたという。空襲で焼け野原になっていく東京に、市川は活動拠点を確保しようとしていた。川口村は婦人運動資料の疎開が第一の目的であり、市川は空襲があっても多くの女性が生活の困難に耐えなければならない東京、自分が活動する余地があるかもしれない東京を離れようとはしなかった。戦争に勝てないだろうと予測しても、市川は負けるのが嫌だったから、戦争を敗北という形で早期終結するのが良いなどと考えた跡はない。市川は自分のなかに矛盾を抱えても、女性大衆とともに生きる道しか自分に課さなかった。

一八日まで東京にいて友人を訪問、何をすべきか相談して歩く。川口村に帰り、大竹夫妻と話し、庭に立ってじーっと空を見、「敗けちゃった。まあ、だいたいわかっていたけど」と、ボーッと立っていたという。こんなことをしててもしょうがないから畑へ行こうかと、ミサオと畑の草むしりをした(27)。市川は「水車のように働く」愛知農村女性の生活道徳のように働き、気を取り直そうとしていた。

「自分ではどうしようもない」時代を生きて

先述したように、日米開戦の前年の一九四〇（昭和一五）年二月、市川は竹中繁と中国の占領地を旅した。竹中が以前訪中した際に会った中国女性は、日本の政府・軍に好感をもっていなかった。日本の特務機関は女性を通じて中国女性に働きかけていたが、市川は南京事件の話を聞き、日中友好の確立は容易でないと感じた(28)。一九四二年には台湾の皇民奉公会の招きで講演会・座談会をこなし、女子師範の後輩内空閑《うちくが》鈴重に霧社事件の現地に案内してもらい、また台湾総督府の差別待遇に怒っている中国人にも会い、植民地行政の実態を見て問題があることを発見したが、「どうすることもできないことばかり」だった(29)。

一九四三年、町会の婦人部長兼大日本婦人会末端の班長になり、出征軍人の見送りの役目を果たさなければならなかった。向かいの平山堂の若主人が出征することになり、征《い》くのは嫌ですがしかたがない、家族をよろしくと市川に挨拶に来た。市川は「行くなとも言えないし、行ってらっしゃいとも言えない。ただ黙っていた」、翌年戦死され、「とうとうあの人も死んでしまった」と悲しそうに言い、戦後転居先の鎌倉までお見舞いに行ったという。(30)市川は、日本の行政・軍が築いた軍国主義の壁に囲まれていた。

獲得同盟の闘いの明け暮れは、日本の法律・制度が女性に対して築いた壁の、どこかに穴を開け、女性の社会的地位と生活を向上させようとすることだった。その闘いが空虚になって組織を解消すると、より大きく、厳しい壁がむき出しになって迫ってきたようである。何とかしようとするとき、市川は深く情報を収集しようとする。もともと市川は官庁や新聞から出た情報も、数字なら縦横そろばんを入れて正確を期し、「中立の立場」で平等な扱いをしようとした。周囲の職員にも正確・中立を期待した。(31)しかし相手にした政治家、権力者は正確・清潔とは違うところで動く人も多かった。だからいっそう市川は自分自身として調査・情報収集に熱を入れなければならなかっただろう。軍事・政界・経済界の裏は、女性には無縁に近かった。そこを市川の調査、収集した情報のなかからつかんだ実感で見極めようとしたのではなかろうか。市川としては、自分の実感を判断基準にせざるを得ないのが日本社会であった。

生活・経済問題での国策委員に就いたのち、言論報国会理事となり、得難い情報を聞くために会議になるべく出席したのも、市川の情報収集の方法としては普通のことだった。女性の権利・生活向上のための情報収集の視点からすれば、貯金の話も言論報国の意味も軽重はみえにくい。そういうなかで市川は、女性が受ける戦争被害を少なくしようと模索していた。こうして市川はある程度戦争に協力したのは事実、だが戦争中にとった態度は恥じていない、反省すべきことは戦争に反対していた人が力を合わせて、軍部が戦争に突入するのを防げなかったことという[32]。

もろさわようこはプラグマティストの市川の実践軸は差別からの女性の解放、目の前の女たちの悲惨をどうするかの使命感であるから、木を見て森を見なかったことがつまずきとなったのではないか、しかし他者の批判以上に、市川自身が戦後の反戦・反軍備・反差別の実践で反省の姿を示しているという[33]。一番ケ瀬康子は、市川はプラグマティストだったから大きな状況を読めなかったのではないか、一貫して婦人参政権を獲得する戦略であり、そのための妥協という見方もできるのではないか、単純に戦争責任と一括して断じる人は、状況に対するとらえ方が甘い、生き方そのものとつなげて考えるべきという[34]。

犬丸義一は、満州事変当時の市川の平和主義の主張、満州事変批判は、当時満州事変反対を貫徹したのが地下の日本共産党、労農派、矢内原忠雄ら少数の知識人で、大多数は右傾化した現実のなかで、稀有の存在だったと指摘する。女性の立場から軍部の専制政治への批判をはっきり示しているが、一九三七年支那事変以後は反戦運動は非合法でしかできない時代になった。市川が婦人大衆への責任を最優先として非合法運動をしない以上は、妥協して戦争協力せざるを得ず、「このつぎ」には一生懸命反対する意思表示をし、「このつぎ」が現実にならないよう戦後は一貫して平和運動をすすめた。戦前にはなぜ広範な平和運動が成立しなかったかが大きな問題であるという[35]。

一九一九年ごろの市川は女子労働者運動、労働組合運動の力で日本女性への差別を変えたかったが、労働者多数の現実、労働運動の現実では無理と感じて、インテリ女性、女学校・師範学校以上の教育を受けた女性に改革の基盤を置いた参政権獲得運動に進まざるを得なかった。しかし日本女性のなかではインテリ女性は少数で、そうでない女性と共同しなければ問題解決・改善に進めない。無産婦人団体の人々は、婦人参政権運動の人々と思想も生活感情も違っていたが、無産婦人に協力する人々を増やさなければならなかったし、市川を信頼する気持ちもあって共同闘争に進んだ。当時は相当にぎくしゃくし、激論も起こったが、そういうなかから市川の努力の結晶ともいうべき日本女性の共同行動がようやく育った。

男性の協力を得る困難もたちはだかった。衆議院議員は世界の思潮からすれば、女性の人間としての権利を否定できないが、当時の生活では女性は男性に扶養される存在であり、学歴も低く、自立できない（させない）二流国民であった。貴族院議員は旧来の生活感情を維持していた。児玉勝子によれば、保守政党の政治家は個人的にはいい人だったが、「何だ女どもが」というごく単純な男尊女卑は骨身に沁《し》みついていた。日本が大国になっていこうとするなら、大国並みの理論は良いとせざるを得ない。婦人参政権の理屈には押される、だから面白くない、というなかでの婦選獲得運動であった[36]。

法律を制定し変える立場の国会議員の意向と、少数の自立しようとするインテリ女性・無産女性の意向の、どちらを日本政府が重視するかは明らかなことである。帝国憲法は万世一系の天皇の大権と立憲議会制度の二重構造をもっており、万世一系の天皇は男系によって継承される皇室を国体とする。男系による皇室の継承は一夫多妻制を前提とし、皇室の男性は女性を二流の位置に置く。こうして女性を政治領域から排除し、経済上は補助的労働力に位置づける構造が、矛盾をはらむ日本近代の社会であった。大日本帝国の権力者・行政は世界の大勢に背を向け、ああでもないこうでもないと女性の権利を低いままに置こうとした[37]。

市川は、女性が参政権をもてば、日本の政治は良くなると信じて活動した。欧米が進めた水準までは、日本の政治も女性の社会的地位も良くなると期待し、当初はイギリス、アメリカの婦人参政権獲得前後の活動から学び、戦時中は同盟国ドイツ、イタリアの活動を紹介して、日本女性の方向を示唆した。しかし日本の社会は後進資本主義国としての矛盾をより深く抱え、厳しい女性差別を維持しており、欧米並みは論外のことだった。

市川は敗戦直後、まだ日本がどうなるのかわからない時期に、敗戦の原因を日中戦争本格化以来の内閣が真剣に女性の協力を求めなかったためと書いた(38)。日本の内閣は、女性を利用しようとはしたが、真剣に協力を求めるはずがなかった。当時女性が政治的権利をもてば日本の政治は良くなると市川が期待したのは、政治についても女性についても甘い楽観としても、その信念があったから政府・男性にねばり強く働きかけ、女性への政治教育の可能性を信じることができたと思われる。

注

(1) 藤田たき「婦選解消の臨時総会の記」、「婦選臨時総会での決定」『女性展望』一九四〇年一〇月。
(2) 婦人時局研究会「国民組織としての婦人組織大綱試案」、「婦人時局研究会報告」『女性展望』一九四〇年一〇月。
(3) 「新方針決定」「新役員就任」「青年グループ初会」「婦人時局研究会々報」『女性展望』一九四〇年一一月。
(4) 匿名子「婦人界月旦」『女性展望』一九四〇年一二月。
(5) 「婦人問題研究所通信」『女性展望』一九四〇年七月、八月、九月。
(6) 金子しげり「再出発に当りて」『女性展望』一九四〇年一〇月。
(7) 帯刀貞代『ある遍歴の自叙伝』草土文化、一九八〇年、一四四ページ。帯刀は一九四四年六月、教育科学研究会グループ員として検挙される直前に辞任した。
(8) 「長瀬タキヱ」愛知女性史研究会編・刊『愛知近現代女性史人名事典』二〇一五年。
(9) 「市川ミサオさんに聞く」『女性展望』二〇〇八年五月。
(10) 児玉勝子『十六年の春秋—婦選獲得同盟の歩み』ドメス出版、一九九〇年、四四～四五ページ。

（11）「婦選運動十三年」『婦人世界』一九三二年三月、『市川房枝集』第2巻、日本図書センター、一九九四年。
（12）「昭和十四年度決算報告」『婦選獲得同盟会報―昭和十四年度報告』復刻版『婦選』第一巻、四八九～四九一ページ。
（13）『自伝』五二六～五二七ページ。
（14）『市川年表　1937-1950』解説二四ページ。
（15）同前。
（16）「婦人時局研究会々報」『女性展望』一九四〇年一一月。
（17）『市川年表　1937-1950』一九四〇年一〇月二二日。『自伝』五二四ページ。「婦人時局研究会会報　十一月」『女性展望』一九四〇年一二月。
（18）児玉前掲『十六年の春秋』一九八ページ。
（19）原田清子「新日本婦人同盟の成立」『銃後史ノート』復刊七号、一九八五年、一九九～二〇一ページ。
（20）原田清子「敗戦前後の先生と私」「市川房枝というひと」刊行会編『市川房枝というひと　一〇〇人の回想』新宿書房、一九八二年。
（21）「研究所会報《ママ》発刊に際して」『婦人問題研究所所報』一九四二年一二月、『市川房枝集』第4巻。
（22）「婦人と国家」『市川房枝集』第4巻。
（23）市川房枝編『婦人界の動向』文松堂出版、一九四四年。冒頭に津久井龍雄「一般政治経済情勢」があり、そのほか原田清子（理研工業厚生課）が工場労働者、斎藤きえが農村女性、大月照江が「人口政策と婦人」、藤田たき（津田塾専門学校）が「教育政策と婦人」、山高しげりが「軍人援護政策と婦人」「戦争生活と婦人」、稲田登美子（雑誌編集者）が「大東亜共栄圏内の婦人活動」を執筆、その他は市川と斎藤きえが分担執筆した。
（24）『婦人問題研究所所報』は『市川房枝集』第4巻。
（25）市川ミサオ『市川房枝おもいで話』日本放送出版協会、一九九二年、五一～五二ページ。
（26）「夏草に迎へられ　市川房江《ママ》女史郷土入り　日婦発会式で現す闘士の片鱗」『名古屋新聞』尾張版、一九四二年七月一二日。

(27) 前掲市川ミサオ『市川房枝おもいで話』五三〜六八ページ。「市川ミサオさんから聞く」『女性展望』二〇〇八年五月。「坂本フミ子、田中君子、市川ミサオさんに聞く」『女性展望』二〇〇八年七月。

(28)『自伝』四九六ページ。

(29) 同前、五六一ページ。

(30) 同前、五七〇ページ。市川ミサオ前掲『市川房枝おもいで話』五二ページ。

(31) 市川房枝「私の婦人運動―戦前から戦後へ」「歴史評論」編集部編『近代日本女性史への証言』ドメス出版、一九七九年、五八ページ。

(32) 同前『近代日本女性史への証言』六八ページ。「市川房枝、ウーマン・リブを語る」『月刊日本』一九七九年三月、『市川房枝集』第8巻。

(33)「もろさわようこさんに聞く」『女性展望』二〇〇八年九月。

(34)「一番ケ瀬康子さんに聞く」『女性展望』二〇〇八年一一・一二月。

(35) 犬丸義一「現代史のなかの市川さん―戦争と平和の問題をめぐって」前掲『一〇〇人の回想』。

(36) 伊藤康子『草の根の婦人参政権運動史』吉川弘文館、二〇〇八年、「まえがき」九ページ。

(37) 早川紀代『近代天皇制と国民国家―両性関係を軸として』青木書店、二〇〇五年、三六二〜三六六ページ。

(38)「自主的な行動を」『朝日新聞』一九四五年八月二〇日、『市川年表　1937-1950』一九四五年八月二〇日。

第七章

敗戦、女性にとっての民主主義を

ハルジオン

婦人参政権・公民権・結社権実現

一九四五（昭和二〇）年八月一七日、東久邇宮稔彦内閣成立、その翌日内務省は、地方長官宛てに占領軍向け性的慰安施設設置を指令、二七日最初の施設小町園が大森海岸で開業した。占領軍進駐に伴う女性の不安に早急に対応する方法を、政府は日本女性を「防波堤」に使うことしか考えない。

市川房枝は、戦争中先に立って動いていた人は、敗戦国民が受ける諸問題に対処すべきと考え、八月二五日七二人に連絡をつけ、戦後対策婦人委員会を結成し、自分は婦選三案実現を求める政治部の責任者となった。市川は日本政府が婦人参政権実現を発表するよう東久邇宮内閣に申し入れたが、「考えておく」という返事しかない。まだ占領軍がどのような施策を打ち出すかわからない時期に、女性の組織づくり、権利要求を実行できたのは、市川たちが、戦時中に婦人時局研究会、婦人問題研究所をつくり、戦争終結後に必要な政策検討と人材の育成を進めていたから可能だったと思われる。その後政治部は新しい婦人運動組織として新日本婦人同盟設立に目標を見定め、他方、大日本婦人会の遺産を軸に日本婦人協力会（宮城タマヨ委員長）が設立されたが、ＧＨＱ（連合国軍総司令部）に戦争協力組織に似ていると問題にされ解散した。戦後対策婦人委員会も解散する。

政党の再建・再組織が動き出したので、市川は旧知の鳩山一郎夫妻に会い、政党の政策として婦人参政権を入れるよう頼み、一〇月二三日、鳩山は日本自由党の綱領に入れた。市川は自由党に入党してほしいといわれたが、政党中立の立場で政治啓蒙にあたりたいからと断った。一一月には戦前の無産政党が日本社会党を結成、婦人部長に赤松常子が就任した。各政党は女性を競って入党させ、自由党は吉岡弥生、進歩党は村岡花子、国民協同党は奥むめおを婦人部長にした。当時女性には社会党の人気が高かったが、社会党や共産党は活動を共にしていた人を党員とし、他方、女性で立候補したい人は社会党に断られたから進歩党に入るなど、女性はまだ政治的立場をどうとるかよくわかっていないようだったという。市川は婦人参政権実現後の選挙とはどういうことか、一生懸命に政治教育をする役割が自分のすべきことと、選挙に出る考えはなかった(1)。

この間にGHQは日本政府に治安維持法・特高警察廃止、政治犯釈放、天皇制批判の自由等を指令し、東久邇宮内閣は実行できないと総辞職、一〇月九日、幣原喜重郎内閣が成立した。その初閣議で、戦時中の女性の社会的活動をみていた堀切善次郎内相は、二〇歳以上の男女国民が選挙権をもつ選挙法改正を閣議に提案、全員賛成で決定した。幣原首相は閣議後マッカーサー元帥を訪問、五大改革指令(婦人解放、労働組合の助長、学校教育の自由化、専制政治からの解放、経済の民主化)を受ける。その第一に挙げられたのは「参政権の付与による日本婦人の解放＝日本婦人は政治体の一員たることによって家庭の福祉に直接役立つ新しい政治概念を日本に招来するであろう」であった。一一月二一日治安警察法が廃止され、女性の政治活動が自由になった(女性の結社権実現)。一一月二六日に政府は帝国議会に衆議院議員選挙法改正案を提出、一二月一五日に改正成立、一七日公布された(婦人参政権実現)。その経過は菅原和子『市川房枝と婦人参政権獲得運動』(2)に詳しい。

市川のもとに新聞記者がきて、婦人参政権実現を「うれしいでしょう」といったが、市川は戦争でたくさんの人が死に、家を焼かれ、仕事を奪われ、それで敗けたわけだから素直にハイといえなかった。しかし婦人参政権をほしくて運動してきたのだから、与えられた参政権を使って、二度とこういう戦争を起こさないように、たくさんの犠牲が生きるように、覚悟を決めて、そのうえで「うれしいです」と答えた。(3) 市川の戦後の婦人参政権確立活動の出発点は、改めて平和を確立することであった。

新しい選挙法が改正公布された日、新日本婦人同盟など主催の「婦選実現記念各党の政策をきく会」には二〇〇〇人(一割男性)が詰めかけた。三菱航空機工場寮母だった槙ユウ子(共産党)は、「男の失業を女に置きかえるな。女性の生活権・労働権・休息権を保障せよ」と主張して、満場の拍手を浴びた。働く女性の政治への関心は急速に広まった。

市川は婦人参政権獲得のために長い間活動したが、今回の婦人参政権実現は自分たちの力で得たのではなく、ポツダム宣言の趣旨だと考えていた。女性が参加した最初の総選挙で当選した三九人の女性議員が、マッカーサー元帥にお礼に行ったけれども、感謝すべきは欧米の婦人参政権運動を闘って世界の婦人参政権実現に道をつけた人たちに対してではないかと、市川は広い視野で考えるようになっていた。

一九四六年九月二七日、町村制、市制、府県制、北海道会法、都制が改正公布され、一〇月五日施行、男女平等の公民権が実現した。婦人の「参政権」「公民権」「結社権」のすべてが実現した。

「歴史に〈もし〉はない」けれども、もし、市川が戦時中三つの道(①戦争に反対し監獄へ行く、②運動から退却、③現状を肯定してある程度協力する)のどれを取るか悩んだとき、婦選運動、女性の地位向上のための運動から撤退したとすれば、敗戦直後に、敗戦による女性への被害を軽減する活動、婦人参政権実現・確立を社会に働きかける活動をすることはできなかったのではないか。

新日本婦人同盟（日本婦人有権者同盟）の初代会長として

一九四五（昭和二〇）年秋、市川の疎開先である川口村（現八王子市）に水曜会（婦人時局研究会青年部）の人々が集まり、時に夜を徹して新団体の構想を討議した。新団体は「新しい日本を築くための婦人同盟」という意味で、新日本婦人同盟という名に決めた。目的を「婦人の自主的活動により、民主主義国日本の建設に協力すること」とし、当面の運動を立法・行政の諸機関への婦人の参加の実現と、そのための啓蒙活動の展開とした。会員にはとくに戦時中、勤労を通じて社会認識を深めた勤労女性と女子学生・生徒に期待した。役員はできるだけ旧指導者を避け、新人を望んだ。一九四五年一一月三日、新日本婦人同盟の創立大会が開催された。全国一〇都県約一八〇人が集まり、市川は満場一致で初代会長に選ばれた。綱領は、一党一派に偏らず各政党・各種団体と提携・協力関係をもち、婦人参政権を有効に行使して実現したい内容を掲げた。

一、政治と台所を直結せしめ、国民生活の安定を図ると共に、家庭生活の合理化、協同化を促進する事
一、封建的な諸拘束並に金権的な支配から婦人を解放し、その能力の伸張を図ると共に婦人の経済的、社会的、法律的地位を高める事
一、婦人の政治意識をたかめ、男子と相協力して、真に民主的、平和的な新日本を建設する事
一、国際正義を尊重し、世界の恒久平和の確立と人類文化の発展に寄与する事

この綱領は獲得同盟一九三〇年総会の宣言と共通性があるが、原田（渡部）清子が書き、市川が「政治と台所を直結」の言葉を加えた。原田清子の目標は、婦人の政治教育というような狭い枠にとらわれないで、具体的な生活向上の大衆運動を通じて社会変革の第一歩としての民主主義を定着させることであった。(4)

市川は新日本婦人同盟を「過去約二十五年に亘つて展開されて来た完全なる婦選運動の後継者として、婦人参政権の獲得と、これを有効に行使」し、「勤労無産大衆婦人の立場に立ち、久しき間婦人をしばりつけて来た封建的な鉄鎖と、婦人を搾取して来た金権的な支配から婦人を解放」するとし、「然もそれ等の運動は勤労大衆婦人の参加の下に、出来るだけ若き青年婦人の手によつて自主的に行はれん事を希望」している、ただし総選挙前は会員の獲得、支部の組織、婦人の政治教育に全力をあげると訴えた。(5)

かつて市川は女子労働者、労働運動に社会変革の期待をもったが、時代はそこまで進展しておらず、獲得同盟は無産婦人団体と共同行動を重ねたが、勤労無産大衆婦人の立場に限ることはなかった。新団体は獲得同盟の後継者であったが、同時に原田の求める社会変革に進む民主主義を目指してもいた。原田は市川と水曜会メンバーとで新団体の性格目標について討論した際、「勤労無産階級婦人大衆の立場にたつという綱領の重点についての譲歩を得た」と書いているので、討論の重点は「立場」にあったと思われる。市川も戦後の新時代に、インテリ女性と勤労無産大衆女性の共同活動に民主主義を確立していく期待を寄せたのであろう。

新日本婦人同盟は、創立大会の翌日地方支部結成について相談、組織活動に着手し、一九四五年中に秋田、京都、名古屋で旧獲得同盟員中心に支部ができた。福島県は戦前の同盟員は少なかったが、東京からの疎開者が創立大会に参加し、支部結成の中心になった。一一月の会員は全国で約三〇〇人、寄付金は一万三〇一〇円だったから、経済的基礎となる組織づくりを政治啓蒙とともに進めざるを得なかった。市川はかつてアメリカで学んできた婦人参政権獲得後の活動として、婦人有権者の組織を進め、支部を拠点に女性の政治教育・社会活動を盛んにしようとした。言葉では市川と原田たち若手は一致しているようでも、資金・人脈・組織化・民主主義の質についての考えは微妙に異なっていたと思われるが、民主主義を求める戦後改革の激動のなかで、活動は協力し合って急テンポで進んだ。

市川たちは新日本婦人同盟結成大会の一一月三日から年末一二月二九日まで、五七日間のうち四〇日以上を秋田から福岡まで講演その他で活動し、新年は一月六日から三月三〇日まで八四日間のうち五〇日以上を北海道から鳥取まで、支部組織化や啓蒙活動を行った。市川は約五カ月間に六四回出かけた。市川は地方へ出かけるときは、若手の斎藤きえ、原田清子、吉岡万里子、鈴木貞子、長瀬タキヱらとともに行き、映画「婦人平等へ」（理研科学映画株式会社が敗戦後製作、市川が新聞社からの電話で婦人参政権が決まったと聞いた瞬間も再現した）を持って行った。市川は「ほんとに忙しかったな」という。新日本婦人同盟支部の幹部は戦前とあまり変わらなかったが、本部役員はほとんど無名の女性であり、講師には会長の市川が期待されたと思われる。講演を依頼する側からすれば、婦人参政問題で頼れる組織は知らなかっただろうし、占領軍は女性の投票率を高めようと厳しく指導して、日本の隅々まで政治啓蒙の講演会・懇談会を開催させた。地方支部も忙しく、最初に支部を設立した秋田では、支部長宅の電話は講演依頼のベルが鳴り続け、和崎ハルは三一回も講演した。新日本婦人同盟の約五カ月間の政治啓蒙活動は、本部だけで婦人参政権問題講演会一回、婦人政治講座（六回連続）一回、各党立会演説会一回、各党婦人立候補者政見発表会三回、全国での講演約一〇〇回、懇談会二五回、以上の参加者約五万人になった。このほか放送・新聞・雑誌への出演や寄稿もあった[6]。

しかし行政も各種新聞・雑誌も女性の政治啓蒙に努力していたから「特色がなくなっちゃった」と市川も認める状況になっていた。市川ミサオが映画「婦人平等へ」のフィルムを背負って一緒に行った長野県松本市では、人があまり集まらず、ミサオが「少なかったですね」といったら、市川は「私は一人でもするよ」と返事したという[7]。

市川の熱意にもかかわらず、新日本婦人同盟の特色は見えにくいだけでなく、目の前の生活問題に心を奪われている敗戦直後の女性との意識の違いも大きかった。そのなかで一九四五年四支部、一九四六年二二支部、一九四七年九支部がつくられ、新日本婦人同盟会員は三五〇〇人になった。市川が疎開していた川口村の娘たち二五人(うち二〇歳以下三人)の会合で、婦人参政権ということを前から知っていた人はなく、市川が政治とは生活のこと、国民大多数が幸福に愉快に暮らすことができるようにすること、と基本から話したが、娘たちは「選挙のときには立派に一票を行使します」といって帰ったという[8]。

市川は、社会教育連合会の公民叢書として『新しき政治と婦人の課題―婦人参政権を中心として[9]』を執筆した。その冒頭でポツダム宣言の基調は民主主義、つまり「人民の、人民による、人民の為の政治」だから、人民には当然女性を含んでいる。日本政府がポツダム宣言を受諾したことは、婦人参政権実現を前提としている。参政権とは国の政治に参加すること、欧米諸国でも日本でも長年の婦人運動で実現にいたった。国民が楽しく幸福に暮らせるようにするのが政治だから、不合理な現実を変える工夫をするために、貴重な一票を行使しよう。戦争に「ノー」ということもできる。各政党の政策を検討し、学校や家庭で政治を話し合おうと、内外の歴史と基本的課題を述べた。そのうえで女性の政治教育を目的とする新日本婦人同盟の具体的方策、諸機関への要望を提示している。

おそらく市川の講演もこのような内容で進められたのであろう。「婦人の立候補」の項では、欧米の例を見ても女性議員が続々誕生することは考えられないと書いており、より基本的な政治啓蒙に重点が置かれていた。新日本婦人同盟が実施する仕事としては、選挙に関する家庭会議を提唱するとともに、至急に全国で会員を獲得し、会員が小集会を開き、選挙に行くよう、政党や各種団体の講演会に参加するよう、また婦人講師を派遣しよう、と書いていた。

市川は有権者名簿に漏れていたため、投票所に行ったが、ついに投票できなかった。

市川ミサオは女性が参加できる初の総選挙で市川に「誰に入れたらいいでしょうね。自由党と社会党とどう違うんでしょう」と尋ねたところ、「一口にどう違うって言えない。できれば女の人に入れたほうがいいと思うけど、自分で考えなさい。自分でいいと思った人に入れなさい」と返事されたという。[10] 市川のそばにいたミサオの率直な質問は、当時選挙に行かなければと思っていた若い女性が初の選挙に戸惑う実態を示していた。のちに家族同然の付き合いをしていた富山県魚津市光学坊の大谷清雅は、選挙では戦争をしないという政党を選択する、地縁血縁にとらわれないこと、と市川に教えられた。[11] 投票に向かう姿勢についてはいうけれども、具体的な投票先は自分で考えるように仕向ける市川だった。

このころ一九四六年三月には、戦前の官製婦人団体が戦争に協力しながら責任を何も取ってないことを告発し、民主的社会の建設に立ち上がろう、みんなで民主的になっていこう、という婦人民主クラブ（婦民）が誕生した。GHQ民間情報教育局ウィードや宮本百合子ら文化人がかかわっていたので、新聞・ラジオは積極的に応援した。婦人民主クラブ支部は、一九四六年一二、四七年一三、四八年二三支部がつくられ（累計四八支部、うち東京が一八支部)、会員は四〇〇〇人、一九四九年会員八〇〇〇人といわれた。新日本婦人同盟が戦前を引き継ぐ女性の政治的権利確立中心の組織という印象だったのに対し、綱領には共通性が大きいが、婦人民主クラブは戦後らしい自分たちの社会をつくろうとする自由な雰囲気があった。(12)

さらに行政も占領軍の民主化政策の方向で地域婦人会の育成に動き、地域婦人会は物々交換や中古品販売という生活防衛と市区町村の下請け仕事に働くようになった。一九四九年一月末現在、労働省婦人少年局調査では、新日本婦人同盟など政治啓蒙団体は三七、文化団体三四三、宗教団体二二四、職域団体一五六に対し、地域団体は八〇九三で全体の九割以上になり、地域によって全戸網羅主義の戦前的組織原則をもち、人数からみると圧倒的多数を占めていた。(13) 行政に従う地域女性は、戦時中の受け身の姿勢をなくしてはいなかった。

敗戦直後の数年間、法律は女性も参加する国会で変えられていったが、女性は生活の困難を打開することに心を奪われ、それが政治や選挙とどう結びつくかまで考えがいたらなかった。一九四五年一二月、新日本婦人同盟愛知支部が結成されたとき、飯田絹緒支部長は投書で、戦災者の困窮を真剣に考えてくれているかなどの要求があると語り、それに対して市川がそういう具体的問題も含めて、女性の政治的関心を呼び覚ます活動をしていると発言、現実の解決を早急に団体に頼りたい地域女性に対して、新日本婦人同盟は基礎的な政治教育活動を使命とすると、関心の違う考えを示している。(14) 大多数の女性は、まだ、自分の要求を自分で解決しようとする民主主義には考えがおよばないのであった。

一九九九（平成一一）年四月になって、七三歳以上の女性四〇〇人に五〇年以上前を振り返るアンケート調査が「一冊の会」によって行われた。一九四六年四月に参政権に関心があった人三三％、関心がなかった人四七％、知らなかった人一一％、記憶にない人九％であった。その選挙に投票した人六六％、しなかった人一五％、投票したかったができなかった人四％、記憶にない人一五％等の結果が出た。[15] 初の女性選挙権行使の女性の投票率は六六・九七％であったが、獲得同盟員や新日本婦人同盟員だった人の関心、その他の女性の関心には相当な開きがあったと思われる。

戦争の惨禍、戦後の日本政府の無力、生活の困難を民衆の協力で解決しようという労働組合・革新政党の呼びかけと行動があって、女性は、労働運動、政治運動に参加するように変わっていった。まだ女性が社会的に解放されていないという事実が、選挙や米よこせデモ、日本国憲法審議をくぐってようやく見えるようになってきたのであった。新日本婦人同盟は、憲法草案に対し「婦人の基本的権利をより明確ならしむる為、母と子供の生活権、婦人の労働権、同一労働に対する同一賃金、婦人の生理に基づく母性の保護等の規定」を入れるよう要求している。[16]

市川は公職追放になったため、一九四七年三月新日本婦人同盟会長を辞任、一九五〇年一〇月公職追放を解除されたので、日本婦人有権者同盟（以下、有権者同盟という）と名称を変えた会の会長に復帰、一九五三年参議院議員選挙に出馬するため会長を辞任、当選後の五月顧問になった。一九六二年五月三度目の会長就任、一九六七年東京都知事選挙の美濃部亮吉応援のため数カ月間会長辞任、一九七〇年四月名誉会長になったが、有権者同盟は、市川にとってもっとも身近な、議会制民主主義を共に確立していこうとする組織であった。

政治活動を進める計画の挫折——公職追放

戦後、言論・出版の自由が現実になり、女性雑誌も、地方からも、新興雑誌が溢れ出た。そのなかで同盟の機関紙『新日本婦人同盟会報』は、一九四六（昭和二一）年六月『婦人有権者』と改題したが、特色を発揮できないだけでなく、月刊発行もできなかった。敗戦直後のインフレで、紙も印刷費も高騰していた。一九四七年四月、統一地方選挙と参議院・衆議院選挙が行われることになり、新日本婦人同盟は明治維新をしのぐ空前の政治変革ととらえた。市川は「つねに被支配者の立場におかれてきた日本婦人も亦今回は例外なしに選挙といふ平和的な手段を通じてこの日本の民主革命に参加する機会」だから、民主戦線の候補者を支持し、また立候補し、民主日本の建設と国民の生活再建の基礎を築こうと訴えた(17)。新日本婦人同盟は、一般的政治啓蒙だけでなく、具体的な選挙活動に携わって社会を変えようと積極的に発言する。

市川は参議院全国区から立候補することを勧められ、公職に適切な人物か資格審査され、大日本言論報国会理事であったため、一九四七年三月二四日に公職から排除されるべき人物と認定された。ただちに追放解除運動が起こされ、日本婦選運動の功績を認めよと、約一七万人が署名した請願書が提出された。市川も訴願の手続きを取り、尾崎行雄やアメリカ人の支援もあったが、大日本言論報国会の男性理事が公職追放になっているのだから、女性も平等に扱われるべきだという理由で、一九五〇年一〇月一三日まで公職追放は続いた(18)。

市川は新日本婦人同盟会長を辞任し、藤田たきが新会長、斎藤きえが副会長となった。ミサオは斎藤きえが追放解除運動の先頭に立ったと証言し、紀平悌子《きひらていこ》は上代《じょうだい》たの、藤田たき、大月照江、平林たい子、植村環《たまき》、八田篤子が一生懸命だったという。(19)

公職追放になった市川は、ミサオと川口村で暮らした。収入の道が絶え、自分はもう社会に必要な人ではなくなったのかと悩み、「死」も考えたという。懇意になった木工会社の社長が金は何時でもよいと九坪半の家を建ててくれたので東京に引っ越すことができた。市川はアヒルやウサギを飼い、空き地に野菜をつくって暮らした。客も奥むめおや田島ひで以外はほとんど来なくなり、市川は栄えているときは人が来るのが世の常だといっていたという。だが幸運にも『日本婦人新聞』に週一回、外国婦人に関するニュースを翻訳してまとめる仕事を引き受け、ミサオが買ってくる『ニューズウィーク』や『タイム』の婦人記事を、匿名で「コラム」として書き、どうにか生きることができた。ミサオは藤田たきや上代たのから援助を受けていたのではないかとも思っていた。その間、学生しか行かないような七階まで階段で上っていく日活名画座に二人で気晴らしに行った（市川は洋画が好みだった）。市川は藤田たきに「退屈したときに」とプレゼントされたトランプで、星野あいから教わった一人占いを繰り返した。

一九四七年五月三日、日本国憲法が施行された。九月には労働省が新設され、婦人少年局（初代局長 山川菊栄）が設けられた。翌年一月、片山哲内閣（社会党）の司法政務次官に榊原《さかきばら》千代が任命され、新日本婦人同盟と民主婦人協会等が共催でお祝いの婦人団体懇談会を開き、四月一〇日を「婦人の日」として国の祝日にするよう望んだが成功せず、婦人の日大会を開催するにとどまった。それ以前全日本産業別労働組合会議（産別）婦人部、婦人民主クラブなどは三月八日の国際婦人デーを「婦人の日」にしようと主張、集会を開催していた。一九四九年の第二回婦人の日大会は、国際婦人デーを主張する団体も合流、日本女性の政治的自由獲得運動の功労者として、堺ため子、平塚らいてう、市川房枝に感謝状を贈る決議がされた。感謝状には「婦人の政治的地位向上の為闘って頂いた生涯の御努力に対し、日本婦人が遂に選挙権を行使した四月十日の意義ある記念行事に際し、深くその御功績を讃え大会の決議を以て全婦人団体の名に於いてここに感謝状を贈呈いたします」とあった。市川は、若い労働婦人を含む右から左までの四十余団体に活動が認められ、価値を賞揚されたことは嬉しい、多くの同志の代表として受け、婦選会館に保存すると喜んでいる(20)。

ミサオは代々木駅前のお祭りに一人で行って遅くなったとき、市川が心配して門前に立って帰りを待ち、寝ていて寒くないかと布団の端をとんとんと押さえてくれるなど、市川のやさしさを肌で感じながら暮らしていた。市川は戦争中に自分の生活を支えてくれる女性を探し、満一六歳の真下ミサオが来たのだった。富山の実家からミサオに帰ってこいと手紙がきた返事に、市川が「身内のような気がする」からまたミサオを市川のもとに返してほしいと書いたのを見せられて、ミサオは嬉しかった。戦争が終わったので、気を遣わなければならない富山より、自由な生活ができる東京が好きになっていたミサオは、結婚するまで市川のもとにいたいと決心し、一九四九年八月、市川の養女になった。ミサオは「先生のためなら何でもできたし、楽しく幸せだった」と、二〇〇五年にいっている(21)。

公職追放中の一九四九年一〇月、仕事を求めて紀平悌子が来訪した。収入の少ない市川は、畑の菜っ葉を日給として、アヒルの卵一〇個を週給として、五〇〇円を月給として渡す。紀平は現金を辞退したが、市川は心配するなという。到来物があると高群逸枝《たかむれいつえ》のところに届けさせ、市川は収入が少なくても仲間の生活を支える気持ちをもち続けた。

市川が追放されたために、二、三の新日本婦人同盟支部は解散し、組織拡大は低迷した。この間、生活難・失業問題を抱えた労働者は各企業で労働組合に組織され、敗戦一年後労働組合員は約四〇〇万人になり、その四分の一は女性だった。国鉄が年少者と女性を主な対象として「合理化解雇」案を出したときは、ゼネスト方針で全労働者が団結して闘い、撤回させた。低賃金に取り残された官公労働者は、一九四七年二月一日ゼネスト準備に入ったが、マッカーサー元帥の名でストを中止させられた。このような戦後の社会状況のなかで、原田清子は一九四七年総会で新日本婦人同盟中央常任委員を辞退し、のち日本婦人会議等で活動した。長瀬タキヱは農村婦人協会（丸岡秀子理事長）の活動に移った。(22)

護憲、再軍備反対のために働く

一九五〇（昭和二五）年一〇月一三日市川の公職追放は解除され、紀平悌子は新日本婦人同盟事務局員に就任、一九五三年には市川の初代秘書となる。(23) 五七歳の市川は政治活動を冷静に再開した。

市川は追放解除後、よい政党、よい議員、とくによい女性議員を出し、議員とくに女性議員を監視し激励する運動を推進したい、だが「老人組」として、若い人たちの後見役をしたい、と再出発宣言をした。(24) この年朝鮮戦争が熱い戦いになり、国内ではレッド・パージが拡大し、警察予備隊令が公布施行された。婦人解放が、反動勢力に閉ざされるのではないか、男女の本質的平等は絶対守らなければならない、市川は有権者になった女性大衆の自覚、団結、努力を願った。(25)

設立時はまだ女性が有権者でなかった新日本婦人同盟は、一九五〇年会名を日本婦人有権者同盟と変更、市川が会長に復帰した。日本女性が有権者であるという自覚のもとに、この権利をもっとも有効に行使して、住みよい平和な民主的な日本を再建することが目的と、改めて確認している。(26)

敗戦からすでに五年が経過し、日本国憲法を初めとして、法制は男女平等、個人の尊厳を基調とするよう動いていた。しかし現実は男女平等・個人の尊厳実現にほど遠い。戦後民主主義、日本国憲法のもとでの平和を守りたい、その鍵は婦人参政権であるはずだった。かつて市川がアメリカから学んできた、参政権獲得後の運動の最初は、議員が当選後、立候補の際の公約を実行しているかを調査し、有権者に知らせる「国会監視委員会」の設置であった。議員の国会活動を調査し、有権者に知らせ、有権者に国会傍聴を勧め世話をする、各自の選挙区選出議員に意見を伝えることなどを内容としていた。

しかし日本をとりまく世界はより大きく戦争のほうへ動きかけていた。一九五〇年六月、平塚らいてうは安倍能成、大内兵衛らの平和問題懇談会が発表した「対日講和問題についての声明書」に触発され、女性も声をあげなくてはの思いに駆られ、「非武装国日本女性の講和問題についての希望要項」を書き、上代たの、野上弥生子、植村環に賛同を求め、声明として発表する助けを市川に頼んだ。市川は発表と同時にダレスに手渡してはどうかと提案、ガントレット恒子に英訳してもらい、日本に来ていたアメリカ国務省顧問ダレスに提出する運びとなった。新聞社等への声明文の発表は婦選会館で行われた。(27) 市川は公職追放中であったため、署名はしなかったが、こういう緊急時の行動に頼みにされる人だった。

一九五一年一月一日、マッカーサー元帥は年頭の声明を発表、安全保障、講和問題について言明、日本再武装を示唆した。二月、有権者同盟は、すべての連合国との同時講和、安全保障は国際連合に期待するとの要望書を対日講和促進のため来日した米大統領特使ダレスに提出した。前年の五人の署名者が発起人となって、所属婦人団体会員に呼びかけ、連合国すべてとの講和、再軍備反対の講和に対する希望をダレスに提出した。サンフランシスコで対日講和条約と日米安全保障条約が調印される前に、「再び非武装国日本女性の平和声明」を出し、世界の婦人団体等に送った。市川は「講和、安保両条約の批准を前にして」で、講和によって独立国となるのは嬉しいが、日本は植民地ないしは保護国に転落したともいえる、と世界のなかの日本の位置を記している。(28) この一二月、上代たの、平塚らいてう、市川によって再軍備反対婦人委員会が設立された。翌一九五二年四月二八日講和条約発効の日、再軍備反対婦人委員会は「安保条約と行政協定が何であるかにかかわらず、日本独自の立場において憲法を厳守し、再軍備に反対する」と声明した。(29)『朝日新聞』の世論調査では、日本は講和で独立したと考える人と独立していないという人が半々だった。

一九五一年八月、労働省婦人少年局の二代目局長に藤田たきが任命された。その直後、独立を前にしての行政整理で婦人少年局や厚生省児童局がねらわれ、労働組合婦人部・婦人団体等は婦人少年局・児童局廃止反対協議会を組織、神近市子、平林たい子、市川が世話人となって、各界婦人の婦人少年局存続期成同盟も設立され、運動を進めたが、関係官庁の反応は厳しかった。市川は吉田茂首相に直訴して解決できないかと考え、首相の息女麻生和子にぜひ婦人少年局、地方の婦人少年室を残してほしいと話した。麻生和子は「パパはフェミニストだから話します」といい、その後の閣議で吉田首相は婦人少年局を据え置くか、部に拡大してはどうかと発言、婦人少年局は存続できた。一九五〇年に労働省に就職した森山真弓は、市川が先頭に立って婦人少年局廃止はとんでもないことと働きかけ、たくさんの女性の先覚者が婦人少年局を潰すなと主張したので、内野より外野に守られて無事助かったと語った。(30)

当時「逆コース」といわれた再軍備への動き、女性施策の後退など、女性の社会環境に影が差してきた。

理想選挙への道を探る

一九五一（昭和二六）年の第二回統一地方選挙は選挙違反が前回の五倍以上になり、追放解除者が復帰できる総選挙が一九五二年秋に予想されると、事前運動が激化した。古くから選挙浄化を求めていた前田多門らが呼びかけ、公明選挙連盟が結成され、市川は常任理事に選ばれた。「選挙は公明に――出たい人より出したい人を」のスローガンが大きく訴えられた。このとき有権者同盟は「選挙費用一人分寄付運動」を独自に訴えた。衆議院議員候補者の選挙運動費用は、選挙区の有権者数を議員数で割った数かける四円と決められていた。これが法定選挙費となる。議員は有権者のために、有権者に代わって政治に携わるのだから、その選挙運動費用は有権者が負担すべきであるという考え方で、投票する候補者が決まったらその人に四円差し上げる、これが本当の民主政治で、よい議員、よい政党、よい政治の基礎になる、有権者同盟員は一人でも多く実行しようというのが、市川の主張であった。この考え方は一九二七年に選挙革正同盟会の田澤義鋪《よしはる》が提唱したのを学んだのだった。

この間、市川に日米知的交流委員会から文化使節の一人として渡米してほしいとの話があった。日本の文化使節として候補に挙げられたのは男性ばかりだったので、ＹＷＣＡの武田清子は、婦人解放のために尽くしてきた市川を一生懸命推薦し、同意された(31)。戦前から女性の社会的地位向上の方法をアメリカから学んできた市川は、大統領選挙をはじめ、見たいことはたくさんあり、お金の心配もない旅であった。大統領選挙を視察、アイゼンハワー新大統領や議員にも会い、国・州・市・郡各レベルの議会を傍聴し、政党・大学・国際連合を訪問、黒人問題・赤狩りについての意見も聞いた。国連総会では女性だけに関する初めての条約の婦人参政権条約が提案され、反対なしで通過したのを傍聴した。通訳のベアテ・シロタ・ゴードンは、市川について、誰も恐れず、率直に何でもいうすごい人だと語っている。[32]その後市川はロンドン、パリ、ベルリン、ミュンヘン、ジュネーブ、ローマを訪問し、さらにアジアを歴訪する予定だった。

一九五三年二月、衆議院予算委員会で吉田茂首相は社会党議員に対し、「バカヤロー」といって、内閣不信任案が可決され、衆議院は解散されることになった（バカヤロー解散）。参議院の半数改選選挙も行われることになっており、公示日は同日になった。この参議院選挙に市川立候補をとの動きが具体化し、市川の帰国が要請され、市川は公示日三日前に帰国する。帰国歓迎会席上、立候補要請がされた。

市川は二〇代半ばに名古屋新聞社の記者だったが、上司の示唆で名古屋市会議員選挙最中の候補者夫人の活動をインタビューして連載した。候補者の一人種野弘道夫人信子は、「議員の選挙といふことは一体は有権者の方から団体を作って何卒なつて呉れといつて頼む様にならなければと思ひます」と理想的な選挙のあり方を語り、市川が記事にして市民に伝えた。[33]

この自分が書いた記事を記憶していたかどうかわからないが、その後も議員の汚職や金や飲食提供が日常の選挙をやめさせる道が見通せるのであれば、「理想選挙」実現の発端を実行する機会になるのであれば、市川は選挙に出ても良いと考えた。こうして市川本人以外は選挙方法の細部を呑み込めないまま公示前日になり、参議院「東京地方区」で市川房枝の立候補を望み、当選に努力する政治団体・市川房枝推薦会を結成して選挙運動を進めることになった。

市川は立候補の承諾書に捺印、費用は出さず、ラジオ放送、立会演説会には出席する、選挙公報、ポスター、法定はがきを運動の主力にした。選挙費用は推薦会会員が持ち寄り、少額であれば寄付を受け、選挙法を守ることはもちろん、市民の迷惑になることはしないというのが理想選挙の原型であった。選挙法にはあるがよく知られてはいない「推薦届方式」に、応援を申し出る人やカンパを出す人が増えたという。選挙戦を予想した新聞は、最初市川は未知数、やがてダークホースと書き、一九五三年四月二四日のラジオは、八時開票開始、九時過ぎから第二位と好調、一一時半には当選確実が報じられた。東京都の有権者一九万一五三九人が市川に投票し、二位で当選した。四月二六日の『毎日新聞』は革新系に流れる浮動票を市川が一手にさらって、旋風的な二位進出にいたったと記した。(34) 推薦会に寄せられたカンパ総額四九万〇一一九円、選挙費用は二六万一〇三八円（法定費用の約一六％）であった。

一九五二年に提唱された公明選挙の第一号といわれたのは、長崎県諫早市市長選挙で野村儀平が実践し、当選した選挙だったという。その翌年、市川房枝の理想選挙が実行された。(35) 一九五三年有権者同盟渋谷支部新年会では、有権者同盟は政治啓蒙に徹するのだから、市川が国会議員になれば、国会のなかから見た日本政治の批判と報告を受けて啓蒙活動を進展できるという意見が出た。有権者同盟本部では賛否両論でもめた後に推薦を決定し、会う人ごとに市川への協力を依頼、人がいるところでは声高に市川の話をし、「推薦人にできる運動・できない運動」をガリ版刷りにして配り、素人らしい努力・行動が展開された。一つの目的に向かって心を一つにまとめた力が、ついに理想選挙を成功させ、市川を当選させたと総括している。(36)

大宅壮一は選挙後の『東京新聞』の座談会で、「市川房枝さんを選んだ都民は一応立派だと思うね……とにかく市川さんを当選させた都民は表彰されるべきだ」と発言、市川もその通りと思い、自分の後に理想選挙で立候補する人が続くよう願っていた。[37] 三年後の参議院選挙で、市川たちは藤田たきを推薦したが、当選はできず、理想選挙が困難な道であることを示していた。

注

(1) 市川房枝「私の婦人運動——戦前から戦後へ」「歴史評論」編集部編『近代日本女性史への証言』ドメス出版、一九七九年、八〇〜八一ページ。
(2) 菅原和子『市川房枝と婦人参政権獲得運動—模索と葛藤の政治史』世織書房、二〇〇二年、四六四〜四九八ページ。
(3) 前掲『近代日本女性史への証言』七七ページ。
(4) 原田清子「新日本婦人同盟の成立」『銃後史ノート』復刊七号、女たちの現在を問う会、一九八五年、二〇一〜二〇二ページ。「新日本婦人同盟綱領」『新日本婦人同盟会報』臨時号、一九四五年一一月一五日。
(5) 「新日本婦人同盟の結成に際して」『新日本婦人同盟会報』臨時号、一九四五年一一月一五日、『市川房枝集』第4巻、日本図書センター、一九九四年。
(6) 伊藤康子「戦後女性運動の源流——新日本婦人同盟を中心に」五十嵐仁編『「戦後革新勢力」の源流—占領前期 政治・社会運動史論1945-1948』大月書店、二〇〇七年、一四七〜一四九ページ。
(7) 市川ミサオ『市川房枝おもいで話』日本放送出版協会、一九九二年、七七ページ。
(8) 「今こそ起ちあがる秋」『青年』一九四五年一二月。『市川房枝集』第4巻。
(9) 『新しき政治と婦人の課題—婦人参政権を中心として』(公民叢書1) 社会教育連合会、一九四六年、『市川房枝集』第4巻。
(10) 市川ミサオ前掲『市川房枝おもいで話』八六ページ。

(11)「大谷さん一家に聞く」『女性展望』二〇一〇年二月。
(12)伊藤前掲「戦後女性運動の源流」一五四～一五五ページ。
(13)労働省婦人少年局「全国婦人団体数並に会員数調」婦人文化協会編『女性年鑑　一九五〇』雄文社、一九五〇年、一八～一九ページ。
(14)伊藤康子『草の根の婦人参政権運動史』吉川弘文館、二〇〇八年、一三四～一三五ページ。
(15)一冊の会・法女性学サロン読み合わせ分校編・刊『1946・4・10―初の婦人参政権行使と日本女性自立への出発』一九九九年、付7、付10。
(16)児玉勝子『覚書・戦後の市川房枝』新宿書房、一九八五年、四一ページ。
(17)「同盟の総選挙対策　啓蒙の目標と具体策」、市川房枝「来るべき各種選挙に際し婦人有権者に望む」『婦人有権者』一九四七年三月一五日。
(18)枝松栄「1947（昭和22）―1948（昭和23）年」『市川年表　1937-1950』三〇～三四ページ。
(19)「紀平悌子さんに聞く」『女性展望』二〇〇九年六月。
(20)「感謝状を受けた事について」『婦人有権者』一九四九年六月、『市川房枝集』第4巻。
(21)「市川ミサオさんから聞く」『女性展望』二〇〇八年五月。
(22)伊藤前掲「戦後女性運動の源流」一五八～一五九ページ。
(23)「紀平悌子さんに聞く」『女性展望』二〇〇九年六月。
(24)「私の再出発」『朝日新聞』一九五〇年一〇月一八日、『市川房枝集』第5巻。
(25)「婦人の完全解放へ」『読売新聞』一九五〇年一〇月一七日、『市川房枝集』第5巻。
(26)「婦人有権者の自覚を」『婦人有権者』一九五〇年一二月、『市川房枝集』第5巻。
(27)『平塚らいてう自伝　続　元始、女性は太陽であった』大月書店、一九七二年、七九～八六ページ。
(28)「講和、安保両条約の批准を前にして」『婦人有権者』一九五一年一一月、『市川房枝集』第5巻。
(29)児玉前掲『戦後の市川』七二、七六～七七ページ。
(30)「森山真弓さんに聞く」『女性展望』二〇一一年一一・一二月。

(31)「武田清子さんに聞く」『女性展望』二〇〇九年九月。
(32)「ベアテ・シロタ・ゴードンさんに聞く」『女性展望』二〇〇九年八月。
(33)「〈陣頭の奥様〉種野弘道氏夫人信子」『名古屋新聞』一九一七年一〇月二三日。
(34)市川房枝記念会出版部編・刊『市川房枝　理想選挙の記録』二〇〇三年、二四～三二ページ。
(35)田邊定義「キレイな選挙への点火者」、理想選挙推進市民の会編著『出たい人より出したい人を！　市川房枝たちの理想選挙――実践と手引き』市川房枝記念会出版部、一九九〇年、一六四ページ。
(36)鶴田勝子「歴史的な最初の理想選挙に参加して」同前『出たい人より出したい人を！　市川房枝たちの理想選挙――実践と手引き』一六五～一六六ページ。
(37)縫田曄子編『復刻　市川房枝　私の国会報告』市川房枝記念会出版部、一九九二年、一七ページ。

第八章

市川房枝議員へ寄せられる信頼

みょうが

参議院議員として道を拓く

一九五三（昭和二八）年四月二七日、五九歳の市川房枝は、東京都選挙管理委員会から「参議院議員当選証書」を交付された。議員は国会に行くとき議員バッジを付けなければならないことになっているので、秘書が女性用の安全ピンでとめるのをもらってきたが、市川はすぐ落としてしまった。「紛失再交付願」を書いて、「こんなに早くなくしてしまった人は初めてだ」といわれ、今度は男性用のバッジをもらい、糸で縫い付けた。特別国会の召集日五月一八日には無料の国会バスに乗り、参議院正面玄関前で下車。名札を黒字に返して階段を上った。控室で開会のベルを聞き、議場に入った。議長、副議長選挙のはずだったが、登院した議員数の報告があっただけで休憩になる。陰で各党の議長奪い合いの駆け引きがあって待たされる。市川は、国会というところは、まことに数がものをいうところである、個人の質や外の社会での地位や経験は通用しない、との感想をもった。

その間午後に歳費が出るというので、秘書がもらいに行く。歳費は一カ月七万八〇〇〇円、税金を引き、通信手当一万円を加えると、市川の実収は約六万円になった。ちなみに国家公務員上級職試験に合格した大学卒初任給は、一九五二年七六五〇円、小学校教員初任給は五八五〇円であった。

市川は選挙中立候補者用のはがきや選挙公報に「無所属…革新派の立場にたち、婦人の地位の向上、働く人達の生活の安定、民主主義政治の確立、平和憲法の擁護、日本の自主独立等のため微力を捧げたい」と書いた。ラジオ放送では、革新無所属の立場で、国民の大多数の働いている人が食べていかれるよう、少しでも楽しい生活ができるよう骨を折りたい、軍隊をつくることには反対、憲法を変えることに反対、国民にいいたいことをいわせないファッショ政治に絶対反対、民主主義政治を護りたいと語った。

当選したら自分一人でできることとして、議員になっても威張らない、なるべく国会を休まない、議員の歳費は多過ぎるので何とかしたい、議員と有権者のつながりを頻繁《ひんぱん》につけたいと考えた。議員としての方針は、①委員会満場一致案件はおおむね賛成、②多数決の場合は公約通り大衆の負担軽減・福祉増進・民主主義の維持強化・日本の自主独立・再軍備反対の立場で賛否を決める、③原則反対でも修正成立の見込みがあれば賛成するとした。

また議会報告会を開催し、団体から国会報告を求められれば無報酬で出席するとし（最初の一年間約一〇〇回実行）、議会活動報告を『私の国会報告』や『婦人有権者』に掲載した。歳費等の約三分の一を寄付することも決めた。こうして『私の国会報告』には、毎回、議会内外の活動、国会への出欠席や歳費の処理が詳細に記された、理想選挙の勝利を喜び、続いてほしいと訴えた。(1)

市川は、最初の公設秘書紀平悌子たちと、有権者に頼まれてなった参議院議員として活動を開始した。無所属で立候補したから、緑風会やその他の会派から入会勧誘があったが断り、「各派に属しない議員」といわれる「純然たる中立」の立場を堅持した。

獲得同盟で運動していたときは、資金はいつも自転車操業で、不得手でも寄付を集め、芝居や映画の切符を売って活動費にあてなければならなかったが、有権者の支持を得て国会議員になれば、国民の税金が市川の手を通って手弁当で活動する個人・団体にまわすことができるようになる。「どこへ寄付しようかと考えてたのしかった」という。[2]

こうして最初の一年間に、市川は有権者同盟への一二万円を筆頭に、婦人問題研究所、婦人平和協会、キリスト教女子青年会、全国女子歯科医師会、全国婦人福祉施設連合会、憲法擁護国民連合、婦人少年協会、売春禁止法制定促進委員会、婦人矯風会、大学婦人協会、世界平和者日本会議、売春禁止法制定促進大会、津田塾大学図書館、神奈川二葉保育園、国際文化会館、母子福祉社や、九州水害救済、内田あぐり除名撤回運動、沖縄校舎復旧費、内灘《うちなだ》のおかみさんたちの上京活動等、女性団体や女性の参加が多い活動へ寄付をした。[3] 名古屋の杉山千佐子が全国戦災障害者連絡会を立ち上げた一九七二年ころ、市川房枝を婦選会館へ訪ねた際「これがいるだろ」と五〇〇〇円カンパを渡すなど、臨機応変の寄付もしていた。[4] その後市川は一九六五年以降の所得税の確定申告書も公表している。[5]

超党派の成果と困難――衆参婦人議員団

一九五三（昭和二八）年四月には戦後五回目の総選挙（定員四六六人）が行われ、女性は九人当選（一・九％）、参議院議員（定員二五〇人）中女性は一五人だったので、女性国会議員は二四人の少数であった。秋になって自由党の女性議員が、よその党の人になじみがないから超党派の会合をもってほしいと市川に話しかけてきた。社会党の女性議員に話すと賛成、そこへ衆議院の女性議員が私たちも入れてほしいといい、それがきっかけとなって衆参婦人議員団ができることになった。参議院議長が夕食をごちそうすることになり、衆議院から三人、参議院から一二人が集まり、婦人少年局廃止反対、売春等処罰法制定促進、全国婦人議員大会開催問題を懇談し、今後衆議院は堤ツルヨ（日本社会党右派）、参議院は市川を衆参婦人議員団の当面の世話人に決めた。市川は古参議員のように全党派の国会議員に信頼されていた。

もっとも市川は本音では超党派の協力と党派の立場との両立はデリケートで、いつまで続くかわからない、と漏らしている。当初主として売春防止法制定に努力したが、社会党が独自の婦人議員団をつくったので、市川は衆参婦人議員団を解消しようとした。しかし自・社婦人議員から有志による衆参婦人議員懇談会として女性や子どもにかかわる超党派の問題に努力しようと提案され、深夜喫茶問題や酔っぱらい問題を取り上げようと、世話人が市川、戸叶《とかの》里子（日本社会党）と紅露《こうろ》みつ（自民党）三人の組織となった。(6)

一九五八年六月、東京都足立区で、一六歳と一三歳の姉妹が酒乱の父親を絞殺した事件は世間に大きなショックを呼んだ。泥酔者保護所やアルコール依存症患者病院の視察なども含め、衆参婦人議員懇談会は延べ二八回開かれ、三年がかりで一九六一年五月「酒に酔って公衆に迷惑をかける行為の防止等に関する法律（通称酔っぱらい防止法）」が可決成立し、初の超党派婦人による議員立法となった。(7)

一九六三年三月、東京都台東区の村越吉展《よしのぶ》（四歳）が誘拐され、身代金五〇万円が奪われたが子どもは殺される事件があった。衆参婦人議員懇談会ではこれを青少年保護対策として取り上げ、児童公園設置を要望、さらに交通事故防止のため子どもの遊び場を増加させる活動を進めた。(8)

田中寿美子は、市川の国会での最大の功績は、超党派の衆参婦人議員懇談会を組織したことと考えている。国会だけでなく婦人議員糾合の努力は地方議員にもおよび、婦人参政二五年目、三〇年目の記念集会では実績に自信をもった地方議員が多くなり、市川がしだいに無所属地方議員の集会に意義を感じるようになったとみている。市川が全国区で当選して以後は「タレント女性議員」が進出し、衆参婦人議員懇談会の伝統に無関心な人が多くなったが、それでも売春防止法、育児休業法への女性議員の協力は続いた。(9)

売春防止法成立の顚末

もともと獲得同盟が誕生したのは、女性が選挙権・被選挙権をもたなければ廃娼を実現できないから、久布白落実を先頭に矯風会が努力したのだった。敗戦直後、内務省は占領軍将兵のために公設の慰安施設設置を協議し、地方長官へも慰安施設開設について、警察署長が積極的に指導するよう指令した。開業された施設の内外で外国人将兵に性病が広がり、GHQは日本政府が性病撲滅《ぼくめつ》に努力すべきとし、日本政府は公娼廃止を命令するが、それまで公娼を陰に陽に認めていたのだから実際の効力はない。一九四七（昭和二二）年には売淫《ばいいん》させたものを罰する進駐軍命令による法律が出たので、完全な法律を制定するための運動が起こされた。一九四八年売春等処罰法を政府が提出、しかし、審議未了や廃案が続く。地方自治体で売春を取り締まる条例が出され、街娼の実態調査がアメリカ兵を「第三国人」と表現しながら出版される活動が行われた。

一九五二年四月二八日講和条約が発効し、日本の主権が回復されると、占領中の勅令・政令は六カ月後に無効になるので、公娼制度復活反対協議会が組織され、さらに一九五四年二月には政府のやむを得ない社会悪として売春を黙認する制度を、日本国憲法のもとでは許されない女性の人権無視であると売春禁止法制定期成全国婦人大会で決議、売春のない日本の建設を宣言した。売春禁止の趣旨には賛成といいながら保守政治家は黙認し続けようとしていた。

性病予防自治会と名乗る業者は死一歩手前の女たちを救済していると称し、国会傍聴で議員ににらみをきかせ、攻防が続くなか、鹿児島で土建業者が公務員へのワイロとして高校生などの女性を提供したという「松元荘事件」（松元荘で土建業者が公務員に一八歳未満の女生徒などを性的相手として提供した事件が児童福祉法違反に問われ、現場関係者、土建業者は起訴されたが、判明している公務員には何の制裁もなかった事件）が摘発された。衆参婦人議員団が動き出し、鹿児島大学女子学生会・男子学生会が呼応して売春禁止法制定促進を陳情、鹿児島県議会も衆参議院・内閣に請願、婦人団体も結束して鹿児島の恥だと発言する。市川は地元婦人団体の売春禁止法制定促進大会に藤原道子議員とともに招かれた。土建業者や松元荘関係者は処罰されたのに、女性を相手にした知名士は取り調べを受け、事実を肯定しているのに制裁は何もない不合理さを捨てておけなかった。東京都大田区で少女が逃げ出したことから少女売春が発覚したこともあって、売春等処罰法案提出はジャーナリズムが大きく取り上げた。

衆議院法務委員会では社会党委員が、業者は政官界に五〇万円の資金をばらまいている、人的にも政官界に食い込んでいる実態を告発した。しかし法案は民主党・自由党の反対で否決、民主党議員は法案を成立させないかわりに、政府が売春の総合対策を策定し、次の通常国会に提出すべきと提案し、政府を追い詰める決議を可決した。(10)

売春禁止法制定促進委員会と衆参婦人議員団両方に属する市川は、運動全体のコーディネーター役、秘書の紀平悌子は実務すべてにかかわっていた。売春等処罰法案が国会を通ると思っていたのに、まさかの否決、泣き出す女性もいたほどだったが、紀平が「ダメだったですね」といったのに対し、経験豊富な市川は「運動とは、こういうものよ」と返したという。紀平は「明日からまたやる」という情熱の塊のようなものを感じ、それが「一番好きな市川房枝」だという。(11)

その後も業者は自民党に集団入党を企画したり、全国から運動資金を集めて自民党議員に贈る「売春汚職事件」が摘発されたり、売春行為を既得生活権と主張して反対運動を進めたりした。自民党の売春汚職議員三人は次の総選挙で落選、政府の売春防止法案はようやく一九五六年五月成立・公布された（一九五八年四月全面施行）。

市川の初代公設秘書紀平悌子は、市川が、①まず一人でよく考える、②信用のできる同志をつくる、たとえ政権与党であっても、人柄と市川と一緒にやっていける人であるかを確認する、社会主義者のなかでも人道的な思想をもつ人で中心メンバーを固める、③その核の周りに全女性議員が団結して非人道的な憲法違反状態の女性の人権を問題にする、④大勢の声にする、という緻密《ちみつ》な運動づくりをして、超党派の団結で行動を進める、と語っている。市川は売春を民主主義国家で許すことはまかりならんと、常軌を逸するほど熱中していたと紀平はみている。(12)

一九五七年、基地を含む組織売春は一六三四地区、業者数三万五一八三、従業婦数は一〇万二七五二人、散娼（遊廓などに管理されていない売春婦）を含めると、売春婦と呼ばれる人は約一三万三〇〇〇人と推定された。業者の転業は料理店・飲食店・旅館・キャバレー・バー等、次の売春組織を生む危険性のある業種が多く、さらに新しい形式のもぐり売春も発生、「ひも」と呼ばれる一種の管理売春も存続、問題は絶えなかったが、国家が売春を「悪」と認めたのは前進だった。

女性有権者、国民の良識に支援された議員の努力がようやく実を結んだ。他方、抜け道としてソープランド（個室付き浴場）が全国に広がる。

議員活動する市川を、『東京新聞』が「論客」の連載で取り上げ、女性の苦しみを一つひとつ噛みしめながら闘ってきた市川の発言は、庶民の主婦の感覚に貫かれている、市川の生活と生涯が一言一句ににじみ出ている、と紹介した[13]。有権者の声を背に議会で闘う市川を普通の主婦が応援していると認めたのだった。

市川は一九六一年初めて米軍統治下の沖縄（当時は琉球、実質的にはアメリカの植民地）へ行った。二日目に日本軍・民間人が追い詰められた戦跡へ行き、日本から持って行った花束を捧げた。自由時間に新聞社の人の案内で日本人向けの「赤線」を視察、観光の呼び物になっているようで、女性の生活が苦しい現実を残念に思う。

一九六七年一一月、有権者同盟支部結成に出席するため市川は沖縄を再訪、戦争で多数の男性が死に、働く女性は多いが地位は低い、物価は高い、社会保障が弱い現実を日本内地の女性に丁寧に報告している[14]。

一九七〇年沖縄の売春防止法が公布施行されたが、当時本土からの観光客増加に伴い売春婦の数が増加するありさまで、婦人団体幹部にも法律の具体的内容は知られていなかった。市川は、沖縄初の衆議院・参議院選挙に無所属で参議院に立候補した喜屋武真栄《きやんしんえい》の応援に行ったのだが、沖縄の売春問題を婦人団体代表と話し合い、その場で沖縄売春対策協議会を結成した[15]。

韓国をはじめアジア諸国への「買春観光」も問題になった。売春をめぐる攻防、売春禁止の抜け道をふさぐ改正案提出はこの後も続いた。

国会活動と婦人運動を結んで

一年生議員としての市川は、国会活動としては労働委員会に所属したので、独自にけい肺法案を提案したが継続審議になり、本会議で労働争議規制法案等について質問、スト規制法案に反対意見を述べた。その他再軍備費を含み、民生安定費・教育費が不十分である予算案、再軍備につながるMSA協定、艦艇貸与協定、国際連合の軍隊の地位に関する協定、防衛二法案、言論の自由を束縛する秘密保護法案等に反対した。

一九五三（昭和二八）年一一月の講演で、市川は日本が全体として逆コース状況にあり、婦人運動もあまり活発でないなかで、選挙による公職に就く女性が増加傾向にあるのは前進面と指摘した。そこで今後どうすればよいか、第一に女性議員、それも町村会の女性議員を増やそう、それも含めて女性の地位を守る、女性の人権を守る、女性の地位の後戻りを阻止するための婦人運動を活発に展開しよう、そのためにはよい指導者を育てよう、指導者は全女性のため、日本のため、やむにやまれぬ気持ちをもつことが大切、と強調した。市川は戦後一〇年もたたないうちに、女性施策の後退への危機感を抱くようになっていた(16)。

一九五四年は政治献金汚職事件が広がり、婦人団体は汚職をなくす婦人大会を開いて、各政党の汚職に関する意見を確認した。造船汚職に連座した自由党幹事長佐藤栄作の逮捕請求を阻止するため、犬養法務大臣は指揮権を発動、世間の非難を集めた。このなかで、参議院無所属クラブに属する愛知県選出の長谷部ひろと市川は、公職選挙法について連座制（選挙の責任者が義務違反をした場合は候補者が当選しても失格する制度）の強化を主眼とする改正案を提出し、超党派婦人議員の支持も得たが継続審議になり、次の国会でようやく成立した。

一九五四年四月、市川の郷里の隣町萩原町婦人会から「市川、長谷部両先生御提出の連座制の強化法案は本当に私共国民の心からの叫びでございます。（中略）疑獄、汚職をなくするには連座制の強化が第一歩でございます。性道徳を守る第一歩は売春禁止の精神でございます。どうかこの二法案を通過させて下さいませ」の手紙が浅野やゑこほか二五人の連署で寄せられている。[17] 有権者が自分たちの思いを託し、議員とつながる活動は、市川の願いであった。

一九五四年二月、それまで男女共用だったのが、初めて参議院二階に婦人議員化粧室ができたという。一九四七年四月最初の参議院（定員二五〇人）選挙の女性当選者一〇人、一九五〇年六月選挙の女性当選者五人、一九五三年四月選挙の女性当選者一〇人、ごく少数とはいえ女性参議院議員の存在は国会議員であっても、市川が議員になるまで軽視されていたことになる。

市川は自分の歳費から婦人運動へ寄与する寄付を続けていたが、一九五四年には、婦人人権擁護同盟と家族制度復活反対総決起大会へ各一万円を寄付している。[18] 日米講和条約調印以来、政府・与党は憲法改正の意向を示していた。一九五四年三月自由党憲法調査会が発足し、天皇元首、再軍備、基本的人権の制限、家族制度復活のための改憲を主張した。その日本国憲法改正案要綱は「旧来の封建的家族制度の復活は否定するが、夫婦親子を中心とする血族的共同体を保護尊重し、親の子に対する扶養および教育の義務、子の親に対する孝養の義務を規定すること、農地の相続につき家族制度を取り入れる」と述べている。憲法第二四条夫婦同権を否定する方針を重大視した市川は、婦人人権擁護同盟会長田辺繁子に反対運動を提案し、運動支援のため寄付をしたと思われる。

婦人人権擁護同盟と婦人法律家協会は民法研究会をつくり、婦人団体代表を招き、労働組合婦人部長と懇談して、家族制度復活反対連絡協議会を組織した。法律にかかわる女性の専門家が育っていて、力を発揮した。一一月一三日、自由党本部前の東京都千代田区永田町小学校で家族制度復活反対総決起大会を開催、ここにはそれまで政府と密接なつながりをもってきた全国地域婦人団体連絡協議会、日本青年団協議会、全国未亡人団体協議会も結集して、さらに地方に運動が広がっていった。

思想・信条・生活の違いを超えた女性の結集に敏感に対応したのは政権政党の女性たちであった。自由党婦人部は総会を開いて、自由党が旧家族制度を復活するという宣伝が全国に広がり、党本部前の永田町小学校で各種婦人団体合同の集会が開かれ、反自由党の空気が全国に広がるのは憂うべきだ、そういう事実はないと宣伝すべきだと決議した[19]。

一九五五年の総選挙は憲法をかけて争われ、市川は有田八郎、片山哲、戸叶里子の応援に行き、自分の選挙のときにはしなかった街頭演説もやり、憲法改悪反対議員、女性議員を一人でも多く確保するため努力した。こうして、このときは憲法改悪反対議員が三分の一を超える。家族制度復活勢力は敗北し、戦前のような家族制度を復活させる政策をこの段階では放棄せざるを得なくなった。続く地方選挙には市川の推薦がほしいという依頼が多く、市川は、①人間として立派な、私生活にも非難のない人、②再軍備反対、家族制度復活反対、憲法改正反対で、首長三選反対の人、③公明選挙で運動、選挙違反を出さない人、④なるべく無所属、という四条件を出した。応援依頼は続き、市川の忙しさも続いた。

この間一九五四年六月、市川は「議員二年生」になったので、今後「議員としてどうあるべきか」を再検討しようとし、しなければならないことに取り組みたいと言明した。まず婦人問題研究所の『婦人界展望』を創刊した。「自衛隊という軍隊が出来、昔あった秘密保護法、国家警察が復活するといった逆コースは、婦人をも亦戦争前の奴隷状態に引き戻そうとするかも知れません。此時私共は婦人の動きを凝視し、次々と起こって来る婦人問題を再検討し、婦人の自由、権利を死守しなければならない[20]」と、戦争反対・女性の権利を基礎にした市川の逆コース批判は厳しかった。

『婦人界展望』（現『女性展望』）は一九五四年七月一〇日第一号がB５判四ページで発行され、三〇号から表紙を付けた雑誌型に成長し、経営的には苦労の種であり続けながら、二〇一九年三―四月六九七号を重ねている。

婦人参政の意義を検討する

一九五五（昭和三〇）年は日本で婦人参政権が実現して一〇年になる。全女性が参加する記念行事を開こうという声が婦選運動者からあがり、八月、超党派で市川を委員長とする婦人参政一〇周年記念行事実行委員会が組織された。

旧婦選運動者懇談会には老若男女約一五〇人が参加、失敗も成功も笑いのうちに回顧された。元内務大臣堀切善次郎は、婦人参政権実現の閣議を詳細に語り、婦人参政権は日本政府の閣議で決定したのが先なので、マッカーサーの贈り物ではないと強調した。

婦選運動の功労者市川房枝に感謝の記念樹を贈呈する緊急動議が出され、カンパの盆が回され、市川の希望によりキンモクセイ一本が贈られた。

婦人参政一〇周年記念大会のハイライトは、岸輝子案・松岡励子構成の舞台劇「婦人参政への道」、最後は現役の運動家が舞台に登場、旧婦選運動者の「婦選の歌」で終わった。

全日本婦人議員大会は、初の大会大盛況と、以後開催しなかった大混乱という結果となった。集会は政府や市町村会の主催ではなく、社会党も自民党も協力して、一〇年間に婦人参政権を有効に使ったか、その反省、検討をし、将来正しく有効に使う議論をすることが目的であった。しかし現実には、市川がある婦人国会議員の言葉を引用し、自分たちは婦人のトップ、一番偉いと威張っているようでは婦人団体や有権者としっくりいかないのが当然との感想を、閉会の挨拶で述べるような会になった(21)。

そのうえ、大会に出席する返事を出した議員・教育委員だけに出すはずの首相主催のレセプション招待状を、自民党が全議員・教育委員に送り、にわかの大量参加者で受付も食事も騒ぎの場となる混乱があった。さらに、自民党以外の議員・教育委員を別の集会に誘って党勢拡張を働きかけるルール違反もあった。婦人議員大会は自民党に利用された形になり、市川は細心の注意で調整した大会であったのに自民党への不信感を抱く結果となり、声が出なくなり、一〇日ほど入院する結果となった。委員長だった市川は、副委員長・議長・提案説明者などすべてに各政党、各層のバランスを考えなければならず、気疲れが大変だったと回想している(22)。

「政治と暮し」展覧会が東京銀座松坂屋五階画廊で開催され、文化住宅の模型、人形、投票箱の実物、インフラ、税金、学校等、すべて政治につながっていることがよくわかる展示がされた。さらに婦人議員を囲む座談会、自民党・社会党の政調会長を招いて「婦人は政治に何を望むか」の座談会も開催され、市民と政治家の相互理解を深めようとした。

「婦人の投票に関する世論調査」は一九五八年、一九六〇年、一九六三年総選挙後、東京都二三区内の女性有権者に対して行われた。一九六三年には「選挙しないと悪いと思った」という消極的な考え方は二・八％に過ぎず、「自分の一票が政治をよくする」という積極的な考え方は五五・四％で主婦層に多く、「当然の権利」とする人は三八・一％で若い女性に多かった。男女の投票政党を検討すると、男性は保守、女性は革新がやや多いという調査結果もあり、女性は必ずしも保守的とはいえない。この後も一九七六年まで七回調査が続けられた。「投票する人を自分で決めたか」については、「誰の意見も聞かずに自分で決めた」「人の意見も聞いたが自分で決めた」を合計すると、ほぼ九割以上が自分で決めている。女性が初めて総選挙で投票したとき、女性は女性候補者にという考え方もあったが、その後「婦人に投票したか」の質問には、男女に必ずしもこだわっていない、より広い視野での投票が行われる段階に成長したとみることができる。市川たちはアジア財団から何回か寄付を受けてこの調査を実施することができた[23]。選挙する権利は、女性にも定着していた。

だが市川は日本の女性は男性にくっついていく、権力に弱いとも危ぶんでいた[24]。ともあれ、一九五五年四月一日、国連「婦人参政権に関する条約」に日本は加盟、六月三日国会で承認、七月一三日批准、一〇月一一日発効した。国連のなかの日本は、保守的男性の抵抗があっても婦人参政権は確保できることになる。

このほか労働省婦人少年局主唱で一九四九年以降毎年、四月一〇日から一週間を「婦人週間」とし、一九五三年以降は「全国婦人会議」が開催されるようになった。市川は官製婦人週間に対して、政治世界に女性の力がどのように働いているか、一九五八年以降検討する「婦選会議」（政党中立の七婦人団体主催）を企画し、継続した。[25] その前年一九五七年には、有権者同盟の藤田たき会長から婦人関係法案等の促進の国会運動に連絡委員会を設立してはどうかの提案があり、婦人団体国会活動連絡委員会（のち七婦人団体議会活動連絡委員会）が組織され、[26] さらに、国連NGO国内婦人委員会を設立した。国会で審議する法律について、当局の説明を聞き、意見を陳情し、のちには視野を地方議会にも広げ、国際的視野をもって日本の女性の活動を支援しようとした。

また一九五八年には、かつて市川も参加した汎太平洋東南アジア婦人会議が東京で開催され、運営費等の募金を集める責任が、市川財務委員長にあった。当初と違って社交的になり、運営も非民主的なこの会議に市川は批判的だったが、一七貫（六三・七五キロ）あった体重を一六貫に減らしても責任を全うした。[27]

政治は数、共同の力は数をしのぐ――警職法・社会教育法改正問題

市川は後年「政治は数」と繰り返した。選挙で当選・落選を決めるのは数、議会で法律を制定できるのもできないのも数の力であることは、獲得同盟の長い闘いでも戦後でも身に沁みていた。参議院内で「無所属」という少数派の市川は、少数派だから発言時間も少なく、視察等の議員活動でも後まわしにされた。山田弥平治が市川に議員生活の感想を聞いたとき、市川は質問時間が短いので、いかに自分はチョボッと言って相手に答えさせるか、自分が長く話すとすぐ持ち時間が終わってしまう、と残念そうに答えたという。[28]

一九五八（昭和三三）年一〇月、岸内閣は突然、警察官職務執行法（以下、警職法という）改正案を国会に提出した。その前年訪米した岸首相は、日米安保条約改正を申し入れ、国内ではその実現のため自衛隊核武装化の方向、憲法調査会発足、警職法改正準備を始めたのである。警職法は警官の権限を強化し、大衆の予防的弾圧を可能にするものだったから、すぐ社会党・総評を中心とする警職法反対国民会議、社会党婦人部が提唱する人権を守る婦人協議会が結成された。『週刊明星』は「デートを邪魔する警職法」の見出しで、若い世代にアピールした。国民の反対の意思を集めた共同闘争は、議会内の多数の手を縛って審議未了・廃案とした。

同じ国会で社会教育法を改正し、社会教育関係団体への「補助金禁止」の項目が削除されようとした。市川が呼びかけて社会教育法に関する婦人研究懇談会が組織され、社会教育の自主性を守る趣旨に賛成する団体は増えたが、地域婦人会では賛否が割れ、日本赤十字団、ボーイスカウト日本連盟などは補助金をもらう方向に賛成した。結局社会教育法は改悪され、中立・自主性を維持すべき社会教育関係団体に行政の補助金を出すことができるようになった。市川は滋賀県地域婦人団体連合会の会長決定と自民党・社会教育課の紛争を『婦人界展望』に詳述して、地域婦人会が政党、官庁からの自主性を失う現実を憂いている。(29)

政治の流れを変えようとしても、金力・権力にまさる力を築くのは容易なことではなかった。一九六二年二月の予算委員会で、市川は日本には封建的な対人関係支配があり、官尊民卑、義理人情が残っている。政府が婦人団体に補助金をやって依頼心を助長する、自主性をなくしては人格の独立、批判力、正しいことを主張する勇気が育たない、それでは日本の政治は良くならないと文部大臣に切り込んでいる。(30)

一九五八年一一月、皇太子と日清製粉社長の長女の婚約が発表され、政治への関心は弱まった。市川は

「二人の若人が美しい恋愛によって結ばれた」のは日本の民主化につながる、封建的な親への良いお手本になると、祝意を示している。歴史の流れを後もどりさせる政策を実現しようとする岸首相が皇室会議の議長だが、どんな感想をもっただろうかと付け加えてもいた[31]。しかし、岸首相の側からすれば、戦争責任問題で皇室の存続が危ぶまれる可能性があるのであれば、すでに日本国憲法で否定された身分・家柄を超えた結婚相手の選定で歴史の流れを止めておく意図ということもできる。祝意は個人の自由だが、皇室が重ねられた戦争に果たした歴史的位置の検討が必要であろう。

市川は「天皇制については戦前のいやな思い出が数々あるが、私は天皇の存在を憲法で象徴と決めたことを一応歓迎したのであった。いや、民主主義からいえば共和制が当然だが、いやな政治家が大統領になっていばられては困るから、現在の制度をまずよしとするが、再び戦前の天皇制を復活してはならない」と考えていた。嫌な政治家にさんざん苦労させられた市川の経験と現実主義からする総括なのであろう。しかし「裕仁天皇は正直な、平和愛好の方であるようだが、周囲の政治家や軍人に利用されて数々の苦労をされた点はむしろお気の毒[32]」とは、天皇が主権者であった近代日本の政治全体の認識が甘いということになるのではないか。

理想選挙の勝利と普及の困難

一九五九（昭和三四）年六月、六六歳の市川は再び東京地方区から参議院議員選挙に立候補し、理想選挙で闘った。議員だった六年間に、民主主義政治確立のため、国会の正しいあり方を主張し、選挙法・恩赦法改正に努力し、多過ぎると考えた歳費の三分の一を寄付し続けるなどした。また女性の声を代弁し、女性の地位の向上、母子・子ども・青年の福祉の推進に尽くした。無所属の立場を生かして、自由に国民の気持ちを代弁したと、六年間の実績をラジオを通して話した。そして、再選されたときには、憲法改悪反対、日本の自主独立、民主主義政治の確立のため努力すると約束した。

その結果、前回より一〇万票以上増やして二九万二九二七票を獲得、『毎日新聞』は「公明選挙一本ヤリが勝利の要因」(33)、『読売新聞』は「ニワトリの群がる中のツル一羽、というのが、こんどの参議院選挙のドロ沼の中の市川房枝さんの姿」(34)と書いた。当選を総括する最終回の市川房枝推薦会は、選挙の現状をふまえて理想選挙普及会を結成することを決めた。市川はこの会の出発にあたって、手本としてきたイギリスの選挙の実際を見るため、イギリスに出発する。

イギリスに着くと、土曜の午後と日曜に役所はもちろん、選挙運動も休み、婦選運動のエメリン・パンクハースト夫人の銅像を見に行く。町はきわめて静かで夜のラジオで首相の演説が聞けただけ。候補者の事務所には「選挙違反要綱」が張ってあり、贈収賄をすると公職から追放されるなど、厳しい罰則がある。立候補は推薦制、選挙の最中と前後に金を使わないようになっていて、汚職する必要もない公明選挙の体制を市川は丁寧に調べてまわった(35)。イギリス政府は全候補者の届け出選挙費用を一冊にまとめて出版していたが、ここで選挙費用が個人の寄付による拠出金で賄われていることを知り、やがて選挙費用・政治資金・政治献金の調査・分析を行う見通しを得た(36)。その後フランス、ドイツ、イタリア、エジプト、パキスタン、インド、香港をまわって帰国、一一月二八日に理想選挙普及会の発会式を行った。「政治が腐敗するのは選挙の際、望ましくない人物が自分で立候補し、公職選挙法を無視して莫大な費用を使い、議員となって利権あさりや汚職をする所に原因があります」に始まる会員の誓いを実践することが決まった。

市川にとって、これは女性の地位向上に次ぐ第二の生涯をかけた仕事、内容は選挙の浄化、選挙粛正、公明選挙、理想選挙運動であった[37]。隈部紀生（ＮＨＫ社会部）は市川に自分の利害が全然なかったこと、理想選挙を提唱し、自ら実践し、最後までその姿勢を崩さなかった、息の長い活動、理想を掲げながら現実主義というのは政治家にとって一番大事なこととみている。包容力が大きく、新しいことに取り組む情熱、国際性、親切丁寧でいばらない人柄、首相や政権政党の幹部に厳しく迫っても、市川がいうのならそういう面もあるわなあとみられる説得力を評価していた[38]。こうして総選挙費用の有権者一人分を寄付する運動が呼びかけられる。理想選挙普及会は、一九七一年、推薦候補者の選挙運動を内容に加え、理想選挙推進市民の会に改組され、翌年、埼玉県新座市市会議員選挙に友人に推薦された太田博子を応援、当選させた。

しかし一九七五年第八回統一地方選挙で、市川が主張し実践してきた理想選挙の応援依頼は少なく、市川は五人の候補者の応援に行ったが、当選は三人にとどまった。市川はまだ金の選挙が横行しているとの感想を漏らしている[39]。

市川は、無所属のために発言時間が少なくても、機会あるごとに国務大臣、自民党総裁に政治資金、選挙資金、総裁選挙資金について追及した。答弁は選挙資金が法律の規定以上に使われているといわれていることは認めても、建前に終始、私は選挙区に帰っていないから違反に無関係などとはぐらかした。

イギリスの選挙に学んできた市川は、理想選挙普及会会員や学生が資金関連帳簿の数字を手書きで写したものを一覧表にまとめさせた。政党と主な政治団体の収支一覧、銀行・会社別の政党・派閥への金の流れ、労働組合・革新政治団体の寄付などから、選挙と金の関係を目に見えるようにした。財界から保守政党はもちろん、野党にも寄付金が提供されており、労働組合からは野党に資金が流れていた。会社には税金のかからない自由に寄付できる金が認められていて、会社の利益のために政治献金ができる。市川の調査は『朝日ジャーナル』一九六一年五月七日号に「総選挙と金——一一月総選挙に見る資金の流れ」として掲載され、のちに理想選挙普及会から出版され、この調査は市川死去後も市川房枝政治資金調査室に引き継がれた。

一九六〇年前後の「逆コース」

一九五五（昭和三〇）年六月、有権者同盟は、選挙制度調査委員会に対して小選挙区制絶対反対の要望書を提出した。翌年四月には有権者同盟など一二団体が、国会に上程中の小選挙区制法案反対のため、小選挙区制反対婦人連絡協議会を結成、小選挙区制反対国民大会を開催した。一九六六年六月には、第四次選挙制度審議会に、有権者同盟・主婦連合会・全国地域婦人団体連絡協議会など八団体で小選挙区制反対の意見書を出し、一九七三年五月には、選挙制度改革の区割り委員会が発足したのに対し、反対運動、反対声明等を行い、改革案は提出されなかった。小選挙区制の芽が出始めたころから、市川たちは反対の声をあげていた。市川は、一九五八年『婦人有権者』のアンケートに答え、小選挙区制に反対、その理由として多数政党に有利、女性議員が減少する、有権者の現状では選挙違反が増え、議員の質が低下すると答えている。(40) 市川は理想選挙で当選したが、有権者の議員選択眼は理想には程遠いことも直視していた。

一九六〇年前後、安保条約改定の承認をめぐって、国会内では連日審議が行われ、国会外では安保阻止国民会議の反対デモが日を追って激しくなった。アメリカ大統領訪日までに安保改定案を採決しようとする与党に対し、社会党は議場演壇に座り込み占拠し、自民党は五〇〇人の警官を議場に導入し、会期延長、さらに自民党の主流派だけで安保改定案を可決した。市川は国会に残り、自民党の「数」で押し切る暴力を見、毎日デモを見、多くの婦人団体とともに岸内閣退陣・国会解散を要求、警官が学生に暴力をふるう事実を警視総監に抗議、アメリカの婦人団体にアメリカ大統領訪日を中止するよう日本の婦人団体として訴える手助けをした。子どもの遊びにも「アンポゴッコ」が人気を呼ぶといわれるなかで、国会構内に入った全学連デモにいた樺《かんば》美智子が死去、岸内閣は大統領の訪日延期を要請、受諾され、岸首相は辞任せざるを得なくなった。

一九六〇年六月一九日新安保条約は自然成立し、七月池田内閣が誕生した。それまで市川が要請していた女性大臣が初めて実現、中山マサ厚生大臣が任命された。市川が中山新大臣に祝いの電話をしたとき、中山は「あなたが岸総理時代に女性大臣誕生の空気をつくっていてくださったので……」といったそうである。八月、首相官邸で中山女性新大臣就任を祝うガーデンパーティーが開かれ、池田総理も上機嫌だった。しかしその年一二月の内閣改造で女性大臣は消えた。

一九七〇年六月二二日、日米安保条約は一〇年間の固定期限が切れた。戦争体験という深い傷を背負い平和を願う市川房枝・植村環・住井すゑ・野宮初枝・羽仁説子・東山千栄子・平塚らいてう・深尾須磨子・丸岡秀子九人は、自分たちが決意すれば安保条約の終了を通告できる政府がつくれる、「わたしたちは自分たちの運命を自分たちで支配する権利」があるというアピールを出している。(41)

一九七〇年、児玉勝子が健康を損ねて入院していた平塚らいてうを見舞ったとき、平塚は「せめて反安保で全婦人を結集することはできないものだろうか」、「市川さんならそれができる」との期待を託された。市川は、反安保では無理だがもっと広い共通点であればと考え、一九七〇年一二月、婦選獲得二五周年記念をきっかけとして、全国組織の婦人団体に呼びかけ、しばらくぶりに二二団体共催で婦選獲得二五周年記念集会を開催した。集会は「婦人の一票を平和を守るために、公害追放のために、物価を下げるために役立てよう」と決議した(42)。

さらに翌年四月一〇日に衆参婦人議員懇談会の要請によって、婦人参政二五周年記念式典が開催され、婦人参政権実現に努力し、婦人の地位向上に貢献した女性、一〇年以上国会議員として在職という基準で市川を含む二四人の女性に総理大臣から感謝状が贈られた。のちにも婦選獲得記念や国際婦人年など、女性が共通の意思を示しやすい機会をとらえ、市川は保守・革新の共同できる企画や行動を積み重ねる姿勢をもち続けた。

市川は婦人問題の解決は、左派がいうように体制が変わらなければダメかもしれないけれど、いつになるかわからない、理論の世界、抽象論ではそうだとしても、現在の社会情勢のもとで一歩でも前進するのが運動、と考えていた。婦人問題は現実の問題としては、党派によって違うことは少ない、共同してやるのは効果がある、超党派になれば政府の対応が違うと経験が教えていた(43)。

この間一九六二年一〇月、婦選会館設立が認可され、市川は理事長に就任し、長い間苦楽をともにした婦人問題研究所を解消し、一一月、多くの難問題を解決して建て替えられた美しい婦選会館が開館した。市川は七〇年の生涯でもっとも辛い、もっとも忙しいときで寿命が縮んだといいながら、婦選会館のために資金集めを続けた。

革新の生活圏を拡大する——都知事選挙で美濃部勝利

一九六〇年代には高度経済成長のひずみがあらわになり、自治体政治の腐敗を浄化しよう、首長を革新に変えて、環境・福祉・教育等を住民本位にしようという声が出る。京都府は一九五〇（昭和二五）年の早い時期から蜷川《にながわ》虎三革新知事の政治になっていたが、東京は二〇年以上保守政治が続き、市川は一九六七年統一地方選挙を前にして、革新政党の推薦する候補者なら誰でも支持しようと思っていた。(44)

美濃部亮吉が多数の推薦を受け、大内兵衛に相談して、きれいな選挙を、法定選挙費用内でする等の条件で内諾した。市川はその条件を新聞で読み、直接応援する覚悟を決め、訪問して「理想選挙」の冊子を贈呈、激励した。市川は有権者同盟会長を辞任、文化人・学者・民間団体・労働組合・社会党・共産党等が組織した明るい革新都政をつくる会の代表委員の一人、そのなかの常任委員になった。市川は、明るい選挙、清潔な政治への革新、住民本位の都政を求めるなら美濃部候補を支持すべきなのに、共産党が支持している美濃部だから、これまでの因縁があるからなどで、有権者同盟員にも自民党推薦候補松下正寿のために熱心に運動している人がいる現実に直面する。これまでの政治教育は、財界からの政治献金を歓迎する自民党・民社党の政治姿勢に反対した内容だったのに、有権者に浸透していないのは辛いし残念だと思った。(45) 有権者を取りまくしがらみや情実、反共感情や利権の壁を崩すのは、市川にとっても至難の闘いだったのである。

憲法学者の針生《はりう》誠吉は、美濃部自身は選挙に楽観的だったけれども、選挙の実際を知っている市川は、女性に呼びかけ、住民運動として具体的な選挙応援活動を組織した。市川がいなければ美濃部都政は実現しなかっただろうと、針生は考えている[46]。NHK社会部記者隈部紀生は、当時、政治を東京都から変えなければいけないという意識の地盤が動いたのには市川が貢献していると語っている[47]。

市川は都知事選挙の投票率が女性は男性より約四％高かったので、美濃部の勝利を確信した。美濃部は約二二〇万票を得て、二位の松下正寿より一三万票以上多い票を得た。一月の衆議院議員選挙の際、社会党約一二八万票、共産党約四七万票に無党派層約五〇万票が加わったと考えられるから、社共両党だけでは勝てなかったと、市川は確認している[48]。市川は権力、金力に勝って当選はまことに嬉しいと喜び、引き続いて美濃部都政を支持する会の代表幹事になり、一九七二年には東京都参与も引き受け、新しい仕事が増えた。

美濃部都知事時代は三期続いたが、三期目の選挙が迫るころ、市川は美濃部都知事が都庁の浄化に成功し、都民が都政を身近に感じだし、福祉行政も良くなったと評価していたが、政党間の調整に苦労する。三期目の出馬が困難と思われたとき、社公共が統一できなければタカ派の石原慎太郎が勝ち、全国の地方自治体、日本の政治全体に核・軍備増強という反動化の波がくるかもしれない、嫌だなあ、国民があわれだなあ、自民党の長期腐敗政権を何とかする目標は共通項であるべきと革新の立場で語っていた。

「嫌だ」「あわれだ」という感想を土台に、政党間の調整に努力し、日本の反動化阻止の責任を市川は背負っていた。市川は革新都政を継続させたいから、社共共闘を軸にした選挙母体ができるよう、中野好夫、檜山義夫、中林貞男、野村平爾、岡十万男とともに努力し、マスコミから文化人六氏と呼ばれ、責任を果たした[49]。市川は、女性の要求を軸にして動いたのだが、運動は市民運動の域に進んでいた。

政治資金・選挙資金浄化、議員定数是正の闘い

一九六六（昭和四一）年八月、「国会の黒い霧」と呼ばれる自民党代議士や大臣の恐喝・詐欺・脱税その他政治資金に絡む不祥事件が起こり、黒い霧追及の世論が高まった。市川は選挙資金・政治資金と献金・見返り要求・腐敗政治のつながりを断ち切るため、政治資金規正協議会を設立、代表委員になった。その基本方針は、①政治資金・選挙資金の寄付は個人に限る、②政治献金のおそれのある寄付は、法人の損金として認めない、③選挙資金・政治資金の収入の報告、公開の徹底、④選挙費用についての違反は、政党の代表者が共同責任を取る、⑤民意を反映する審査機関の設置、⑥選挙資金・政治資金を受けた者は全収入を申告する義務がある、とした。協議会は政治献金について意見・アピールを重ねて出している。[50]

政治資金問題について市川たちが取り上げ始めたのは一九六〇年以来だったが、時の問題と新聞で扱われるようになったのは一九六六年一〇月以降、世間ではよくわからないといわれていた。わかってもらうのが自分たちの責任と市川は考える。[51]日本の政治は金権政治なのだと、各政党・各派閥・各企業の実名と数字を挙げて解説したのが『政治資金規制問題解説』[52]であった。公開された資料をもとに分析する方法で、政治と金の問題を議会で追及した元祖が市川、先駆的役割を果たしたと、共同通信社会部記者村岡博人はいう。市川たちの調査・意見は、ジャーナリズムや世論に浸透していく。「いろんな運動をしてきたけれども、今度は初めて現実に自分たちの力で勝ったと感じた」と市川が近藤千浪秘書に述懐したことを村岡は伝えている。[53]

しかし一九六八年五月、自民党と自治省が調整した政治資金規正法改正案は現行法よりひどいと、市川の怒りは収まらなかった。

市川は一九七一年四度目の参議院議員選挙も理想選挙で闘い、東京地方区で五五万八七二八票を得ながら落選した。朝日新聞記者中川昇三は落選の瞬間、泣きくずれる女性たちを、市川は毅然《きぜん》として「これからもやることがいっぱいあるんだから、頑張りましょう」と励ましているのを見た[54]。他方、選挙事務長だった紀平悌子は、市川が「東京の女性は私を裏切った。だからもう選挙には出ない」と「失言」したのを聞いた。市川はふつうこんな失言をしないので、よほどショック、無念だったのだろうという[55]。

市川の『私の国会報告』一九号は、「最後の国会報告」として、三期一八年間に与えられた機会を利用して、他の議員がいえなかったこと、国民がいいたかったことをある程度発言した、市川の「国会報告」を他の議員も真似してほしいと希望したが、皆無だった、落選したが、今後も健康の許す限り、今までの運動を継続したいと述べている。歳費収入はなくなったが、一〇年以上勤続の退職議員には互助年金制度があり、市川は毎月手取りで平均一三万円もらえるので[56]、生活の心配はなかった。ちなみに国家公務員上級試験合格者の初任給は四万一四〇〇円、国会議員の報酬は四二万円であった。

落選した前年、一九七〇年の国会予算委員会で、婦人の地位について佐藤栄作首相に、中央の行政に限っても男性の課長級以上は三六一五人いるのに対して、女性は課長待遇まで入れても一〇人に過ぎず、それどころか女性の要職退任後に男性を入れる、公務員宿舎に申し込んでも女性を拒否する、国家公務員上級試験に五二人女性が合格しても三〇人しか採用されないという実態があると指摘した。また沖縄返還恩赦を見越して、その前の選挙に違反してでも当選しなければという空気がある、財界のトップが政治献金について反省しているとの新聞記事が出ている、と具体的な数字や記事もあげて追及している[57]。こういう国会活動ができなくなることは、女性の地位向上、選挙・政治腐敗浄化を発展させようとする市川たちにとって、苦しいことであった。

市川が落選した一九七一年第九回参議院議員選挙で、東京地方区は有権者二〇〇万七五〇〇人が議員一人を選出するのに、鳥取県では三九万五四〇〇人が議員一人を選ぶのは、東京都民の一票が鳥取県民の一票の五分の一の価値しかないことになる。これは国民を不平等に扱うので憲法一四条に違反する、という議員定数是正裁判を市川たちは東京高裁に提訴した。判決は一応違憲を認めるが結局は棄却、最高裁でも上告棄却となった。同様の票格差を問題にした第三三回衆議院議員選挙について、東京高裁は棄却、最高裁では勝訴、一九七七年参議院議員選挙では高裁棄却、最高裁敗訴となった。市川は議員定数格差の今後について、「不平等の限界一対二」、国勢調査ごとの是正義務を課する必要を主張した[58]。議員定数是正裁判はそれ以後も継続され、違憲状態だから努力が必要の声で、不平等の幅を狭めていく。

紀平悌子は市川の国会での仕事の成果を、第一に売春防止法の制定、第二に国会議員定数是正の道を開いたことをあげている。そして、市川が婦人運動家として、国会議員として、有権者として、立場を使い分けながら先頭に立ち、諸団体と協力して運動を貫いた、総理大臣にしたいような、大変難しい仕事をしたと、身近に見た姿を描いている[59]。

アメリカの婦人参政権実現五〇周年とウーマン・リブ

一九七〇（昭和四五）年八月、アメリカは婦人参政権獲得五〇周年を迎え、その直前、男女平等憲法改正案が下院で可決されたので、ニューヨークで五万人、全国で一〇万人のデモが行われ、アメリカに起こった新しい婦人解放リブの運動として日本にも伝えられた。市川は四度目の訪米をして、参政権実現以後三方向に分かれた婦人運動、その後の若い女性によるＮＯＷ（全米女性機構）とリブについて動向を調査し、資料を求め、未知数の将来像といわれていることを知る。ＮＯＷ（全米女性機構）ではない。市川は、五〇年にわたってアメリカ婦人が政治に参加してどういう役に立ったのかに関心があったが、確実な答はない。ベティ・フリーダンが中心のＮＯＷが運動を進展させるだろうということ、専門職の女性が男女同権を目指してあげている実績、反体制のリブは提起した女性の主体性の確立などの考え方が浸透すれば重要な意義をもつだろうということを確認している。

そのうえで、日本女性の地位と運動の歴史と比較する。日本については、ポツダム宣言にもとづいて、占領軍が婦人の解放、男女平等を指示して実現した。政党への参加、女性の自治体首長出現、婦人団体の設立、大衆運動の成長、婦人有権者投票率の向上等良いことはあったが、物価が上がっても政府は本気で取り組んでいないし、宣伝に乗せられて自民党議員が衆議院で三〇〇人を超えるなど、女性票の無力を示しているのではないか。女性の人権を守る法律もつくられ、地方議会でも良い仕事をする婦人議員はいるが、女性代表として女性のために働く婦人議員は少ない。働く女性は多いが、管理職は少ないし、賃金格差は縮まらない。

婦人問題は多様化、婦人団体も増えたが政党系列化、対立傾向もある。日本では敗戦後の二、三年間に諸法律で男女同権が規定されたので安心してしまい、現実を法律の水準まで引き上げる婦人運動が行われなかったのではないか。婦人参政権をもちながらほとんど役に立っていないのではないか。アメリカの模倣ではなく、主体性を確立し、能力を開発し、権力や金力に屈しない女性になって、女性の地位を向上させる必要があると期待を述べた[60]。市川はアメリカと日本の女性の歴史と現在の激動をみ、婦人参政権が役に立っているかとの問いかけをいつも抱いていた。アメリカでも日本でも婦人参政権がどれほど役に立っているのか検討すると、原点にかえって女性の主体性の確立、婦人運動の発展がまだ不十分、日本で有権者としての成熟を積み重ねるという覚悟に立たざるを得ない。

個人としてウーマン・リブに衝撃を受けた朝日新聞記者佐藤洋子は、市川にリブは今までの婦人運動と質的に違うのではないかと尋ねたが、市川は「そんなことないですよ。今までとずっとつながった、同じものですよ」と答えた。市川はその後、渡米報告の丁寧な連載記事を書いた。市川がメディアの力をよく知っていることを新聞記者たちは理解し、市川の意見が知られる場を提供していた[61]。

一九七九年、市川は改めてウーマン・リブについて語った。本家のアメリカでは、婦人参政権獲得後向上してきた女性の地位が、第二次世界大戦後低下したことが調査結果からわかり、実態の改善を求めてNOWは法律改正を働きかけた。若い女性たちのラディカル・リブは男が悪いと結論し、女の意識を変えようと活動した。日本のリブは意識革命から出発せずに、アメリカの模倣をしているので、本当のリブでないという気がする。国際婦人年やＩＬＯの大会で新しく出てきた基本的課題は、男女の役割意識を再検討すること、そのためには労働時間を短縮しなければいけないと主張した[62]。

両性で支える家庭を育てよう

一九七三（昭和四八）年八月、熊本の高等学校の家庭科の先生二人が市川のもとに訪れた。女性も一人前の人間として勉強し、就職し、自立できるほうが結婚後も幸せになると教師がいっても生徒は受け付けない。男女の特性に応じた教育を強調する自民党政府・文部省等は、小学校は男女共通の家庭科、中学では男子は技術、女子は家庭科に分け、高校では女子だけ家庭科必修、男子はその時間に柔道・剣道などの体育を学ぶから、女子は昔の良妻賢母主義の家事責任を全部こなさなければならないと思いがちになる。中学・高校の女子だけの家庭科強制は、市川が一生をかけて闘ってきた婦人解放を底から崩すのではないかと感じさせた。市川は遅ればせながらなんとかしようと、一二月、家庭科教育検討会を開催、一九七四年一月に家庭科の男女共修をすすめる会設立の発起人・世話人になり、国会や文部省との交渉では根まわしの実務も引き受け、定例の集会にも参加して、みんなで連帯して活動した。(63)

市川房枝の秘書近藤千浪は、市川が国会で質問する機会にはまず歴代首相に「婦人観」を問い、そのうえで女性の抱えている諸問題をきめ細かく質問したと書いている。(64)一九七九年一月、参議院本会議で市川は大平首相の施政方針演説に対し、充実した家庭は、日本型福祉社会の基礎などといわれたが、共働き主婦、共働きしたい主婦が増加して、どうやって充実した家庭を築くのか具体案を示せと質問した。

関連して、首相の娘が「父は昔から口癖のように、おなごは勉強せんでいい、可愛い女になれ、そして早くお嫁に行きなさい」といっていたと『婦人公論』に書いたことを取り上げ、今もそう考えているなら婦人問題企画推進本部長の資格には落第と指摘、首相の婦人観をただし、その後グラマン・ダグラス・ロッキード問題と政治資金問題を追及した。首相は、家庭基盤の充実の内容をどうつくり上げるか今勉強中、「女には学問は要らない、早く嫁に行け」という言葉は熟していないが父親の気持ちだ、私は女性を尊敬している、男女の平等の確保は努力すると答弁し、議場の笑声のなかに逃げ込んだ。(65) 首相の女性観が日本国憲法以前のままであることが知れわたった質疑であった。

参議院全国区選挙へ挑戦

一九七一（昭和四六）年一一月、市川たちは理想選挙普及会を理想選挙推進市民の会に改組、一九七三年七月の都議選を闘ったが、市川が推薦する候補者は当選しなかった。一九七四年第一〇回参議院議員選挙に市川は立候補を辞退、東京地方区に紀平悌子立候補の内諾を得て、自分は立候補しないと決めていた。

ところが理想選挙推進市民の会の運動で出会った市民グループの青年たちが、市川房枝に全国区での立候補を要請し、承諾がなくても勝手に推薦する、供託金を募金する、「出したい人」として市川の立候補要請を繰り返す展開になった。市川は企業ぐるみの金権選挙が相変わらず行われ、政治が反動化する危惧《きぐ》が強い情勢のなかで、「私に死ぬまで戦えということね」と青年の熱意を受けて立った。(66)

青年グループの菅直人が責任者となって市川房枝さんを推薦する会を組織し、婦選会館の選挙本部には新聞・テレビ・ラジオで知った若者たちが、ぜひ手伝いたいと飛び込んできた。若者たちは「歩みつづけよ市川房枝」と看板にも垂れ幕にも書き、「草の根運動で理想選挙」と書いたジープで九州宮崎から北海道旭川まで、日本縦断キャラバン隊で移動し、市川を宣伝し、カンパを集めた。最終的にボランティアは八〇人になったという。四一八四人が一三三六万八九一七円を寄付し、選挙費用と市川房枝さんを推薦する会の経費を支払っても七〇〇万円以上が残った。市川は一九三万八一六九票を得て、全国区二位で当選した。若返った選挙活動の理想選挙で堂々の当選であった。

参議院議員にもどった市川は、青島幸男と連名で、「金のかからない選挙を実行するための緊急提言」を発表、銀行・会社・労働組合からの寄付を禁止し、個人の寄付を選挙資金にするべきとした。経済団体連合会（経団連）会長に面会し、自民党の政治資金の通り道となっている国民協会への企業献金の割り当ては今後しないよう働きかけた。東京電力（東電）も取締役会で政党・政治団体、政治家個人への献金をいっさいやめ、国民協会から脱退すると決めた。政治献金廃止の波紋が広がった裏には、市川がたまたま持っていた東電の株の株主として訴訟を起こそうとし、無償で助けてくれる弁護士の支援を求め、東電が政治献金をやめるなら訴訟を中止するとしたので、東電の取締役会の決定にいたったのであった。市川は民主主義政治確立のため、歴史のなかから役に立つ方法を探し、内密の交渉も辞さず、成果を挙げたのであった。[67]

一九八〇年六月、衆・参同日選挙が行われた。八七歳の市川は本気で引退を考えていたが、健康への気遣いと多くの期待のなかで、市川の理想選挙は走り出した。市川の参院選立候補の目的は、①理想選挙の見本を示す、②革新議席を確保する、③選挙制度の改正、政治資金規正法の改正に努力する、④婦人問題の解決のため働き、婦人差別撤廃条約を承認・批准させる、である。市川は二七八万四九九八票を得て、全国区でトップ当選し、理想選挙はまたも勝った。[68] 杣《そま》正夫は、市川が理想選挙の模範をつくり、そのことで全国二八〇万人の有権者にも理想選挙をする機会を与えた、と選挙記録に感想を書いた。市川からは「こんなにほめられて恥しい」と返事がきたという。(69)

注

(1)「私の国会リポート」『婦人朝日』一九五三年七月、『市川房枝集』第5巻、日本図書センター、一九九四年。市川房枝記念会出版部編・刊『市川房枝 理想選挙の記録』二〇〇三年、二四～二五ページ。紀平悌子「第一六国会～第三一国会」縫田曄子編『復刻 市川房枝 私の国会報告』市川房枝記念会出版部、一九九二年。

(2)児玉勝子『覚書・戦後の市川房枝』新宿書房、一九八五年、九九ページ。

(3)前掲『国会報告』九～一〇ページ。

(4)杉山千佐子『おみすてになるのですか』クリエイティブ21、一九九九年、一四七ページ。

(5)前掲『国会報告』二一二ページ。

(6)同前、七～八、一六、二六、三四、四五ページ。

(7)山口みつ子「第三二国会～第四三国会」前掲『国会報告』四九五ページ。児玉前掲『戦後の市川』一七七～一八一ページ。

(8)児玉前掲『戦後の市川』一九六～一九七ページ。

(9)田中寿美子「参議院議員としての市川房枝さん」「市川房枝というひと」刊行会編『市川房枝というひと一〇〇人の回想』新宿書房、一九八二年。

(10)児玉前掲『戦後の市川』一〇七～一一二ページ。

(11)林寛子「理想は高く―市川房枝と女性参政50年」『中日新聞』一九九六年八月二三日夕刊。

(12)「紀平悌子さんに聞く」『女性展望』二〇一一年九月。

(13)「論客」『東京新聞』一九五八年三月一〇日、前掲『国会報告』四三ページより重引。

(14)「市川房枝氏にきく 見てきた沖縄婦人の現状」『婦人展望』一九六七年一月、『市川房枝集』第6巻。

(15) 児玉前掲『戦後の市川』二二五ページ。売春防止法のその後については、市川房枝編集・解説『日本婦人問題資料集成　第一巻　人権』の市川による解説参照。
(16)「婦人界当面の任務」『婦人有権者』一九五四年一月、『市川房枝集』第5巻。
(17)「有権者の声」前掲『国会報告』一〇ページ。
(18)「私の会計簿　寄付先」前掲『国会報告』一三ページ。
(19) 児玉前掲『戦後の市川』一一六～一一八ページ。
(20)「『婦人界展望』発刊のことば」『婦人界展望』一九五四年七月、『市川房枝集』第5巻。
(21)「実行委員長あいさつ」『全日本婦人議員大会議事録』一九五六年九月、『市川房枝集』第5巻。
(22)「婦人議員大会について」『婦人界展望』一九五六年三月、『市川房枝集』第5巻。
(23)『婦人参政二十周年記念婦人参政関係資料集』一九六五年、婦選会館。『東京都二三区婦人の投票に関する世論調査』婦選会館ほか、一九七七年。児玉前掲『戦後の市川』一三七ページ。
(24)「苦闘の歴史『婦選運動』市川房枝」三国一朗編『昭和史探訪①』番町書房、一九七五年、二五ページ。
(25) 児玉前掲『戦後の市川』一四二ページ。
(26) 同前、一三八～一三九ページ。
(27) 前掲『国会報告』三五ページ、児玉前掲『戦後の市川』一四八ページ。
(28)「山田弥平治さんに聞く」『女性展望』二〇一二年六月。
(29)「自民党と社会教育課と地域婦人会」『婦人界展望』一九五七年七月。「社会教育法の改悪と婦人団体」『婦人界展望』一九五八年一一月、『市川房枝集』第5巻。
(30) 市川房枝「第四〇回通常国会予算委における一般質問　婦人学級における政治教育について」前掲『国会報告』一〇三～一〇五ページ。
(31)「皇太子妃の決定と日本の民主化」『婦人界展望』一九五八年一二月、『市川房枝集』第5巻。
(32)「私の頁」『婦人展望』一九七八年五月、『市川房枝集』第8巻。
(33)『毎日新聞』一九五九年六月四日、市川房枝推薦会残務整理委員会『理想選挙ふた、び勝つ』婦人問題研究所、一九五九年、三三ページから重引。
(34)『読売新聞』同年六月五日、同前四六ページから重引。
(35)「イギリス総選挙を現地にみる」『朝日ジャーナル』一九五九年一〇月二五日、一一月一日。「欧州便り(第二信)」『婦人界展望』同年一一月、『市川房枝集』第5巻。
(36)山口みつ子「第三二国会~第四三国会」前掲『国会報告』四九四~四九五ページ。
(37)児玉前掲『戦後の市川』一六五~一六七ページ。
(38)「隈部紀生さんに聞く」『女性展望』二〇一一年八月。
(39)前掲『国会報告』三六二ページ。
(40)「小選挙区制について」『婦人有権者』一九五八年一一月。『市川房枝集』第5巻。
(41)児玉前掲『戦後の市川』二一九~二二〇ページ。
(42)同前、二二〇ページ。
(43)市川房枝「私の婦人運動――戦前から戦後へ」「歴史評論」編集部編『近代日本女性史への証言』ドメス出版、一九七九年、一〇五~一〇六ページ。
(44)「身辺随想」『婦人展望』一九六七年三月、『市川房枝集』第6巻。
(45)「身辺随想」『婦人展望』一九六七年四月、『市川房枝集』第6巻。
(46)「針生誠吉さんに聞く」『女性展望』二〇一〇年七月。
(47)「隈部紀生さんに聞く」『女性展望』二〇一一年八月。
(48)「身辺随想」『婦人展望』一九六七年五月、『市川房枝集』第6巻。
(49)「市川房枝さんに聞く『国民があわれだなあ』」『朝日ジャーナル』一九七五年二月二八日。「私の頁」『婦人展望』同年三月、『市川房枝集』第8巻。
(50)児玉前掲『戦後の市川』二〇四~二〇六ページ。
(51)「身辺随想」『婦人展望』一九六七年八月。『市川房枝集』第6巻。
(52)「政治資金規制問題の解説」『政治資金規制問題解説』日本婦人有権者同盟、一九六七年一一月、『市川房枝集』

第6巻。
(53)「村岡博人さんに聞く」『女性展望』二〇一二年五月。
(54)中川昇三「落選始末記」前掲『一〇〇人の回想』。
(55)「紀平悌子さんに聞く」『女性展望』二〇一一年九月。
(56)前掲『国会報告』三〇五ページ。「私の国会報告」『市川房枝集』第7巻。
(57)同前、三一五〜三一八ページ。
(58)児玉前掲『戦後の市川』二三〇〜二三一ページ。市川房枝「〝不平等の限界〟一対二」『朝日新聞』一九七六年五月四日。
(59)「紀平悌子さんに聞く」『女性展望』二〇一一年九月。
(60)「婦人の地位——日本とアメリカ」『朝日新聞』一九七〇年一一月二六日〜一二月一二日。「アメリカ報告」『婦人有権者』同年一二月〜一九七一年二月、『市川房枝集』第7巻。
(61)「佐藤洋子さんに聞く」『女性展望』二〇一一年五月。
(62)「市川房枝、ウーマン・リブを語る」『月刊日本』一九七九年三月、『市川房枝集』第8巻。
(63)「私の頁」『婦人展望』一九七三年九月、『市川房枝集』第7巻。和田典子「家庭科の男女共修をすすめる会」前掲『一〇〇人の回想』。
(64)近藤千浪「第五二国会〜第六五国会、第七三国会〜第九四国会」前掲『国会報告』五〇一ページ。
(65)前掲『国会報告』四四六ページ〜四四九ページ。
(66)藤原房子「市川房枝さん——婦人運動に理想主義を貫く」『女のなかの女—現代を生きる112人 I』人文書院、一九七六年、二四ページ。
(67)児玉前掲『戦後の市川』二四九〜二五三ページ。
(68)同前、二八七〜二八八ページ。
(69)杣正夫「現代の英雄」前掲『一〇〇人の回想』。

第九章

平和と平等を未来へつなぐ

ゆず

ストップ・ザ・汚職議員と民主政治をたてなおす市民センター

一九七六（昭和五一）年、アメリカ上院の多国籍企業小委員会の公聴会で、ロッキード社が一九七〇年から七五年にかけて、約七〇〇万ドル（二一億円）の資金を日本の右翼政治家児玉誉志夫へ渡し、また香港経由で対日工作資金二〇〇万ドル（六億円）を日本の政府高官に渡し、丸紅商社の役員その他が資金提供を進言したなどが明るみに出た。ロッキード汚職を追及する集会が開かれ、前首相田中角栄らが逮捕され、巨大企業、政府高官の汚職疑惑で騒然となった。八二歳の市川房枝は、企業献金が日本の政治を動かし、選挙に金がかかることが政治を腐敗させていると考えていたから、国際的事件の追及から政治資金解明に迫れるのではと、アメリカで調査してこようと思い立つ。五度目の渡米であった。

アメリカで会った国務次官補、証券取引委員会幹部、議員、各種団体幹部、婦人記者、女子大学生ら約六〇人のこの問題への関心は弱く、これは日本の問題だと痛感させられた市川は、アメリカのような市民と国会を結ぶ中立の全国的市民団体をつくるのは日本では無理と考えた。そのため民主主義政治へ向かう調査研究をし、具体案を市民に提供しようと、民主政治をたてなおす市民センターを一九七六年七月発足させた。経費は個人の寄付と市川の歳費・立法事務費をあてることにした。日本の政治状況を、政治と金、選挙制度、選挙のあり方、国民と議会との関係の四視点から検討することとし、毎月学習会を開き、参議院全国区の選挙制度案の研究作成、政治資金の調査を地方の政党支部・政治団体に拡大するなどした。[1] 市川は、民主主義を、自分の意見をもち、自分の責任で行動できる自主独立の国民がすべて平等で、人権が尊重され、みんなで相談して、幸福を追求していくことと考え、みんなが主権者として代表を出し、相談して行う政治を民主主義政治と考えていた。(2)

一九七八年一二月、アメリカの証券取引委員会は、ダグラス社が一九六九年以来、日本を含む外国政府高官に航空機売り込みのため八〇〇万ドル（約一六億円）以上の不正支払いをしていたと告発した。続いて翌年グラマン社の不正支払いが公表された。ロッキード、ダグラス、グラマン汚職に関係したとされる議員は六人、元首相田中角栄、元運輸大臣橋本登美三郎、元運輸政務次官佐藤孝行、元運輸政務次官加藤六月、元内閣官房長官二階堂進、元防衛庁長官松野頼三である。市川たちはその一掃を目指して、汚職に関係した候補者に投票しない運動をすすめる会を一七団体で組織した。『朝日新聞』はこの会のスタートを「ストップ・ザ・汚職議員」の見出しで報道し、これがスローガンとなった。

総選挙前に緊急に運動を進めるため、新聞に意見広告を出す費用を求める募金広告を出す。広告料金一一二万円、寄せられた寄付総額六六五万七四二二円、寄付者総数二九五〇人と一八グループにもなった。この寄付で「汚職に関係した候補者に投票しないようにしましょう」の意見広告を出す。とくに新潟三区（田中角栄）、熊本一区（松野頼三）に集中して、汚職候補者に投票しない宣伝カーを出した。市川は熊本の宣伝活動に行ったが、事務所の婦選会館には「今度こそ命をもらいます」の脅迫電話がくる。迫害されれば元気づく市川は予定通り熊本へ行き、「私はまだやりたいことがたくさんあるのでもう少し生かしておいてほしい」と訴え、(3)無事帰ってきた。キャラバンで各地をまわった市川の感触では、急激な変動は期待できなかった。(4)それでも松野は落選、田中は前回から票を減らしての当選という結果となった。

一九八〇年三月の予算委員会の最後に、市川はストップ・ザ・汚職議員の運動で、自民党の有力議員が落選、減票した事実を自民党総裁である大平首相はどう考えているか、最近アメリカから日本の防衛の増強が申し入れられ、財界からの徴兵制度・武器海外輸出提案には戦争の危機を感じると発言した。その五月、首相の急逝で衆参同日選挙になり、自民党は勝利した。選挙直後、市川推薦会は東京都有権者世論調査を行い、ストップ・ザ・汚職議員の運動を知っている人八二%、その八五%が運動を評価している結果を得た。(5)

国際婦人年・国連婦人の十年を追い風に

国連は、一九六七（昭和四二）年に「婦人に対する差別撤廃宣言」を満場一致で採択した。それを現実に変えていくため、一九七二年に一九七五年を国際婦人年にすると決定する。スローガンは「平等―男女平等の促進と政策決定への婦人の参加、発展（開発）―婦人の能力開発、経済・社会・文化の発展への婦人の参加、平和―国際友好と協力への婦人の貢献」であった。

市川は先に婦選獲得二五周年記念集会を左右を問わない二二団体共催で開催、婦人の一票を平和、公害追放、物価引き下げに役立てようと決議したが、その経験を活かし、国際潮流と日本女性の獲得した成果に上積みして、女性の社会的地位向上をはかる活動に結び付けていこうとした。一九七四年一二月は、獲得同盟創立五〇周年にあたるので、記念集会・講演会・展示会を開催、『婦選獲得同盟十六年小史』（婦選会館出版部）を出版する。その直後、国際婦人年日本大会実行委員会を、年明け早々に田中寿美子たちと民間の組織、国際婦人年をきっかけとして行動を起こす女たちの会を結成した。二月、森山真弓労働省婦人少年局長ほか八人の各省女性課長たちが、国家公務員への女性の採用と登用を首相に陳情した。

森山は一九八〇年自民党から参議院選挙に出馬したが、立候補について市川に挨拶にきて、激励の言葉をいただけないかと頼んだ。市川は「森山さんに期待します」と書き、どこに使っても良いといい、自民党にちゃんとした女性議員がいないと野党や無所属議員が何をいっても具体的に実らない、森山が自民党なのはしようがないが、そういう役目を果たしてくれればよいと語ったという。(6) 超党派の議員・団体で目的実現へ進もうとする市川の柔軟な活動方式がこういうところに表れている。

市川は一九七五年三月の予算委員会で、首相は施政方針演説で国際婦人年だから婦人の地位向上に努力したと述べたが、何をしたのかと質問する。首相は会議を開催したと答弁したが、市川は首相がしたのは大きな新聞広告に三二四九万二二五九円使っただけ、具体的効果があるのか、労働省婦人少年局が予算請求してもようやく二二〇〇万円付いただけ、女性管理職、女性外交官を増やせと、数字をあげて迫った。ソープランド対策も進まず、厚生省と警察が責任を押し付けあっていると、手厳しく追及した。さらに六月の予算委員会で、国連主催の世界婦人会議に各国は大臣級の代表を出すのに、経済大国日本は婦人の地位が低いことを象徴する代表で、日本が何をしたかということがないとは、恥ずかしいではないかと攻め込んだ。

こののち、六月には衆議院社会労働委員会で、国際婦人年にちなんで初めて婦人問題の集中審議が行われ、衆参婦人議員懇談会の話し合いで、「国際婦人年に当たり婦人の社会的地位の向上をはかる決議案」を作成、衆議院では粟山《もみやま》ひで(自民党)、参議院では市川が提案理由を説明、全会一致で採択された。婦人議員は超党派で政府を批判、攻撃する流れになった。メキシコで開かれた国際婦人年世界会議メキシコ宣言は、「男女の平等とは、人間としての男女の尊厳及び価値の平等並びに男女の権利、機会及び責任の平等を意味する」と確認した。政府は国際婦人年世界会議の決定事項を国内施策に取り入れるため、九月婦人問題企画推進本部を総理府内に置き、内閣に婦人問題企画推進会議を設置することを決めた。

森山は、行政の世界では、労働省婦人少年局でさえ「男女平等」を明言する雰囲気はなかったという。「男女平等」の実現を婦人少年局がいえるようになったのは、一九七五年の国際婦人年以降、[7]ここから日本の女性施策が画期的に進んだということになる。婦人少年局長・総理府婦人問題担当室長等を歴任した赤松良子は、国際婦人年は日本女性にとって神風のようなもの、「平等」がタブー視されるような時代の空気をパアッと開け放ったといっている。赤松は婦人少年局に在職したころは、藤田たき局長が何か困ったことがあれば市川に電話し、市川は「お助け（ばあさん）」として働いた。[8]女性の政治家や活動家が何か困れば市川の行動力、組織力、誠実さを頼りにしたという。[9]

一一月には、総理府、労働省、日本国際連合協会共催の国際婦人年記念日本婦人問題会議に天皇・皇后が出席して開催された。市川は参議院で決議の提案をした議員として祝詞を述べたが、そのなかで「今回政府が設置した婦人問題企画推進本部は男性ばかりで、その将来には希望がもてない」といったとき、大きな拍手が起こり、降壇後も「よかったよかった」と保守派と思われる人にまでいわれたという。日本の女性と官僚の間にはふだんは見えない溝が深くあるのだった。

縫田曄子は国際婦人年を記念して製作されたビデオ「女性先駆者たち」のインタビューを担当した際、「今度生まれたら女になりたいか、男になりたいか」の質問を市川にしたところ、しばらく考え、「それはどんな時代なのかね。もし今のように女性の地位が低ければ、やはり女に生まれてがんばらなければね」と真剣な表情で答えたという。[10]

国際婦人年のこのような空気のなかで、政府主催ではなく、自主的な集会である国際婦人年日本大会を、できるだけ多くの全国的婦人組織の結集で成功させ、国際婦人年の内容を充実させようとした市川は、主婦連合会の会合にきたときに突然、奥むめおの娘で主婦連合会の活動を引き継いでいた中村紀伊に「中村さん、あなた出てきなさい」と誘ったという。中村は、母の友人で、小さいころにかわいがってもらった市川にいわれたのだから、一度行かなければ失礼だと婦選会館の会合に参加、目立たないようにしていたが、国際婦人年日本大会の副委員長に指名される。多様な団体が参加しているので、出された提案に反発する婦人団体もあり、会議が暗礁に乗り上げたりすると、市川に相談してどういえばよいか、どの点を妥協すべきか、どこを修正してもらうか、アドバイスを得ながら説得し、多くの団体が一緒に活動するように中村は働いた。

中村は、市川を怖い人かと思っていたが、本当は女らしくやさしくて温かい人だったし、運動感覚の抜群なこと、徹底的な仕事のやり方、頑固で人遣いの荒いのは、母の奥むめおと似ていると思うようになった(11)。市川は、市川の意を自分の意見にして働いてくれる人を、皆の納得を引き出しながら大切な位置に置くのだった。中村は右から左まで多くの団体代表に自由に発言させておいて、押さえるところはきちんと押さえる市川のまとめ方にひきつけられる(12)。国際婦人年関係の会議には、市川は時間の許す限り参加し、あまり自分の意見はいわず、もめているときに問題をじっくり考え、こうしたらどうかという人だった。高島順子は、その忍耐強さ、真摯な態度に教えられ、どうしたら前進できるかを考え行動することを学び、市川を実践の人、行動の人だったという(13)。

こうして一九七五年一一月「なくそう男女の差別、つよめよう婦人の力」のスローガンのもと全国組織四一団体実行委員会主催の国際婦人年日本大会が開催された。市川実行委員長が基調報告を行い、民間女性が自主的に集まり、婦人問題を集中審議することは、日本の婦人運動史上画期的と大会を位置づけた。これまで政府の婦人問題に対する態度はほとんど無関心、戦前の良妻賢母主義に引きもどそうとしてきたが、これを看過することはできず、強い女性の連帯をもって立ち上がり、男女平等を実現、女性の力で経済・社会・文化の発展に寄与し、国際平和を推進しようと呼びかけた。大会後実行委員会は解散し、国際婦人年日本大会の決議を実現するための連絡会（略称 国際婦人年連絡会、以下、連絡会という）に再編された。連絡会への加盟は一九八〇年四八、一九八九年には五一団体へ発展した。(14)

国際婦人年を追い風に、日本女性の地位向上を具体的に実現しようとした一九七五年は講演も多く、市川は多忙だった。「来年は自伝執筆のため、講演をストップさせてください」と訴えたが、一九七六年は「もっとも忙しい一年」になる。児玉勝子は、議会活動があると自伝執筆どころではない忙しさだったという。

婦人の一票が政治を変える

一九七五（昭和五〇）年一二月一七日は婦人参政権実現三〇周年、翌年四月一〇日は婦人参政権行使三〇周年であった。市川は改めて婦人参政三〇年の成果を検討し、今後に備えようとした。一九七五年一二月四日には、尾崎行雄記念財団主催の討論集会で、映画「婦人平等へ」を観たのち、市川は婦人参政権実現の状況を考え、三〇年間の成果として、選挙権の行使は進んだが、議員になる女性、公務員管理職になる女性は少なく、司法の女性も非常に少ない、今後女性の政治意識を高め、批判力を強め、子ども、家庭、環境などを良く変えていく革新の立場で、老若男女共に幸せになる政治を進めてほしいと語った(15)。一二月一七日には中立七婦人団体と婦選会館で記念集会を開催した。

一九七六年二月一九日から市川を実行委員長とする全国無所属婦人議員研究集会が、全無所属婦人議員二六四人中六九人を集めて、二泊三日で開催された。自分の自治体での問題点を話し合い、講演を聞き、討論と見学をした。市川は、この会合の結論として、婦人議員を出していない県、市区町村議会に一人以上婦人議員を選出する運動を起こしたいと考えていた。

四月一〇日には四一団体共催の婦人参政権行使三〇周年記念大会が、市川実行委員長のもと、「婦人の一票が政治を変える」のスローガンで開催された。市川は基調報告「婦人参政権行使三十周年をむかえて」を行った。

婦人参政権とは選挙権、議員になる被選挙権、公職について行政に参加する権利だが、どの国でも政府と闘って実現した。日本でも女性・子どもに不利な法制の改廃、国民生活のための政治、選挙・政治の革正、世界平和の四項目を掲げて闘ったことは間違いなかったと信じている。敗戦後婦人参政権は実現し、婦人議員も参加して日本国憲法が審議・実施され、男女平等の政治的権利が実現した。その後約三〇年、女性の投票率は男性を超えている。婦人議員はまだ少数だが、議員に対するアンケート調査で、婦人国会議員の特色は、「婦人有権者から信頼されている、権力意識が少ない、金権政治をしない、宴会政治との決別」との回答があった。地方婦人議員は多い順に、「生活体験から身近な問題を取り上げる、婦人有権者からの信頼、金権政治をしない、権力意識が少ない、宴会政治への決別」という回答で、期待通りなのが嬉しい。公職の女性管理職等が少ないのは政府の責任だが、若い女性が積極的に努力してほしい。ロッキード問題のような腐敗政治になったのには女性にも責任があることを反省し、日本の政治体質を変え、真の民主主義政治を確立するため努力しよう、勇気を出して頑張りましょうと訴えた。

また市川は「婦人参政三十年の歩みをかえりみて」で、選挙権の行使について戦後有権者数は数百万人女性が多いことを重視し、女性が団結すれば女性が望む政権を実現させることができる、と女性の責任を指摘している。被選挙権の行使について、なぜ女性は議員として直接政治に参加しようという人が少ないかを問題にしている。婦人団体・市民運動も良いことだが権力がない、議員になれば報酬もあり、地方自治体の議員なら家庭とも両立する、みんなで良い候補を見つけ、推薦して立候補させてほしいと述べた。有権者女性が団結して政治を変える「数」になるはずだが、女性議員が「数」として政策立案にかかわれば女性の生活を幸せにできると期待している。

一九七五年の婦人参政三〇周年記念講座で、杣正夫は、世界的には女性のほうが投票率は低く、保守系に投票する人が多いが、日本では女性の投票率が高く、都会では女性はより革新系に投票している。女性が関心をもつのは、情緒的、感情的関心を呼び起こす争点で、観念的な争点には関心が低い。政治から遠い女性がはっきり願っているのは平和の問題だという。社会党の参議院議員田中寿美子は、政党のなかで女性は育てられていない、労働組合にも男尊女卑の体質があり、女性の進出をもっと政党に要求すべきという。千野陽一は、全日制市民である主婦が、婦人運動を組織し、政治を変える動きを大切にしたいと未来像を描いている。室俊司は、女性の感性的認識は物事を全体的に正確に把握する力があり、将来に伸びる力があると期待している。(16)

参政権をもった女性は成長した、だがまだ不十分という事実は、改めて婦人参政三〇周年に確認されたのであった。成果の確認、そのうえにいっそうの成果を、という形で、市川は近未来の運動方針を示そうとしていた。

平和なくして平等なく　平等なくして平和なし

国連は、国際婦人年世界会議採択の世界行動計画等を承認、それを現実にするため一九七六（昭和五一）～一九八五年を「国連婦人の十年」と決定した。

一九七八年国連の第三委員会は婦人差別撤廃条約を審議していたが、市川はその条文がほしいと赤松良子総理府婦人問題担当室長に頼み、この条約ができて日本が署名したら女性差別の日本はひっくり返るようなものだと、条約ができる前から研究していた。外務省はこの条約を批准するためには最低限三つのハードル（国籍・教育・雇用の男女平等法整備）をクリアしなければ不可能といい、市川は批准できないから署名できないなどとても認められないと、婦人団体を集めて大運動にしたと、赤松良子は伝え聞いたという。[17] 市川は田中寿美子といち早く国際情勢をとらえ、女性の団結で婦人差別撤廃条約への国の署名を予想以上に早くできるようにしたと、清水澄子はいっている。[18]

一九七八年一一月、労働大臣の私的諮問機関である労働基準法研究会が、婦人労働者の労働基準法の保護規定を、男女平等の観点から改定すべきと、時間外労働・深夜業の制限、生理休暇の廃止を主張した。婦人労働者の保護か平等かで論議が盛んになった。市川は平等と保護の両立の確認、女性の労働条件を低下させるのではなく、男性の労働条件を引き上げて平等にする方向を主張、問題は市川の死後にもち越された。このような法律の改正論議を含め、一九八〇年四月から婦人差別撤廃条約に政府の署名を要求する行動が始まり、さらにこの条約を早く批准させるための学習・討議・要請活動が積み上げられた。

一九八〇年一一月二二日、国連婦人の十年中間年日本大会は、「婦人差別撤廃条約早期批准」「なくそう男女差別、つよめよう婦人の力」のスローガンで開催された。批准のためには男女平等法制整備が必要であり、参加団体の相互理解を深める活動が不可欠だった。市川は辞退したのだが、結局要請されて実行委員長となり、条約への署名をしなければ日本は恥をかくと外務省への要請に必死だった。

市川は大会の基調報告で、国際緊張のなかで、日本国憲法によって戦争を放棄し国際平和に貢献すべきと規定しているのに、軍備増強で戦争へのきなくさいにおいが漂っている、「平和なくして平等なく 平等なくして平和なし」を女性は銘記して、国連婦人の十年後半期に取り組もうと呼びかけ、大きな拍手を受けた。そのうえに「平和についての特別決議」(①平和憲法擁護、改悪阻止、②世界の全面的軍縮促進、③いっさいの核兵器の廃絶)が行われた。その翌年、市川は永眠したが、「私たちは種まきを、収穫は次世代に」と、男女平等、政治の浄化を目標として活動した市川を偲ぶ会が五月に開催され、遺志を継いでいくことが誓われた。(19)

田中寿美子は一九八一年一月、婦人運動のリーダーたちと平和運動について話し合い、電話でも意見交換した。一月一四日の電話で、市川は「私はこれからは平和運動に力を入れるつもりだ、……また相談しよう」といい、その二日後入院し、再び立つことはなかった。(20) 市川の戦後は、平和の喜びに始まって平和を未来につなげる闘いの日々だった。

振り返る「市川房枝の歩み」

一九五九（昭和三四）年一一月ヨーロッパ旅行から帰り、理想選挙普及会の結成、婦選会館建て直し、安保問題と多忙をきわめるなかで、市川は水分をとる量が多くなっているといわれ、糖尿病が発見された。市川は六七歳になっていた。さらに軽い胃潰瘍も発見され、養生に努めたが、完全には休養できなかった。主治医は新谷富士雄、市川はどんなに忙しいときでも他の患者と一緒に順番待ちをしていたという。[21] 市川は一九五四年六一歳のとき、二五年間吸い続けたタバコを止め、少し太り、健康に留意するようになっていたが、ここにきて「いのち」に限りがあることを考え、生活・活動を振り返り始める。

一九五八年一一月下旬、『婦人界展望』（当時）の記者三人が、変則国会で寸暇のできた市川に「昔の話」を聞き、市川は記者の質問に気楽に素直に答え、一九五九年一月号から「婦選運動と私」が一〇回連載された。

この準備過程を経て、一九六〇年九月『日本経済新聞』に「私の履歴書」が連載された。まとめて翌年七月日本経済新聞社編・刊『私の履歴書　13』が出版され、一九六三年八月には四版を重ねている。記者がつけたと思われる見出しは次の通り。

1、愛知県の農家に生まれる／2、十三歳でアメリカ行きを決心／3、教員、新聞記者時代／4、友愛会から新婦人協会へ／5、渡米して小学校三年に「入学」／6、婦人労働委員会時代／7、婦選運動に専念／8、母性保護運動を推進／9、婦選獲得同盟ついに解散／10、三年七ヵ月で追放解除／11、参議院議員に当選／12、法定費用の二割で再選。

その総括は次のように書かれている。「私の今日までの生活は、追放中を除いては全く忙しさの連続であった。それも自分でつくった忙しさであり、四六時中寝ても覚めても運動から解放されることのない気持ちの忙しさであった」。この履歴書を書いて、兄がよい助言者であり、経済的にも援助を受け、私の今日あるは兄に負うところが多いと再認識した。若い日に希望を与えてくれたのは師範学校の教師千田仁和野と読売新聞社の小橋三四子の二人である。長い運動の間、絶えず悪口をいわれ、迫害を加えられたので、悪口については一応反省すべきだが、自分が正しいと信じたら邁進《まいしん》する、最後は時と事実が解決する、いまさら名誉がほしい、金持ちになりたいということはなく、「誠をもって自分の正しいと信ずる事を主張し、行ない、結果はなるがままにまかす」と考えている[22]。

この自己肯定感、誇りが市川の強さであった。

一九六九年から翌年にかけて、新婦人協会創立五〇周年記念集会開催をきっかけに、市川は新婦人協会運動史を『婦人展望』に連載、のち『私の婦人運動』（秋元書房、一九七二年）に収録した。

また一九七一年参議院議員選挙に落選した市川は自分の時間をもつことができて、『市川房枝自伝　戦前編』（新宿書房、一九七四年）を完成させた。その「あとがき」には、自身を「大正デモクラシーの洗礼を受けた自由主義者のひとりで、極めて現実主義の運動家」とし、自分が責任をもっている団体および関係団体との運動に専念し、一人一役主義を通した。一九三一年満州事変以後は苦悩の連続だったが、戦争反対の立場を失わず、自治政への参加、必要な法律の制定運動を行い、政府の提唱する選挙粛正運動、国民精神総動員運動にも協力したが、自主性を失わず、アジア太平洋戦争後も政府・国策にある程度協力しながら政府・関係当局の婦人対策に意見を述べ、陳情してきた。だが消極的にせよ、当時の社会の時流に協力した責任を痛感する、と書いた。

自分が反対する侵略戦争への協力も、自主的判断ぬきではなく、女性の社会的地位向上に何らかのプラスをもたらす方針と活動を貫いたという自信がうかがえる。この幅のある自主性が、思想・宗教・生活の異なる婦人問題関係者と共同活動できる基礎、多くの人びとに信頼・支援される人間関係を築ける基礎になったのであろう。

市川は自伝・婦人参政権運動史にとどまらず、日本婦人運動史を書きたいという構想ももっていた。一九七八年七月から翌年六月にかけて「市川房枝教室（日本婦人運動史）」が婦選会館で開講された。①明治維新後の婦人の地位／②自由民権運動と婦人／③政治から締め出され、良妻賢母主義教育へ／④青鞜の運動と大正デモクラシー／（⑤の予定を打撲傷の痛みのため、懇談会へ変更）／⑤新婦人協会の結成から婦人参政権運動へ／⑥満州事変から冬の時代へ／⑦敗戦によって男女平等を獲得。

日本女性を当時の社会的潮流のなかでとらえ、視野を広げた構想だったが、内容が不十分だとして活字にはならなかった。[23]市川は時代の権力者が女性に強制した不平等・人権無視の法律・制度・社会環境を、自由民権運動に参加した少数の女性を先駆者として異議申し立てし、それでも良妻賢母主義教育で縛られ、大正デモクラシーの民衆活動で押し返すが戦争でつぶされ、敗戦で世界の民主主義水準に近づくという過程で描いているように思われる。

市川は婦人運動に参加し始めた当時、平塚らいてうの考えに従ってその「手足」として働いた。らいてうは自分をとりまく現実の重圧とたたかう意識はあったけれども、何より女性は人間として目覚め、自我を全的に解放する精神革命が必要という考え方に立ち、それを女性解放の出発点としていた。[24] 一九七八年当時の市川は、らいてうとは異なる日本婦人運動史を構成しようとしていた。

市川の自伝を出版した新宿書房の社長村山英治は、桜映画社の社長でもあった。市川の自伝が出版されると、映画を撮りたいという話が進み、市川が自分の半生を語り、人物や風土、運動の記録を映画にまとめよう、現在進行中の運動をそれに続けようとカメラがまわされた。一九八〇年五月、七月に後では絶対につくれない女子学生を前にして市川が話す「演説の映画」は撮り終えられた。そこから八七歳までをどうつなぐか話し合い、長い道のりの帰結は、平等と平和を訴えることにつきると、市川が女子学生にコーヒーをいれながら平和を訴える場面を撮り足した。すべては映画『八十七歳の青春』に編集され、村山はこの映画が言葉ではなく、行動で書かれた市川の遺言書という。[25] その半年後、市川は急逝した。

もし生存していたら、一九八一年の活動として、市川は議会活動に加え、「自伝　戦後編」の完成、「政治と金」の出版、きなくさくなってきた現状に対し、平和を願う人たちの団結に努力したいと考えていたと、市川ミサオは最後の『私の国会報告』の「ごあいさつ」で書いている。[26]

「市川房枝自伝　戦後編」は構成案を二度つくりながらついに自分で書くことができず、[27] 児玉勝子『覚書・戦後の市川房枝』（新宿書房、一九八五年）として世に出された。

市川自身はたくさんの文章を残した。市川を知るために、次の主要著作を読んでいただければ嬉しい。

＊市川房枝「私の履歴書」日本経済新聞社編・刊『私の履歴書　13』一九六一年。『市川房枝集』第6巻（のち「人間の記録88」日本図書センター、一九九九年に収録）。

＊『私の政治小論』秋元書房、一九七二年。

＊『私の婦人運動』秋元書房、一九七二年。

＊『市川房枝自伝　戦前編』新宿書房、一九七四年。

＊『私の言いたいこと―政治とくらしを考える』ポプラ社、一九七六年（中学・高校生とその母親を対象として、市川の生活と活動を政治中心に総括した。①わたしの歩いた道、②身近な政治のいろいろ、③日本の政治のしくみ、④民主政治の基礎は選挙から、⑤ゆがめられている日本の民主政治、⑥民主主義をよくするために）。

＊『日本婦人問題資料集成　第二巻　政治』市川房枝編・解説、ドメス出版、一九七七年。

＊『日本婦人問題資料集成　第一巻　人権』市川房枝編・解説、ドメス出版、一九七八年。

＊『だいこんの花　市川房枝随想集』新宿書房、一九七九年（戦後に書いた個人的随筆風の文章から選択）。

＊「私の婦人運動―戦前から戦後へ」『近代日本女性史への証言』「歴史評論」編集部編、ドメス出版、一九七九年（ほかに山川菊栄・丸岡秀子・帯刀貞代の証言収録）。

＊『ストップ・ザ・汚職議員！　市民運動の記録』市川房枝編著、新宿書房、一九八〇年。

＊『野中の一本杉　市川房枝随想集Ⅱ』新宿書房、一九八一年（生涯にわたって書かれた随想から選択）。

＊『復刻　市川房枝　私の国会報告』（一九五四年～一九八一年分をまとめて復刻）、縫田曄子編　市川房枝記念会出版部、一九九二年。

＊『市川房枝の国会全発言集―参議院会議録より採録』縫田曄子編、市川房枝記念会出版部、一九九二年。(28)

＊『市川房枝集　全八巻・別巻』日本図書センター、一九九四年（別巻には武田清子「解説　市川房枝の人と思想」「市川房枝集年譜」等を収録）。

＊参考　市川房枝記念会出版部編・刊『市川房枝　理想選挙の記録』二〇〇三年。このほか、戦時中に市川が企画しまとめた『戦時婦人読本』昭和書房、一九四三年、『婦人年報　第一輯　婦人界の動向』（文松堂出版、一九四四年）がある。市川が監修した本としては、『戦後婦人界の動向―婦人の民主化を中心として』（婦選会館出版部、一九六九年）、児玉勝子『婦人参政権運動小史』（ドメス出版、一九八一年）がある。

＊参考　市川房枝研究会編『市川房枝の言説と活動』三部作、市川房枝記念会女性と政治センター　①「年表でたどる婦人参政権運動　1893-1936」二〇一三年、②「「年表で検証する公職追放　1937-1950」二〇〇八年、③「年表でたどる人権・平和・政治浄化　1951-1981」二〇一六年。

国内外で評価される市川の実績

一九六五（昭和四〇）年は最初の衆議院議員選挙から七五周年、普通選挙制度が実施されて四〇周年、婦人参政権が実現してから二〇周年に当たり、記念式典が行われた。この場で普選や婦選、選挙の浄化に功績があったとして、市川、奥むめお、久布白落実ほか男性七人への特別顕彰があった（山川菊栄は辞退）。その日の夕方、総理府賞勲局から勲章を受けてくれるかどうかの問い合わせがあり、市川は人間に等級をつける勲章に反対と即座に断った。新聞記者の話では、「勲二等瑞宝章」が予定されていた。

一九七二年、朝日新聞社は市川に朝日賞を贈呈したいと連絡してきた。銅板の表彰状には「多年にわたる婦人の地位向上と有権者の政治教育に尽した功績」として「大正時代から一貫して婦人の地位を向上させる運動に指導的役割を果されました　とくに婦人参政権の推進　勤労婦人の労働条件改善　売春防止など　その運動の分野は広範囲にわたり　また戦後は有権者の政治教育にも大きな成果を挙げられました　多年の業績をたたえ　ここに朝日賞を贈ります」と刻まれていた。副賞は一〇〇万円、市川は過去・未来に運動を共にし、さらに受け継ぐ人・団体に分けることとし、死後の「市川房枝基金」の土台とした[29]。

一九七四年には、フィリピンのマグサイサイ賞に「模範的な政治的高潔さで日本女性の公私に亘る自由の向上を終生の仕事としてきた」として、市川が選ばれた。賞状とメダルを受けた挨拶で、市川は日本軍と日本の占領統治が島民を苦しめてきたことなどを許してほしいと述べ、聴衆の拍手を浴びた。その後「死の行進」が行われたバターン半島の戦跡を弔うなどして帰国したが、賞金一万ドル（約三〇〇万円）は日比親善、とくに日比青年の交流に使うためマグサイサイ財団に預けられた。

一九七七年六月、全イラク婦人連盟の招待を受け、縫田曄子と近藤千浪秘書の三人でイラクに六日間滞在、遺跡や教育施設の見学をした。

一九七七年一〇月、韓国の女性百人会館開館式に招待され、訪問した。

一九七八年三月と五月、国立国会図書館が憲政史に大きな役割を果たした人々を記念するために行っている「政治談話録音」の八人目として、女性初、唯一の、市川の談話が録音された。話題は自由、時間制限なしなのだが、二回約七時間、一九四五年以前まで話したところで終わってしまった（三〇年間非公開の原則で、すでに公開されている）。

一九七八年九月、婦人の地位向上に努力した女性への賞であるイタリアのアデライデ・リストーリー賞を沢田美喜、水谷八重子と共に日本人として初めて受賞した。

一九七九年一〇月、アメリカの総合化粧品メーカー・エイボン社が「広く社会のために、女性の向上のために有意義な活動、目覚ましい活動をした女性」に贈る第一回の女性大賞エイボン女性大賞を市川は受賞した。「六〇年にわたり女性の地位向上に尽くした功績に対する賞」であった。[30]

一九八〇年一〇月には中華全国婦女連合会の招待で、山口みつ子、近藤千浪、久保公子の三人の秘書と一緒に、人民共和国となった中国を訪問、上海・南京・北京一〇日の旅で現状を知ることに努めた。

一九六五年以降の市川は、このように国内でも国際的にも、生涯にわたる女性の社会的地位向上と選挙・政治浄化のための活動をたたえられた。もし一番嬉しかったのは何ですかと尋ねられたら、市川は理想選挙で得た日本有権者の票と答えたかもしれない。

一九五三年四月参議院議員選挙東京地方区（二位）一九万一五三九票
一九五九年六月参議院議員選挙東京地方区（二位）二九万二九二七票
一九六五年七月参議院議員選挙東京地方区（四位）四九万六七九五票
一九七一年六月参議院議員選挙東京地方区（落選）五五万八七二八票
一九七四年七月参議院議員選挙全国区（二位）一九三万八一六九票

一九八〇年六月参議院議員選挙全国区（一位）二七八万四九九八票

一九八一年二月一一日午前七時一三分、市川房枝は参議院議員現職のまま心筋梗塞で永眠した。柩《ひつぎ》に眠った市川は夕方病院から婦選会館に帰り、白菊に飾られた祭壇に弔問の人が続いた。夜に入って鈴木善幸首相が訪れ、柩に一礼して去った。その朝、記者団に「市川さんは婦人の地位向上に生涯をささげた婦人総理ともいうべき人だったと思う。全く私心がなく率直に話をされ……一生は、多くの人の支えであり、励みであり続けると思う」と語っていた[31]。

二月一三日お別れ式の際、葬儀委員長藤田たきは、これまで市川の強さに甘え、頼りすぎていたことを反省して、市川が願っていた「婦人差別撤廃条約」批准に努力すると約束した。柩には愛用の眼鏡、筆記用具と婦人差別撤廃条約のコピーが入れられた。そののち、柩は火葬場へ向かい、二月二六日青山葬儀所で本葬が行われ、約三五〇〇人の人々が最後の別れに集まり、五月一五日、八八歳になるはずの日に、つつじの花咲く冨士霊園の墓地に遺骨は収められた。市川房枝葬儀委員会編『市川房枝葬送記』には多くの有名無名の人の弔辞、追悼の言葉のほか、「朝日歌壇」から四首が収録されている。

出棺をテレビに見つつ手を合せ　声あげて泣く誰も居らねば（宇治　井上　幸）
選挙ごと票を捧げし女史は亡し　燃えつきしがにはかなかりけり（静岡　池谷　澄史）
皺深く美しき人と思いたり　雨の街頭に立つを見しとき（東京　板倉　爽子）
「権利の上に眠るな」と説きたまいたる　一生嚙みしめてみる若き主婦われ（豊橋　柏熊三津代）

二月一三日、参議院本会議場で、二月一日現在で二五年在職となった議員の永年在職表彰式が行われ、市川も表彰された。二月二七日参議院本会議で、石本茂自民党議員は「権利の上に眠るな」を身をもって実践され、「売春防止法の制定、公職選挙法などの改正に尽力され一貫して婦人の地位向上と民主主義、政治倫理の確立に情熱を傾け」、国際婦人年には参議院内外の活動で、婦人団体の大同団結による国内集会は市川なくしては実現できなかった、と追悼の辞を述べた。(32) かつて将来の夢を語り合った愛知県立第二師範女子部の同窓生永井志津の息子で画家の永井潔が描いた肖像画が参議院に掲げられている。

瀬戸内晴美（寂聴）は「徳島ラジオ商殺し」の犯人にされ、死後に再審が決まった冨士茂子が「ほんまに信用して心の底から尊敬しているのは市川先生」と話すようになったいきさつを書いた。最初神近市子が組織し、市川が支えた「冨士茂子の再審を求める会」の支援者が高齢となっていくなかで、市川と瀬戸内だけが残り、一九八〇年一二月の寒い日に「再審決定」判決が出た徳島地裁で、瀬戸内が興奮して「おめでとう」と叫んだとき、市川は冷静な声で「まだ安心出来ない、地検は上訴するかもしれない」とつぶやいた話を記録している。(33) 参議院法務委員会に所属していた市川は、一九八〇年一二月一八日、冨士茂子の再審請求、再審決定、即時抗告の経緯を踏まえ、法務当局の姿勢は「まことに人権を重んじないというか、いわゆる人情というものを考えない」と検討を求め、これが最後の質問となった。(34)

一九七三年八月に起きた金大中《キムデジュン》事件は、韓国中央情報部が金大中を拉致《らち》して本国へ連行した事件で、闇のなかで命を奪う危険があったが、市川は金大中事件の再検討の会の呼びかけ人、のちの金大中救出のための日本連絡会議の賛同者になって協力した。青地晨《あおちしん》は金大中さんを殺すなと願う市民の署名運動の呼びかけ人になってほしいと市川に頼み、快諾され、市川は宣伝カーから呼びかけ、市川の前には署名をする人の長い列ができた。「殺すな」の運動が広く市民権を得たのは、市川の力が大きかったと青地たちは考えている。[35]

児玉勝子は『覚書・戦後の市川房枝』の最後に、市川の協力へ感謝する金大中のメッセージ「市川さんは、人間の良心の象徴であり、女性と被抑圧者の人権のためにつくした不断の闘士、指導者」が、一九八三年二月送られてきたと記した。

有名無名の人々の市川への感謝は、日本の有権者の市川票の土壌だった。

最後に、市川自身は自分の生涯についてどう考えていたのだろうか。

市川は一九六六年ごろに、自分の人生を振り返って次のように総括している。

> 私の七十三年の人生は、一つの理想を持ち—婦人の地位の向上、民主政治の確立—その実現のための努力を続けてきたために、貧困と、世論と官憲との戦いであったと、いえよう。
>
> 現在、まだその理想は完全には実現されていないが、私は、一応戦いに勝ったと確信している。[36]

家父長制のもとで女の子を男の子同様に進学させず、娘を遊廓に売ることもある貧困、そういう女性のために闘う人を社会からつまはじきするために受ける貧困、女性を蔑視し、下流国民扱いし、女性の社会的地位を男性の下に置くのを当然視する世論、それに甘んじている女性自身、そのような法律・制度・社会を堅持して国民を支配する権力の具体的姿である官僚が根を張っていた二〇世紀に入る前後の農村の生活は、資本主義経済が浸透しても女性の自立を妨げ、自主的な成長をさせない日本の現実であった。

市川房枝は、日本の根っこにあるこの農村状況を克服しようと学び、調べ、考え、探り、検討し、多くの男女の支えを得て闘い、アジアへの侵略戦争敗北ののち、世界の民主主義水準を法制としては獲得した。一九四五年以降さらに日本国憲法を具体的現実とするために闘い続け、二一世紀の国際水準である婦人差別撤廃条約批准の道を拓いた。市川房枝は、「みること、聞くことの中に心配なことやいやなことがあまりにも多く、だまって見過せない私の心の虫」(37)を、時に爆発させ、時に抑えながら、八七歳の生涯を生き切ったのである。

長い生涯を生きて、市川の前には日本近代の農村にはなかったさまざまな課題が山積みにされたが、婦人参政権獲得後三〇年の成果を検討した市川は、改めて「婦人の一票が政治を変える」「平和なくして平等なく　平等なくして平和なし」と呼びかけ、清潔な民主政治のもと、安心して仲良く暮らす平和な社会を、自分たちでつくる女性になるよう方向を示していた。

注

(1) 縫田曄子編『復刻　市川房枝　私の国会報告』市川房枝記念会出版部、一九九二年、三八六～三八七、四一〇～四一一、四五八～四五九ページ。児玉勝子『覚書・戦後の市川房枝』新宿書房、一九八五年、二六七～二六九ページ。
(2) 市川房枝『私の言いたいこと—政治とくらしを考える』ポプラ社、一九七六年、二二四～二二五ページ。
(3) 児玉前掲『戦後の市川』二八〇ページ。「紀平悌子・山口みつ子氏〝市川房枝先生を語る〟」『婦人有権者』一九九二年七月。
(4) 市川房枝「私の『ロッキード事件』報告」『世界』一九七六年九月、一一三ページ。
(5) 前掲『国会報告』四七二、四七五ページ。

（6）「森山真弓さんに聞く」『女性展望』二〇一一年一一・一二月。
（7）同前。
（8）「赤松良子さんに聞く」『女性展望』二〇一一年一〇月。
（9）林寛子「理想は高く—市川房枝と女性参政50年①」『中日新聞』一九九六年四月六日夕刊。
（10）「縫田曄子さんに聞く」『女性展望』二〇一二年三月。
（11）「中村紀伊さんに聞く」『女性展望』二〇〇九年三月。
（12）中村紀伊「親子三代にわたって」「市川房枝というひと」刊行会編『市川房枝というひと　一〇〇人の回想』新宿書房、一九八二年。
（13）「高島順子さんに聞く」『女性展望』二〇一三年四月。
（14）国際婦人年日本大会の決議を実現するための連絡会編『連帯と行動　国際婦人年連絡会の記録』市川房枝記念会出版部、一九八九年。
（15）「婦人参政三十年の成果」『討論集会シリーズ№27』尾崎行雄記念財団、一九七六年、『市川房枝集』第8巻、日本図書センター、一九九四年。
（16）「婦人参政権行使三十周年をむかえて」『婦人の一票が政治を変える　婦人参政権行使三十周年記念大会の記録』一九七六年四月、『市川房枝集』第8巻。『婦人参政三十周年記念　婦人参政関係資料集』婦選会館、一九七五年。
（17）「赤松良子さんに聞く」『女性展望』二〇一一年一〇月。
（18）「清水澄子さんに聞く」『女性展望』二〇一三年二月。
（19）前掲『連帯と行動　国際婦人年連絡会の記録』五六～一二八、一七二、一七四ページ。
（20）田中寿美子「参議院議員としての市川房枝さん」前掲『一〇〇人の回想』。
（21）「新谷弘子さんに聞く」『女性展望』二〇一二年四月。
（22）「市川房枝　私の履歴書」日本経済新聞社編・刊『私の履歴書　13』一九六一年、一〇二～一〇四ページ。見出しが変更されて「私の履歴書」『市川房枝集』第6巻に収録。
（23）『市川年表　1951-1981』一九七八年七月二四日、九月一一日、一一月一三日、一九七九年一月八日、三月一二日、五月一四日、六月四日、同一八日。
(24)『平塚らいてう自伝　元始、女性は太陽であった　上巻』大月書店、一九七一年、三三三ページ。
(25)村山英治「市川さんの遺言書」『シナリオ　八十七歳の青春』（映画「八十七歳の青春」を上映する会編・刊）。
(26)前掲『国会報告』四七七ページ。
(27)「〝幻〟の『市川房枝自伝　戦後編』プロット」『市川年表　1951-1981』三七四〜三八一ページ。
(28)発言をまとめる仕事に参加した山口美代子は、発言回数二三二回、その多くは政治腐敗の追及と婦選獲得運動の延長上のテーマを貫く女性の地位向上だったと記している（「市川房枝さん　思い出断章」『日本女性運動資料集成　第二巻　月報』一九九六年。
(29)児玉前掲『戦後の市川』二〇二〜二〇三、二三七〜二三九ページ。
(30)『婦人展望』一九七九年一一・一二月、三ページ。
(31)追悼記事『中日新聞』一九八一年二月一二日。
(32)前掲『国会報告』四八五ページ。
(33)瀬戸内晴美（寂聴）「雪の判決」『ちくま』一九八二年五月。前掲『一〇〇人の回想』。瀬戸内寂聴「奇縁まんだら　170　市川房枝の慈愛と冷静」『日本経済新聞』二〇一一年二月二七日。
(34)前掲『国会報告』四八二ページ。
(35)青地晨「市川さんの暮しぶり」前掲『一〇〇人の回想』。
(36)市川房枝「私の生き方、考え方」一宮市博物館蔵（豊田昌夫コレクション）、「市川房枝の原稿発見」『中日新聞』二〇〇一年五月二四日。
(37)「私の頁」『婦人展望』一九七三年九月、『市川房枝集』第7巻。

あとがき

「戦後二〇年たっても女性が生きにくいのなら、もっと生きにくい時代に暮らしやすさを築いてきた女性の歩みを明らかにしなかったら、私にとっての日本史学は何になるのか」という私自身のテーマで、居場所を見通そうとしたのが一九六〇年代半ばのことだった。

若い勢いで日本女性史の通史を書き、一九八〇年代前後の女性史ブームより少し早く学び始めた責任感で、日本女性史の学び方、その基礎になる研究史、文献目録をまとめ、脇田晴子さんが呼びかけた女性史総合研究会の仲間になった。女性の書き手、話し手がまだ少ない時期、収入が少なかったから、頼まれるままに婦人問題も学んで調べて発言した。子育てしながらだったから、地域の女性史掘り起こしにも参加した。仲間が増え、研究すべきテーマ・資料を紹介してくれる人もいて、もともと書くことが好きな私は、日本女性史研究を積み重ね、今は市川房枝というひとを通して、日本史への理解を深めようとしている。

私自身の問題意識の根っこには、一九三四（昭和九）年生まれの大日本帝国の軍国少女だった私、敗戦で言うことが一八〇度変わった大人や、なりゆきのままに変わった大人への不信感、女性を二流の人間扱いする日本の家族制度等々のなかで、自分はどう生きるのかわからなかった不安感がある。敗戦の前と後で学校制度も急変して何もかも間に合わせの地方の新制中学一期生、東京の私立中学へ転校し文化的な環境で伸び伸び過ごし、共学の大学に進学して社会への判断力が確立できない自分への劣等感を深め、歌声運動、学生運動や平和運動の新鮮さに戸惑い、内外の社会思潮の変動に混乱し、多くの人に迷惑をかけ、より多くの人に支えられてきた。八〇年以上を生きてきて、迷惑をかけた方にはお詫びを、支えてくださった方には深い感謝の心を捧げる。

市川房枝の評伝を書きながら、後世の人から見れば私が書いた女性史も「木を見て森を見ない」といわれるかもしれないと思った。それは、後世の人の社会を見る目がより確かになるからであろう。私は日本国憲法のもとで青春時代以降を過ごすことができたから、市川房枝よりずっと幸運な時代の子であったし、「現代日本の光と影を受けとめた」ひとりであった。本書を読む人は、歴史と広い視野のなかに自分を置いて、もっと平和で平等な社会のなかに人々が暮らす努力をされるようお願いする。

久保公子さんほか市川房枝記念会の方々、市川房枝研究会の皆様のおかげで本書を書くことができた。そして女性史・婦人問題に縁の深いドメス出版から本書を世に出せるのも、私の幸運である。表紙・扉の絵で日本を表現した小野和子さん（春陽会）、市川房枝への敬意をこめて編集・校正にあたってくださった矢野操さん、八木博子さん、装丁の市川美野里さん、そのほか多くの先輩・友人のお世話になりました。ありがとうございました。

二〇一九年　輝く青葉のもとで

伊藤　康子

追記　校正中の二〇一九年七月二三日、『朝日新聞』「天声人語」は、「1953年、国会議員に当選した市川房枝さんは女性専用トイレがないことに驚いた。要望して翌年設置された。」と記した。市川は自分が要望して変えた事実を、謙虚に書き残さなかった（二二九ページ参照）。だから市川評伝は難しい。

年	市川房枝をめぐって	内外情勢
	になる。10月 聞き取りをされた『近代日本女性史への証言』出版。第1回エイボン女性大賞受賞。	採択。
1980（昭和55）	87歳 5月 自伝映画「八十七歳の青春」撮影開始。6月 女子差別撤廃条約署名式に政府の参加要請。第12回参議院議員選挙全国区でトップ当選。10月 中華全国婦女連合会の招待で秘書と中国訪問。11月 国連婦人の十年中間年日本大会開催（実行委員長、48団体参加）。12月 冨士茂子再審開始決定、報告会に参加。	民法改正で、配偶者の相続分を2分の1に変更。国連の国連婦人の十年中間年世界会議で女子差別撤廃条約の署名式に日本も参加。
1981（昭和56）	1月16日 心筋梗塞のため入院、2月11日死去、87歳9ヵ月。13日参議院本会議で25年永年在職議員の表彰を受ける。26日葬儀、27日参院本会議で追悼演説。5月15日 冨士霊園に埋葬。	日産自動車事件、男女定年格差に最高裁が違憲判決。

参考文献

「市川房枝集年譜」『市川房枝集　別巻』日本図書センター、1994年

『市川房枝自伝　戦前編』新宿書房、1974年

児玉勝子『覚書　戦後の市川房枝』新宿書房、1985年

国際婦人年日本大会の決議を実現するための連絡会編『連帯と行動　国際婦人年連絡会の記録』市川房枝記念会出版部、1989年

丸岡秀子・山口美代子編『日本婦人問題資料集成　第十巻　近代婦人問題年表』ドメス出版、1980年

鈴木尚子編『現代日本女性問題年表　1975-2008』ドメス出版、2012年

歴史学研究会編『日本史年表』岩波書店、1966年

市川房枝記念会出版部編・刊『女性参政60周年記念　女性参政関係資料集』2006年

年	市川房枝をめぐって	内外情勢
	記念日本婦人問題会議で祝辞を述べる。11月 41団体の国際婦人年日本大会開催、実行委員長。12月 国際婦人年日本大会の決議を実現するための連絡会結成。	政治資金規正法改正公布。総理府に婦人問題企画推進本部設置を閣議決定。国連、国連婦人の十年を決定。
1976（昭和51）	83歳 2月 全国無所属婦人議員研究集会組織。3月 ロッキード疑獄事件調査で渡米。4月 婦人参政権行使30周年記念大会開催の実行委員長。7月 民主政治をたてなおす市民センター開設、代表となる。11月 姉たま87歳で死去。11月『私の言いたいこと』出版。	ロッキード疑獄発覚。民法改正で離婚後の婚氏継続可能に。毛沢東中国共産党主席死去。防衛費をGNPの1％以内に決定。
1977（昭和52）	84歳 6月 全イラク婦人連盟の招待でイラク訪問。8月 第11回参議院議員選挙無効請求訴訟の原告になる。8月『日本婦人問題資料集成 第2巻 政治』出版。10月 韓国の女性百人会館開館式出席。	婦人問題企画推進本部、国内行動計画策定。小中校家庭科の1部で男女共修を義務化。「君が代」国歌に規定。
1978（昭和53）	85歳 1月 冨士茂子さんの無実を明らかにする市民の会組織。3・5月 国会図書館「政治談話録音」収録。4月 国連婦人の十年推進議員連盟設立に参加。7月 市川房枝教室（日本婦人運動史）開講。『日本婦人問題資料集成 第1巻 人権』出版。9月 イタリアのアデライデ・リストーリー賞受賞。11月 植村環ら39人で有事立法に反対する各界婦人の呼びかけ発表。	総理府『婦人の現状と施策』第1回報告書。初の国連軍縮特別総会開会。日中平和友好条約調印。
1979（昭和54）	86歳 4月 随想集『だいこんの花』出版。5月 郷里に吉藤市川公民館竣工。8月 汚職に関係した候補者に投票をしない運動をすすめる会（ストップ・ザ・汚職議員の会）結成、代表世話人	ダグラス、グラマン汚職発覚。元号法公布施行。国連「女子に対するあらゆる形態の差別の撤廃に関する条約」

年	市川房枝をめぐって	内外情勢
1969 (昭和44)	76歳　3月 監修『戦後婦人界の動向』出版。11月 新婦人協会創立50周年記念小集会等を組織。	東急機関工業事件で女子若年定年制無効判決。
1970 (昭和45)	77歳　4月 日本婦人有権者同盟会長辞任、名誉会長となる。6月 平塚らいてうらと安保廃棄のアピール発表。10月 国連総会、アメリカ中間選挙、ウーマン・リブ視察（～11月)。12月 婦選獲得25周年記念集会開催。	核拡散防止条約調印。大阪万博。日本でもウーマン・リブ活動・討論会。
1971 (昭和46)	78歳　4月 婦人参政25周年記念式典で総理大臣より感謝状。6月 第9回参議院議員選挙・東京地方区で落選。参議院の議員定数不均衡について議員定数是正裁判提訴。11月 理想選挙普及会改組の理想選挙推進市民の会結成、代表幹事となる。政治資金調査室設置。	ドル・ショックでアメリカがドル防衛策。中国、国連復帰決定。
1972 (昭和47)	79歳　4月 沖縄の売春問題ととりくむ会結成。東京都参与を委嘱される。8月『私の政治小論』『私の婦人運動』出版。	沖縄日本復帰。勤労婦人福祉法公布施行。日中国交正常化の共同声明。
1973 (昭和48)	80歳　1月 朝日賞受賞。売春問題ととりくむ会結成、共同代表委員になる。	ベトナム和平協定。金大中事件。
1974 (昭和49)	81歳　1月 家庭科の男女共修をすすめる会を発起、結成。7月 第10回参議院議員選挙、全国区2位当選。9月 マグサイサイ賞受賞。9月『市川房枝自伝 戦前編』出版。12月 婦選獲得同盟創立50周年記念集会・講演会・展示会開催。国際婦人年日本大会実行委員会結成。	ウォーターゲート事件でニクソン米大統領辞任。金脈問題で田中角栄首相辞意表明。第1回合成洗剤追放全国集会。
1975 (昭和50)	82歳　1月 田中寿美子らと国際婦人年をきっかけとして行動を起こす女たちの会結成。11月 政府主催の国際婦人年	南ベトナム降伏。国連主催国際婦人年世界会議開催。公職選挙法・

年	市川房枝をめぐって	内外情勢
		女性首相、セイロンのバンダラナイケ。
1961 （昭和36）	68歳　5月『朝日ジャーナル』に選挙費用と政治資金の調査結果を出す。6月　赤松常子・奥むめおと売春防止法改正案提出。6月　衆参議員団の沖縄視察に参加。	酔っぱらい防止法公布。子どもを小児マヒから守る中央協議会、生ワクチン要求。
1962 （昭和37）	69歳　5月　日本婦人有権者同盟会長に３度目の就任。10月　財団法人婦選会館設立、婦人問題研究所解消。11月　改築された婦選会館開館式。	日本婦人会議・新日本婦人の会結成。
1963 （昭和38）	70歳　6月　戸籍名を房枝に改める。8月　参議院の欧米視察団に参加。	高校女子の家庭科必修になる。ケネディ米大統領暗殺。
1964 （昭和39）	71歳　12月　冨士茂子の再審を求める会を組織。	東京オリンピック。公明党結成。
1965 （昭和40）	72歳　7月　第7回参議院議員選挙東京地方区で３選（４位）。10月　政府主催の国民参政75周年等記念式典で特別顕彰。	アメリカ、北爆開始。日韓基本条約調印。
1966 （昭和41）	73歳　12月　中野好夫・長谷部忠らと政治資金規正協議会結成。	中国文化大革命開始。国会の黒い霧問題化。住友セメント結婚退職制違憲判決。
1967 （昭和42）	74歳　3月　美濃部氏の理想選挙を支持する会を結成、革新統一候補を応援し美濃部亮吉当選に協力。	国連、婦人に対する差別撤廃宣言採択。
1968 （昭和43）	75歳　政治資金規正協議会、選挙資金及び政治資金規正に関する基本方針を発表、寄付は個人に限るなど。	新潟県立病院で夜勤制限闘争開始。

年	市川房枝をめぐって	内外情勢
	想選挙で東京地方区２位当選（手取り月収約６万円）。11月 衆参婦人議員団結成、超党派で売春禁止法制定に協力。	成。第１回全国婦人会議。第１回日本婦人大会。
1954（昭和29）	61歳 ３月 長谷部ひろと連座制強化の選挙法改正案を提出。７月『婦人界展望』（婦人問題研究所）創刊。最初の「私の国会報告」を出す。	ビキニ水爆実験で第５福竜丸被爆。原水爆禁止署名運動。保安隊を自衛隊に改組。
1955（昭和30）	62歳 ３月 兄藤市73歳で死去。８月 婦人参政10周年記念行事実行委員会組織、委員長となり、旧婦選運動者懇談会、記念大会、全日本婦人議員大会開催、政治と暮し展覧会等を実行。	６月 婦人参政権に関する条約、国会で承認。第１回日本母親大会。第１回原水爆禁止世界大会。左右社会党統一。自由民主党結成。
1956（昭和31）	63歳 12月 第１回婦選同窓会世話人を務める。	第１回働く婦人の中央集会。売春防止法公布。日ソ共同宣言。日本が国連加盟。
1957（昭和32）	64歳 ４月 婦人団体国会活動連絡委員会を組織。８月 国連 NGO 国内婦人委員会を組織。	ソ連、人工衛星第１号打ち上げ。
1958（昭和33）	65歳 ８月 第８回汎太平洋東南アジア婦人会議（東京）に協力。10月 社会教育法改正反対運動を組織。	人権を守る婦人協議会結成。警職法改正案審議未了で妥協、成立。
1959（昭和34）	66歳 ６月 第５回参議院議員選挙、東京地方区２位再選。９月 英国総選挙視察、仏・伊・西独・インドの売春問題調査。11月 理想選挙普及会結成、代表幹事になる。	皇太子明仁と正田美智子結婚。軍縮のための世界婦人集会。
1960（昭和35）	67歳 ７月 糖尿病検査のため入院。	日米新安保条約調印、反対運動激化、国会で自然成立。中山マサ初の女性大臣。世界初の

年	市川房枝をめぐって	内外情勢
1947 （昭和22）	**54歳** 3月24日 大日本言論報国会理事の理由で公職追放になり、新日本婦人同盟会長辞任、追放解除請願運動広がる。『日本婦人新聞』に外国の女性のニュースを翻訳記事にして生活する。	1月 マッカーサー、2・1スト中止指令。3月 教育基本法公布。4月 第1回統一地方選挙。労働基準法公布。第1回参議院議員選挙。5月 日本国憲法施行。9月 労働省新設、初代婦人少年局長山川菊栄。12月 改正民法公布、家制度廃止。
1948 （昭和23）	**55歳**	榊原千代、初の女性政務次官になる。政治資金規正法公布。主婦連合会結成。
1949 （昭和24）	**56歳** 4月 第2回「婦人の日大会」で婦選運動功労者として堺ため子、平塚らいてうと感謝状とともに記念品を受ける。8月 真下ミサオを養女にする。	NATO 北大西洋条約調印。第1回婦人週間。中華人民共和国成立。
1950 （昭和25）	**57歳** 10月13日 公職追放解除。11月 新日本婦人同盟、日本婦人有権者同盟と改称、会長に復帰。	6月 朝鮮戦争（～1953）。レッド・パージ。警察予備隊令公布施行。
1951 （昭和26）	**58歳** 11月 公娼制度復活反対協議会結成。12月 平塚らいてう、上代たのらと再軍備反対婦人委員会結成。	9月 サンフランシスコ平和条約・日米安保条約調印。
1952 （昭和27）	**59歳** 6月 公明選挙連盟結成に参加。10月 日米知的交流委員会の招待で渡米、ヨーロッパもまわる（～1953.3）。	講和条約発効。全国地域婦人団体連絡協議会結成。警察予備隊を保安隊に改組。
1953 （昭和28）	**60歳** 4月 第3回参議院議員選挙に有権者同盟会長を辞任し立候補、24日理	NHK テレビ放送開始。日本婦人団体連合会結

年	市川房枝をめぐって	内外情勢
1942 (昭和17)	49歳 1月 大日本婦人会審議員に指名される。11月 台湾講演旅行。12月 大日本言論報国会理事に任命される。『婦人問題研究所所報』発刊（1945年2月終刊）。	2月 愛国婦人会・大日本連合婦人会・大日本国防婦人会統合、大日本婦人会結成。
1943 (昭和18)	50歳 6月 大日本言論報国会「思想戦対策委員会」委員を委嘱される。7月『戦時婦人読本』出版。	9月 イタリア降伏。10月 学徒壮行大会。
1944 (昭和19)	51歳 6月 東京都南多摩郡川口村（現八王子市）に疎開。7月『婦人界の動向』出版。	
1945 (昭和20)	52歳 4月 空襲で婦人問題研究所兼自宅焼失。8月25日 戦後対策婦人委員会結成、政府等に婦選要求。11月3日 新日本婦人同盟を結成、会長になる。『新日本婦人同盟会報』発行。政治啓蒙・支部組織のため若手同盟員と全国をまわる。理研科学映画の「婦人平等へ」制作に協力・出演。	5月 ドイツ降伏。7月26日 対日ポツダム宣言発表。8月 広島・長崎に原爆投下。8月14日 ポツダム宣言受諾。第2次世界大戦終わる。15日 天皇が国民に戦争終結をラジオ放送。18日 内務省、占領軍向け性的慰安施設設置指令。10月 GHQが5大改革指令。国際連合発足。11月 治安警察法廃止。12月 選挙法改正で婦人参政権実現。
1946 (昭和21)	53歳 4月10日 婦人参政権初行使に名簿漏れで投票ができず。4月 初当選婦人議員の婦人議員クラブ結成に尽力。6月 新日本婦人同盟機関紙『婦人有権者』発刊。	GHQ、公職追放指令。公娼制度廃止指令。婦人民主クラブ結成。9月 婦人公民権実現。11月 日本国憲法公布。

年	市川房枝をめぐって	内外情勢
1936 （昭和11）	43歳　1月『婦選』を『女性展望』と改題。第7回全日本婦選大会、戒厳令で開催不能のため、婦人団体協議会に変更開催。	2・26事件。日独防共協定調印。
1937 （昭和12）	44歳　1月 第7回全日本婦選大会（最終回）。9月 戦時生活に対処する日本婦人団体連盟（8団体）組織。10月 東京婦人愛市協会理事長に就任。12月 国民精神総動員中央連盟家庭実践に関する調査委員に任命される。	母子保護法公布。支那事変（～1945）。国民精神総動員中央連盟結成。日独伊3国防共協定調印。南京虐殺事件。
1938 （昭和13）	45歳　1月　英文ニュース *Japanese Women* 発行。3月 国民精神総動員中央連盟「実践網委員会」委員に任命される。6月 同中央連盟「非常時国民生活様式委員会」委員に任命される。同「服装に関する委員会」委員に任命される。8月 郷里朝日村の国防婦人会発会式に出席。	厚生省設置。国家総動員法公布。
1939 （昭和14）	46歳　2月 婦人時局研究会発足。3月 国民精神総動員委員会幹事に任命される。大蔵省貯蓄奨励婦人講師を委嘱される。商工省繊維局スフ・絹織維単純化委員会委員を委嘱される。	人事調停法公布。9月 ドイツがポーランドに侵攻。第2次世界大戦始まる。
1940 （昭和15）	47歳　2月 竹中繁と中国旅行（～4月）。4月 国民精神総動員本部参与に任命される。6月 婦人問題研究所再建し活動。9月21日 婦選獲得同盟解消と婦人時局研究会への合流を決定。10月 婦人時局研究会再編成。	国民優生法公布。日本軍、仏印進駐。日独伊3国同盟調印。10月 大政翼賛会発足。
1941 （昭和16）	48歳　9月『女性展望』廃刊。10月 母たつ81歳で死去。	12月 米英に宣戦布告、ハワイ奇襲、マレー半島に侵攻。

年	市川房枝をめぐって	内外情勢
1928 （昭和３）	35歳　３月　無産婦人団体を含む７団体で婦選獲得共同委員会を組織。８月　第１回汎太平洋婦人会議に出席、アメリカ本土で大統領選視察、12月　帰国。	初の男子普通選挙。3.15共産党弾圧事件。張作霖爆死事件。
1929 （昭和４）	36歳　１月　対市議選挙婦人委員会組織。無産団体とともにガス料金値下げ運動。	ニューヨーク株式市場大暴落、世界恐慌。
1930 （昭和５）	37歳　４月27日　第１回全日本婦選大会（獲得同盟主催）、「婦選の歌」発表。第６回総会で婦選獲得の目標４項目を宣言。７月　久布白落実辞任のため、市川が婦選獲得同盟総務理事に就任。両親の金婚式祝い。	ロンドン海軍軍縮会議。婦人公民権案衆議院で初めて可決（貴族院審議未了）。大日本連合婦人会設立。
1931 （昭和６）	38歳　１月ごろ「婦選の話」のレコード作成。２月　第２回全日本婦選大会、市川の開会挨拶途中で右翼に引きずりおろされそうになる。	政府案の婦人公民権案、衆議院可決、貴族院否決。９月　満州事変。
1932 （昭和７）	39歳　１月　婦選団体連合委員会組織。３月『婦選』３月号発禁。５月　第３回全日本婦選大会、ファッシズム反対決議。	満州国建国。５・15事件。社会大衆婦人同盟結成。大日本国防婦人会結成。
1933 （昭和８）	40歳　２月　第４回全日本婦選大会。３月　東京婦人市政浄化連盟組織。９月　東京中央卸売市場問題婦人団体協議会組織。	ヒトラー、ドイツ首相に。日本、国際連盟脱退。
1934 （昭和９）	41歳　２月　第５回全日本婦選大会。９月　母性保護法制定促進婦人連盟結成。母子扶助法・家事調停法の制定運動。11月　婦人経済研究会始める。	日本、ワシントン海軍軍縮条約廃棄を通告。
1935 （昭和10）	42歳　２月　第６回全日本婦選大会。５月　父藤九郎86歳で死去。６月　選挙粛正中央連盟発会、評議員となる。８月　選挙粛正婦人連合会設立。	美濃部達吉の天皇機関説問題化。イタリア、エチオピアに侵攻。

年	市川房枝をめぐって	内外情勢
1921（大正10）	28歳 6月 新婦人協会役員辞任。7月 読売新聞特派員として渡米、シアトル、シカゴなどで働きながら通学、婦人運動・労働運動を視察。	赤瀾会結成。矯風会内に日本婦人参政権協会発足。
1922（大正11）	29歳 シカゴ、ミシガン湖畔、ニューヨークなどで働き、視察しながら暮らす。	4月 治安警察法改正、女子の政談集会参加・発起可能になる。日本共産党結成。新婦人協会解散。
1923（大正12）	30歳 6月 世界社会事業大会に出席、婦人参政権運動のアリス・ポールの話に影響を受ける。	関東大震災。東京連合婦人会結成。
1924（大正13）	31歳 1月 帰国、国際労働局（ILO）東京支局開設に参加、職員となる、年俸2400円。12月13日 婦人参政権獲得期成同盟会結成、準備段階から参加、会務理事となる。	第2次護憲運動。中国で第1次国共合作。
1925（大正14）	32歳 1月 第1回婦選獲得演説会で「婦選運動の婦人運動における地位」講演。2月 麗日会設立。3月 ILO支局で国際労働協会設立に参加。4月 第1回総会で婦選獲得同盟と会名改称、会務理事を続ける。『婦選（会報）』創刊。11月 婦人問題研究所設立。	婦選三案と女子教育関係案を衆議院に上程、可決、貴族院で審議未了。治安維持法公布。男子のみの普通選挙法公布。細井和喜蔵『女工哀史』。
1926（大正15・昭和1）	33歳 3月以降国際労働協会婦人委員会委員として、女性の坑内労働、深夜業禁止のため調査実施。10月 獲得同盟会務理事に就任。	大正天皇死去。
1927（昭和2）	34歳 1月 獲得同盟機関誌『婦選』発刊、12月 ILO東京支局辞職、婦選運動に専念することを決意。	金融恐慌。大日本連合女子青年団設立。

年	市川房枝をめぐって	内外情勢
1910 （明治43）	17歳	大逆事件。韓国併合。
1911 （明治44）	18歳	平塚らいてう『青鞜』創刊。
1912 （明治45・大正1）	19歳　4月　名古屋に新設された愛知県女子師範学校へ移る。7月　同級生とストライキ実行。	明治天皇死去。 第1次護憲運動始まる。
1913 （大正2）	20歳　3月　愛知県女子師範学校卒業、4月　朝日尋常高等小学校訓導になる、月給16円。	
1914 （大正3）	21歳　4月　名古屋市第二高等小学校に転任、市内の文化人グループ木曜会と交流、教会にも行く。	第1次世界大戦（～1918）。
1916 （大正5）	23歳　4月『六合雑誌』に「結婚問題」、6月に「不徹底なる良妻賢母主義」投稿掲載。7月　弟武死去。夏休みに広岡浅子主催のキリスト教夏期講座に参加、10月　肺尖カタルで休職、篠島で療養。	『婦人公論』創刊。友愛会婦人部設置。
1917 （大正6）	24歳　3月　篠島から名古屋市に帰り、退職。7月　名古屋新聞（現　中日新聞）記者となる。	ロシア革命。
1918 （大正7）	25歳　8月　名古屋の米騒動をみたのち上京。山田嘉吉の塾で英語を勉強、平塚らいてうを紹介される。	母性保護論争。シベリア出兵。米騒動。
1919 （大正8）	26歳　8月　名古屋新聞社共催の夏期婦人講習会に平塚らいてう、山田わかを案内。9月　大日本労働総同盟友愛会婦人部書記に就職、まもなく辞職。11月24日　平塚に誘われ新婦人協会設立。	朝鮮3・1運動。中国5・4運動。
1920 （大正9）	27歳　3月　新婦人協会発会式。10月　機関誌『女性同盟』創刊。	国際連盟発足。日本初のメーデー。

市川房枝略年表

〈年齢は誕生日以後の満年齢〉

年	市川房枝をめぐって	内外情勢
1893（明治26）	0歳　5月15日　愛知県中島郡明地村の農家に、父藤九郎、母たつの3女としてふさゑ誕生。	ニュージーランド女性、世界初の選挙権獲得。
1894（明治27）	1歳	日清戦争（～1895）。
1898（明治31）	5歳	民法親族編・相続編公布。
1899（明治32）	6歳　4月　明地村立明地尋常小学校入学。	U.G. モルフィ、娼妓の廃業支援活動。
1900（明治33）	7歳	治安警察法公布。光明寺村織工場で31人焼死。
1903（明治36）	10歳　4月　起町外三カ町村学校組合立西北部高等小学校入学、4年生の3学期に朝日高等小学校へ移る。	平民社結成。
1904（明治37）	11歳	日露戦争（～1905）。
1907（明治40）	14歳　3月　朝日高等小学校卒業、渡米願いを提出するが不許可。	フィンランド、世界初の女性国会議員選出。
1908（明治41）	15歳　3月　単身上京、女子学院に入学するが、兄から送金なく、なじめず、7月帰郷。9月　萩原町立萩原尋常小学校代用教員になる、月給5円。祖父江町の准教員講習会に通う。	
1909（明治42）	16歳　1月　尋常小学校准教員免許を得る。3月　月給8円になるが退職し、4月　岡崎の愛知県第二師範学校女子部に入学。	

や

ゆ

よ

り

れ

ろ

わ

へ

ほ

ま

み

む

も

ひ

ふ

つ

て

と

な

に

ぬ

の

は

そ

た

ち

し

す

せ

か

き

索　引

あ

い

う

え

お

著者紹介

伊藤　康子（いとう・やすこ）

1934年　中国東北区瀋陽市で生まれる。
1957年　東京大学文学部国史学科卒業。
フレーベル館編集部、『歴史評論』編集部勤務後、1966年名古屋市へ転居。大学非常勤講師を勤めるなかで、1977年最初の全国的女性史集会を愛知で企画実行する。
1980年　中京女子大学助教授、教授となり、2002年定年退職。
1994年　愛知県史編さん委員会調査執筆委員を委嘱され、専門委員等を経て2016年近代史第2部会部会長。『愛知県史　通史編7　近代2』の編集を行い、2017年出版。
2005年　市川房枝記念会の市川房枝研究会主任研究員となり、『市川房枝の言説と活動』年表3部作、『写真集　市川房枝』出版にかかわり、2016年研究会閉会。
専門は日本近現代女性史。愛知女性史研究会会員。

主要著書

『戦後日本女性史』大月書店、1974年
『日本の女性史』学習の友社、1977年（1998年増補版『新 日本の女性史』）
『女性史入門』ドメス出版、1992年
『闘う女性の20世紀——地域社会と生き方の視点から』吉川弘文館、1998年
『草の根の女性解放運動史』吉川弘文館、2005年
『草の根の婦人参政権運動史』吉川弘文館、2008年

市川房枝
女性の一票で政治を変える

2019年9月2日　第1刷発行
定価：本体2800円＋税

著　者　伊藤　康子
発行者　佐久間光恵
発行所　株式会社 ドメス出版
東京都文京区白山3-2-4　〒112-0001
振替　00180-2-48766
電話　03-3811-5615
FAX　03-3811-5635
http://www.domesu.co.jp

印刷・製本　株式会社 太平印刷社

ISBN 978-4-8107-0846-2　C0036

市川房枝研究会編著・市川房枝記念会女性と政治センター監修
平和なくして平等なく 平等なくして平和なし 写真集 市川房枝　二五〇〇円

折井美耶子・女性の歴史研究会編著
新婦人協会の研究　三五〇〇円

児玉勝子
十六年の春秋 婦選獲得同盟の歩み　二〇〇〇円

児玉勝子
信濃路の出会い 婦選運動覚え書　一四〇〇円

藤田たき
わが道 こころの出会い　一三〇〇円

奥むめお
野火あかあかと 奥むめお自伝　一六〇〇円

古庄ゆき子編
野上彌生子 大分県先哲叢書　一九〇〇円

日本婦人問題資料集成　全10巻
編集・解説　市川房枝・赤松良子・三井為友・湯沢雍彦・一番ヶ瀬康子・丸岡秀子・山口美代子
1人権　2政治　3労働　4教育　5家族制度　6保健・福祉　7生活　各巻九〇〇〇～一三〇〇〇円
8思潮（上）　9思潮（下）　10近代日本婦人問題年表　セット合計一二五〇〇〇円

＊表示価格は、すべて本体価格です。